DELICACY
MANAGEMENT

精细化管理

王永刚 著

復旦大學出版社

前言

PREFACE

精细化管理法则与艺术体现在多个层面，它们共同构成了企业高效、精确运营的核心。

1. 精细化管理法则

注重细节：精细化管理强调对每一个环节、每一个流程、每一个岗位的工作细节进行深入关注和管理。这种对细节的注重有助于企业及时发现并解决存在的问题，从而提高整体运营效率。

立足专业：精细化管理要求企业在各个领域都具备专业的知识和技能。企业需要依托专业的团队和工具，对各项工作进行精细化分析和处理，确保管理的科学性和有效性。

科学量化：精细化管理强调对各项工作的量化分析。通过数据收集、分析和挖掘，企业可以更加客观地评估工作成果，为制定目标和计划提供科学依据。

2. 精细化管理的艺术

灵活应变：尽管精细化管理强调规范和流程，但在实际操作中，企业需要根据具体情况进行灵活调整。管理者需要具备敏锐的洞察力和判断力，根据实际情况调整管理策略，实现精细化和灵活性的平衡。

人性化管理：精细化管理并非机械地执行规章制度，而是需要在关注细节的同时，考虑到员工的感受和需求。管理者需要关注员工的成长和发展，通过激励机制激发员工的工作积极性和创造力，实现企业与员工的共同发展。

持续改进：精细化管理是一个持续改进的过程。企业需要不断对现有的管理制度和流程进行审视和优化，以适应不断变化的市场环境和客户需求。同时，企业还需要鼓励员工提出创新性的想法和建议，为企业的持续发展注入新的活力。

企业需要在实践中不断探索和完善精细化管理的理论和方法，以实现更高效、更精确的管理效果。

目录

CONTENTS

第一章
精细化管理的概念

精细化管理是一种管理理念和文化，它起源于发达国家的一种企业管理理念，是社会分工以及服务质量的精细化对现代管理的必然要求。精细化管理强调将管理工作做细、做精，以全面提高企业管理水平和工作质量。这种管理方式要求管理者具备高度的责任感和使命感，通过科学的方法和手段，对各个管理环节进行精细化的控制和协调，实现企业的战略目标。

具体来说，精细化管理要求企业在以下几个方面做到精细化。

首先，目标管理的精细化。企业需要设定清晰、具体的目标，并将目标层层分解到各个部门和岗位，确保每个员工都明确自己的工作任务和职责。同时，企业还需要建立有效的考核和激励机制，以激发员工的工作热情和创造力。

其次，流程管理的精细化。企业需要对各个业务流程进行深入分析和优化，确保流程顺畅和高效。这包括制定详细的操作规范、优化流程设计、提高流程执行效率等。

再次，成本管理的精细化。企业需要严格控制各项成本支出，通过成本核算和分析，找出成本控制的薄弱环节，并采取有效措施进行改进。

最后，人力资源管理的精细化。企业需要注重员工的培训和发展，提高员工的技能水平和综合素质。同时，企业还需要建立良好的企业文化，营造积极向上的工作氛围，增强员工的归属感和凝聚力。

总之，精细化管理是一种追求卓越、注重细节的管理理念和文化。通过实施精细化管理，企业可以不断提高自身的竞争力和适应能力，实现可持续发展。

第一节　什么是精细化管理

一、“精”的基本内涵

“精”的本义是挑选过的好米，引申为“取物之华”“去粗取精”等。“精”可以理解为更好、更优，精益求精。它既是对量的要求，更是对质的要求。通过去粗取精，管理由管粗到管细，从管细到管精。以下选取了管理中常用的“精”的内涵。

1. 精进

积极地、不断地朝正确的方向前进，无论做什么事，第一步要把方向选对，做正确的事，在“德”与“法”的范围内追求利益最大化。精进体现的是一种永不骄傲、永不满足的精神。

2. 精心

认真，能把事情做对；用心，能把事情做好；用情，能把事情做精。只有把感情灌进去，才能把事情做精，才能做出精品。好的企业不仅要用员工的“一双手”，还要用员工的“一颗心”。

3. 精通

对所做的事要“真懂真通，由通到精”。

4. 精髓

找到本质，抓住核心，把握关键。皮毛只能装饰外表。

5. 精简

把复杂的问题简单化。简单是世界的本质，我们要化繁为简、化深为浅。

6. 精确(准)

(1) 表述精确。模糊的问题数量化，能量化的东西全部量化。

(2) 工作要目标明确、规则明确、责任明确、程序明确、方法明确、标准明确、资源明确、条件明确、做得精确，比如领导的指令要具体、可操作、可控制和可衡量。

7. 精炼

把混乱的事情规范化，简单的问题数量化、流程化。

8. 精巧

数量问题的程序化、流程化，追求巧妙适用。流程化管理就是将任务或工作事项沿纵向细分为若干个前后相连的工序单元，将作业过程细化为工序流程，然后进行分析、简化、改进、整合、优化。

9. 精深

程序的问题系统化（体系化），多个流程整合在一起形成系统。

10. 精细

把事情从做细到做精，精益求精，实现任何事情节约化。

11. 精品

以精心创造精品，以精品开拓市场，以精品创造绩效。

12. 精专

用功精深而专一，打造专家型领导、专业化员工。专业化是精细化的前提。因专注而专业，因专业而精业，因精业而超越，因超越而卓越。唯专注才能“捕捉”到自己最重要的目标，唯有专业才能提高质量、提高效率。

13. 精致

把应该做的事做到极致。简单的事重复做、坚持做，做到出神入化，便是极致。

14. 精华

企业文化要精当，技术要精湛，智慧要精深。

15. 精美

由做精到做美，内强素质，外树形象。

二、“细”的基本内涵

“细”的本义是细小，后引申为“精致”等意思。它可以解释为更加具体，细针密缕，重细节、重过程、重基础、重具体、重落实、重质量、重效果，讲究专注地做好每一件事，在每一个细节上精益求精、力争最佳。“万丈高楼平地起，细末之处见真功。”细化的原因有三点。

（1）看得清。细化是为了寻找、分析、量化、解决问题。

（2）容易做。从细处做，从小事做。将小事做细，将易事做精。

（3）好控制。小问题好解决，小事故好消灭。

小事不疏忽，大事不含糊。在方向层面，战略影响成败；在执行层面，细节影响成败。

那么，细化什么，怎么细化呢？

1. 细化目标

量化到每一步，把大目标细化成若干个小目标，细化到每个小目标经过努力能够实现，让人天天看到成果，天天看到进步，实现事事有人做，事事人能做。

2. 细化职能

量化到每个岗位，各就各位，人人有事做。

3. 细化责任

量化到每个人，各干各事，人人有责任，使责、权、利明晰，防止无序、推诿、内耗，消除领导烦恼、员工抱怨、效率低下的状态。它强调首先负起自己的责任，完成自己的使命。

4. 细化制度

量化规范到每一事，事事有规范。

5. 细化流程

量化落实到每个环节，事事有方法。

6. 细化监控

量化到每一点，点点不失控。

7. 细化考评

量化到每件事，事事、人人有考评。各考各的评，各算各的账，各拿各的钱，各拿各的奖，评先选优不用投票，弱化主观因素。

8．细化时间

量化到每一秒，时时有事做。

9．细化空间

量化到每一点，处处有人管。

10．细化金钱

量化到每一分，分分生效益。

11．细化物品

量化到每一件。

12．细化成本

处处有节约。

三、"化"的基本内涵

"化"的第一层意思是"一贯""一致"，引申为：时时、处处、事事、人人、始终。在引申义中蕴含着"持续、不停、不断"的条件。

精细化管理要全精、全细——全员、全过程、全方位精细管理（"三全"原则），即人人精细，事事精细，时时精细，处处精细，始终精细，不断精细。

"化"的第二层意思是"生"。"化"会产生"结果"。精细化管理的结果就是要降低成本，效益最大化，用结果证明一切。

"化"的第三层意思是"改变"（变化），以精细改变粗放管理。通过"化"人、"化"道、"化"心、"化"行、"化"物，在他人心里产生共鸣，唤醒蕴藏在他人心中的智慧，使他自己想明白了，悟到了，然后认真去做。只有做到了，得到了，才能"化"成。

"化"的方法有：对内"化"自己，对外"化"别人；先"化"自己，后"化"别人；通过内"化"和外"化"，最后实现自"化"。

"化"的第四层意思是整齐化。

四、“管”的基本内涵

“管”是监督和控制，是强迫，是约束。它用的是强迫力（推动力），让人不能做、不敢做坏事，只能在规定范围内做事。

五、“理”的基本内涵

有理的地方有利，求理是在求利，追求真理，实质是追求真利。

“理”用“利”引导，用的是引导力（拉力）。“理”的目的是让人不想做、不愿做坏事，让人想做、愿意做好事。

“理”是指导和服务。有理者，能立住；有理者，有力量。

“理”字有理顺，使各方面、各部门的关系协调一致的意思。整理是使事和物有条理、有秩序；梳理是使工作条理清晰，有条不紊。

六、“精细化”的综述

1. 精细化是一种精益求精的精神

它追求卓越，“视昨天为落后，要求明天会更好”，是一种“时时、处处、事事、始终、持续不停、不断改善”的精细精神。表现为持续改进，不断优化创新，通过日积月累，每人前进一小步，单位前进一大步。

2. 精细化是一种求真务实的工作（生活）态度

表述为“精心”，体现在“敬业”，用心做事，把情灌进去。

3. 精细化是一种一丝不苟的工作作风

表述为“精进”，表现为方向正确，雷厉风行。

4. 精细化是一种良好的素质

表现为精通专业、把握精髓，精细深刻，作风精准干练，方法巧妙高效，创造出至精至美的精品。

5. 精细化是一种工作要求，可以用精、准、细、严、实、全、牢来概括

精：精是精益求精，不断优化，追求最好。

准：准是准确。信息准、决策准、数据准、时间准。

细：细在过程。细分为分析，细化为优化。

严：制度严、控制严等。严侧重在执行方面，简则易循，严则必行。严体现在处理问题上的“四不放过”：问题原因没有查清不放过、责任人得不到追究不放过、员工没有受到教育不放过、改进措施没有落实不放过。

实：一方面是工作实，在实际工作中以效益为中心，实事求是，讲求实效；另一方面是求真务实，不说空话，把制度落到实处。不做表面文章，把工作落到实处；不弄虚作假，把效益落到实处。

全：全员、全过程、全方位精细，这样能见到整体的效应，而不是一人、一时、一事。

牢：牢在常态，将行为固化，坚持长久才能奏效。

贯彻一种管理理念，需要得到全体员工的认同。规则的建立、行为的改变、习惯的养成、效果的验证等是一系列的过程，很难取得立竿见影的效果。精细化管理是一个长期的过程，要持之以恒、始终如一地保持精细管理的心态，养成精细管理的行为习惯。不能“开始轰、中间松、最后空”，要集中抓，循环做，形成规律，形成习惯。

管理的效果是一个积累过程，要有阶段性目标，根据目标循序渐进，步步为营，把精细化管理的迈进步伐坚定了，形成坚实的基础，才不会半途而废。在此过程中，忌心浮气躁、浅尝辄止；忌大旗一举，口号一喊，发个文件，开个会，上下空谈，没有行之有效的方式方法，无法让理念落地，无法真正转变为一线员工的自觉行为；忌只追求轰动效应、赶时髦，最终导致一阵风式的短期行为。

第二节　完整地理解精细化管理

一、精细化管理的基本原理

在给定的约束条件下，以最小的代价（费用）取得最大（最满意）的效用，使有限的资源发挥最大的效能。约束条件包括内部条件和外部条件，外部约束条件主要有道德、法律和客观环境等。

管理的结果（因变数）= f（自身条件的 m 个变数，环境条件的 n 个变数）的最佳解。

二、精细化管理的内涵综述

1. 精细化管理 = 精细化 + 管理

精细化与管理结合以后，不仅加强了管理的科学手段，也引入了人文精神。

现行的管理如果标准（规范）粗了、规则乱了、执行差了、成本高了、效益低了，怎么办？用科学的手段改变它。用精细化的措施定标准、建规则、提素质、创绩效，用结果证明一切，用标准和规则严格考核一切。

当然，管理过程中有无穷的变数。不按规则办不行，但一切按预先设定的去办，很难应变，控制得过严反而会降低效率。标准过高、分得过细是不必要的。管理的结果最终要靠人来实现，科学管理与文化管理相互补，制度管理与自我管理（道德约束）相结合，以此将常规管理引向深入。

2. 精细化注入管理后的三大功能

（1）维持。这是指通过去粗留精，继续使用原有的、令人满意的、可行的、有效的管理方法、制度、标准、技术。

（2）不断改善。精细化管理的精神是精进的，是永不骄傲、永不满足的。其改善理念是"人人有改善，事事有改善，时时有改善，处处有改善，没有最好，只有更好"，使企业的列车处在不断改善、不断优化的高速轨道上。简言之，精细化管理更重视不断改善的功能。

不断改善是由持续不断的努力所产生的诸多小改进逐次累积而成的。不断改善要以员工的努力、士气、沟通、训练，团队参与以及自律来达成目标，这些都是一种常识性的和低成本的改进方式。

(3) 吸纳与整合。这是指精细化管理要吸纳整合管理的全部精髓为我所用。吸纳是充实的过程，整合是优化使其适用，而不是生搬硬套。吸纳与整合是提升管理水平的有效方法。

吸纳先进科学技术的手段主要有专业化、标准化、数量(字)化、流程化、系统化、信息化、协同化、实证化、制度化、节约化等。通过反复训练，最终形成习惯化。

专业化——精细化靠专业化员工提高效率。

标准化——事事有标准，步步有标准。没有标准就没有管理，标准不合理也会葬送管理。有标准才能执行到位。基础标准主要有作业标准、质量标准、评价标准、目标标准等。过程标准主要有措施标准、责任标准、监督标准、控制标准、反馈标准、应用标准等。结果标准主要有内容标准、效果标准、激励标准、提升标准等。标准设置要求实事求是、界限明确、是非分明，做到有标可依、有据可查。

数量(字)化——量化是为了计量准确。量化数字是最简单、最精确的语言。标准的表述形式尽量用数字说话，少用描述性的语言。能量化的全量化，以量化实现简单化，如目标、考核、问题分析等用数字表述准确。

流程化——易于操作。事事有流程，高效来自流程的优化。

系统化——整体易于把握。系统化是指把相互联系、相互作用的若干要素结合成具有特定功能的有机整体，以便于使用的活动。

信息化——信息化是提高效益的重要手段。现代信息化是指以计算机等智能化工具为代表的新生产力。信息化管理是将现代信息技术与先进的管理理念相融合，转变企业生产方式、经营方式、业务流程、传统管理方式和组织方式，重新整合企业内外部资源，提高企业效率和效益、增强企业竞争力的过程。

协同化——在各科室、各环节、各成员之间实现自我组织、自动配合，从而做到上下密切配合，左右统筹兼顾，充分发挥全方位整体效能。

实证化——实证就是以实例证明，以实物证明。目的在于以客观实际证真伪。

制度化——制度化的过程是管理从无序化向规范化、有序化的变迁过程，是组织发展和成熟的过程。精细化的重要手段在于实行刚性的、合理的制度，规范人的行为，强化责任的落实，以形成优良的执行文化。

节约化——节约成本，提高效益。

3. 精细化管理的适用范围

管理无处不在，精细化无处不在，精细化管理适用于社会的一切领域，适用于每个人、每个岗位、每个企业。人文科学、自然科学、社会科学的先进理论都适用于精细化管理。

4. 精细化管理的落脚点

精细化管理最终要靠提升员工的素质来实现，因为一切事都是人做的。

第三节　精细化管理的艺术

"精细化"是管理的艺术成分。纯粹的科学管理只用技术手段而没有艺术成分。

一、智慧就在头脑中

智慧就在头脑中，"你有，我有，全都有"。知识是学出来的，能力是练出来的，品德是修出来的，智慧是悟出来的。

什么叫悟？悟就是觉醒、理解、领会、明白，找到事物的本质。

“悟”是左边一个心（忄），右边一个我（吾），寓意自己心灵开悟。

悟什么？悟稳心态，悟清思路，悟对方法；悟一贯之道，悟万通之法，悟权变之术。这在第三章中会有介绍。

在哪里悟？在生活中感悟、在学习中觉悟、在联想中渐悟、在实践中顿悟。

用什么方法悟？悟有五法：模仿、类比、移植、转换、替代。

“悟”到什么程度？能“化”。“化”是“悟”的最高境界。举一而反三，闻一而知十，以一化万，融会贯通，以一统万，触类旁通。

二、艺术在操作中

管理不仅是一门技术，也是一门艺术。管理的艺术成分主要体现在权变之术。管理有法而无定法，法法而成者谓之师，铸法而成者谓之神。

管理艺术的特点在于它的弹性，它受管理者、被管理者、管理环境三个因素制约。主要特点有：操作的灵活性（随机性），指处理随机事件的应变能力和技巧；方法的多样性；学习的实践性；实践的技巧性；过程的创造性；判断的经验性等。

现代管理者应重点掌握三个方面的艺术，即对人、对事、对时间的管理艺术。

三、管理理念不在多，而在于能否落实并奏效

一种管理模式能否见效，需要经过一段时间脚踏实地的贯彻，就像医生治病一样，需要一个过程；需要在实践中不断地调整和丰富其内涵和外延，使其适用于企业。其实，从理念到结果还需要做很多的工作，要有员工的认同、制度的保障、行为的落实、效果的体现等。如果经常变换管理理念，结果只能是“嘴上跑理念，天上飘理念”。

企业一旦确定了适合本企业的管理模式，就要有相对的稳定性，不能总变。

不能今年引入一个管理模式，明年又引入另一个管理模式。生搬硬套，换来换去，员工就不知道怎么做好了。别人的鞋子好，并不一定适合自己的脚。在管理过程中，要找到适合自己的“鞋”。

古人说：“欲多者得寡，禁多者止寡，令多者行寡。”变是有条件的，不可行则变。变的目的是追求适用、行得通，于情于理都通才会长久，个人、企业、国家的发展皆如此。

四、抓精细化管理应该明确的几个问题

1.“精细化”不等同于“量化”，不是一切用数字说话

能量化的量化，不能量化的则定性说明，比如道德、情感、人品等通常无法量化。

2. 防止数字陷阱

精细化更多的是要求数字说话，但一味沉溺于数字，往往会被数字假象所迷惑，从而导致战略决策的失误。

3.“精细化”不等同于“无限细化”，更不是“烦琐化”

企业得了“复杂”病，会传染给员工；员工得了“复杂”病，会让自己手忙脚乱。

4. 精细化追求简单化，而不是复杂化

工作内容和工作流程细化以后，一定要进行优化，否则会导致管理内容、管理过程越来越复杂，手续越来越烦琐，最终导致效率降低。同样，精细化管理追求“精细集约，简单高效”，但不是越简单越好，凡事皆有“度”。

5.“精细化”不等同于“制度化”或“刚性化”

制度必须“刚性化”，没有刚性就会将制度架空，再好的制度也白搭。“精细化”管理要求：制度“刚性化”执行，“柔性化”（人性化）善后。将“冷酷”地执行与“热乎”地善后相结合，这才是领悟到了精细化的精髓。

6.“精细化”不等同于“僵化”

“精细化”强调照章办事，但我们的“章”在运行过程中，如果发现不合理，就

要进行及时调整。注意:个人不能随意更改规章,规章制度是组织制定,修整是组织的事。至于突发事件则是例外事件,例外事件有例外处理的规则。

7. 精细化管理在不同管理层面有不同的侧重点

在管理中,人性化、合理化、标准化、精细化都是需要的,但不同的管理层面有不同的侧重点。

高层:人性化。重在远见与卓识,战略决定成败。

中层:合理化。重在应变与调整,战术决定成败。

基层:标准化。重在精心与实干,细节决定成败。

【小故事】　马蹄铁效应与精细化管理

有这么一个外国民谣:失了一颗铁钉,丢了一个马蹄铁;丢了一个马蹄铁,折了一匹战马;折了一匹战马,损了一位将军;损了一位将军,输了一场战争;输了一场战争,亡了一个帝国。

启示:一是马掌钉虽不引人注意,却演绎了一个战争失败、社稷灭亡、历史变迁的故事。二是小问题引发了大灾难。正所谓"小洞不补,大洞吃苦"。每次一点点的小变化,最终可能会酿成一场灾难。

"马蹄铁效应"说明,星星之火可以燎原,细节决定成败。事物的变化一开始常常毫不起眼,在达到一定的量之后,即使每次依然只变化一点点,但最终可能会带来一场翻天覆地的变化。反过来,也可以说,如果想最后能有翻天覆地的变化,并不需要每一次都来翻天覆地的大举措,而只需要持续稳健地每天进步。

成功是有步骤的。持续每天、每次、每个环节上进步一点点,只要步骤是正确的,结果一定会水到渠成。个人每天进步一点点,没人能阻挡他最终取得成功;企业每天进步一点点,没有障碍能阻挡它最终实现辉煌。

第二章 精细化管理的战略意义

第一节　实施精细化管理的原因

实施精细化管理的主要原因在于它能够满足现代企业适应市场竞争和持续发展的内在需求。以下是实施精细化管理的几个关键理由。

一、市场竞争日益激烈

随着市场竞争的日益激烈，企业需要不断提升自身的竞争力以脱颖而出。精细化管理能够帮助企业深入挖掘内部潜力，优化资源配置，提高工作效率，从而在市场中获得更大的竞争优势。

二、趋于成熟和复杂的消费群体诞生

消费品市场竞争白热化，传统制造业随着社会发展进入大调整、大重组和全面优胜劣汰的时期，产品种类越来越丰富，可供顾客选择的余地越来越大，人们的消费观念和水平日益提升，个性化需求成为消费趋势，消费者购买商品越来越挑剔，越来越满足于享受超值、舒适的服务细节。因此，企业为了生存，为了符合顾客的需要，不得不向精细化管理转变。

三、投资者和公司监管机制趋于成熟

无论是国有企业、民营企业还是外资企业,都必须对投资者负责。股东真正关心的是回报率、销售收入、成本和利润,追求的是投资回报和企业的经济效益,他们需要准确的数字来衡量企业的经营状况。因此,企业管理必作于细,企业需要新的管理思维和逻辑,要从粗放管理迈向精细管理。

四、市场分工越来越细

随着经济的发展,社会分工越来越细,专业化程度越来越高。许多工业产品和工程建设往往涉及几十个、几百个甚至上千个企业,有些还涉及几个国家和地区。比如本田汽车,80%左右的零部件是其他中小生产商提供的。一架波音 747 飞机,共有 450 万个零部件,涉及的企业更多。这就需要通过制定和贯彻执行各类技术标准和管理标准,从技术和组织管理上把各方面的工作有机地联系协调起来,形成一个统一的体系,从而保证其生产和工作有条不紊地进行。在这一过程中,每一个庞大的系统都是由无数个细小的工作结合起来的统一体,忽视任何一个细节,都可能会带来想象不到的灾难。可以说,随着社会分工越来越细,专业化程度越来越高,精细化管理的时代已经到来。

麦当劳是世界快餐连锁企业巨头,当它开到 8 000 家分店的时候,有人问其创始人为什么不搞一些房地产等其他方面的投资,他说:"我现在有 8 000 家麦当劳,就有 8 000 个厕所,我要等到这 8 000 个厕所都打扫得干干净净的时候我才去从事其他的行业。"这就是专业化,有了专业化,把事情做到极致,才有竞争优势,这也是一种追求精细的精神。

五、产品利润趋向于零

身处微利时代,我们或许有许多困惑,面临许多问题。市场越来越规范,竞争越来越激烈，利润空间越来越小，生意越来越难做，整个经济进入微利时代。一夜暴富的神话已难再有，企业经营者普遍感受到了利润减少的压迫感。经营者如何应对利润逐渐下降的状况？除了赚钱的思路、观念需要及时进行转变外，还需要进行更精细的管理。

六、同质化——企业经营的全球性难题

在市场竞争日趋激烈的今天，企业和企业之间在产品、技术、成本、设备、工艺或服务等方面的同质化越来越严重，差异性越来越小。在某种层面上而言，市场竞争越来越表现为细节上的竞争。例如，彩电、冰箱、空调、洗衣机等家电行业，产品同质化趋势越来越明显。在这种情况下，谁能为消费者想得更周到、细致，谁就会在竞争中胜出。这从各大厂商对服务的重视中可见一斑：春兰的"大服务"概念，海尔的"星级服务""个性化零距离服务"，荣事达的"红地毯服务"等。当然，按照发展的观点，"没有最好，只有更好"，需要完善的精细会层出不穷，产品或服务也正是在这样的追求中不断得到发展和提高。

七、实现可持续发展

精细化管理注重对企业资源的合理利用和环境保护，有助于企业实现可持续发展。通过精细化的管理手段，企业可以更好地控制能源消耗和环境污染，提高资源利用效率，为企业和社会的长远发展作出贡献。

第二节　实施精细化管理常出现的九大问题

一、传统管理"管"得太多，"理"得太少

有人认为，实施精细化管理就要强化对部属工作的监督。于是，公司管理

层频频举行高层会议，研究基层的工作是否运转正常，并试图去控制员工，把大量的时间和精力浪费在琐事和汇报上，而不懂得如何去激励人、给基层经理们提供自己做决策的机会，被紧盯着的员工无法产生自信和发挥自己的主观能动性，谈何精细管理？

【小故事】

有七个人住在一起，每天共喝一桶粥，显然粥每天都不够。一开始，他们抓阄决定谁来分粥，每天轮一人。于是每周下来，他们只有一天是饱的，就是自己分粥的那一天。后来他们推选出一个人来分粥。结果，大家开始挖空心思去讨好他，贿赂他，搞得整个小团体乌烟瘴气。然后大家开始组成三人的分粥委员会及四人的评选委员会，互相攻击、扯皮下来，粥吃到嘴里全是凉的。最后想出一个方法：轮流分粥，但分粥的人要等其他人都挑完后拿剩下的最后一碗。为了不让自己吃到最少的，每人都尽量分得平均，就算不均，也只能认了。大家快快乐乐，和和气气，日子越过越好。

这个故事告诉我们：管理的真谛在“理”不在“管”。管理者的主要职责就是建立一个像“轮流分粥，分者后取”那样合理的游戏规则，让每个员工按照游戏规则自我管理。游戏规则要兼顾公司利益和个人利益，并且要让个人利益与公司整体利益统一起来。责任、权利和利益是管理平台的三根支柱，缺一不可。缺乏责任，公司就会产生腐败，进而衰退；缺乏权利，管理者的执行就变成废纸；缺乏利益，员工积极性就会下降，消极怠工。只有管理者把“责、权、利”的平台搭建好，员工才能“八仙过海，各显其能”。

在中国的传统文化中，管理是以管为主的。从汉字的字源上看，古文中“管”与“官”相通。在数千年封建文化的影响下，“管理”中沉淀着厚重的官本位意识。对下属而言，可以只谈“管”不讲“理”。即使讲“理”，也是为“管”服务的。随着社会的进步、管理科学的发展，管理的重心逐渐由“管”转移到“理”上来。

二、分不清重点

【小故事】

一天，动物园管理员们发现袋鼠从笼子里跑出来了，于是开会讨论，大家一致认为是笼子的高度过低，所以他们决定将笼子的高度由原来的10米加高到20米。结果第二天他们发现袋鼠还是跑到外面来，所以又决定再将高度加高到30米。没想到隔天居然又看到袋鼠全跑到外面，于是管理员们大为紧张，决定一不做二不休，将笼子的高度加高到100米。一天，长颈鹿和几只袋鼠在闲聊。“你们看，这些人会不会再继续加高你们的笼子？”长颈鹿问。“很难说。”袋鼠说，“如果他们再继续忘记关门的话！”

这个故事启发我们，事有本末、轻重、缓急。关门是本，加高笼子是末，舍本而逐末，当然就不得要领了。管理就是先分析事情的主次和关键，认清事情的本末、轻重、缓急，然后从重要的方面下手。

在实际工作中，我们每天都面对许多工作，这些工作都既有紧急程度的不同，同时也有重要程度的不同。有的是紧急且重要的工作，有的是不紧急但重要的工作，有的是紧急但不重要的工作，而有的是既不紧急又不重要的工作。如何统筹安排好这些工作，是每一个管理者不得不面临的问题。

有的管理者认为，精细化管理没有不重要的工作，于是案头上列了很多必须完成的工作，而且都是重点工作，终日奔忙，但事情却似乎越办越多，甚至越办越糟。还有一些管理者认为，精细化管理就需要事必躬亲，于是他们冲锋在前，享受在后，处处都是他们忙碌的身影，可还是按倒葫芦浮起瓢，或是丢了西瓜捡芝麻，越忙事越多，越忙情况越糟。

作为一个管理者，必须分清轻重缓急，特别是在现代大型企业的管理中，作为管理者就必须懂得统筹安排，分清轻重缓急，做好人员分工。在用人方面，同样要讲究管理的层次和重点。如果没有层次，没有重点，片面强调一视同仁，优秀者不重赏、不重用，庸劣者不重罚、不重处，结果只能是以表面上的平等造成事实上更大的不平等，以牺牲优良、牺牲效率为代价来维持平衡。

三、对细节重视不够

汪中求先生讲："在中国，想做大事的人很多，但愿意把小事做细的人很少；我们不缺少雄韬伟略的战略家，缺少的是精益求精的执行者；不缺少各类管理规章制度，缺少的是对规章条款不折不扣的执行。我们必须改变心浮气躁、浅尝辄止的毛病，提倡注重细节，把小事做细。"

案例 2-1

荆轲刺秦：荆轲在谋划刺杀秦王时，所有准备工作都看似到位，但最终未能成功刺杀秦王，反而被秦王发现并反抓。这个案例展示了即使在大局上谋划得再周全，如果忽视了关键的细节，也可能导致整个计划的失败。

案例 2-2

被马掌钉掀翻的国王：英国国王理查三世在决战前夜让铁匠给自己的战马钉掌，但由于铁片不足，最后一个马掌缺了一个钉子。这个看似微小的细节，最终导致国王在战斗中落马，从而输掉了整场战斗。这个案例说明，即使是微小的细节疏忽，也可能带来灾难性的后果。

案例 2-3

航天飞机失事：1986 年，美国"挑战者"号航天飞机发生悲剧，失事的直接原因是右部火箭发动机上的两个零件连接处出现了问题，具体是密封圈遭到了破坏。这个案例强调了在高科技领域，对细节的精确把握和严格管理至关重要，任何微小的失误都可能导致严重的后果。

所以，无论做人、做事，都要注重细节，从小事做起。古人就提倡“天下难事，必作于易；天下大事，必作于细”。

精细化管理关键要突出一个“细”，这个“细”字有几层含义。

一是规范，系统的每一环节都必须规范，符合大系统的要求，如果不规范，就会使整个系统不协调。

二是科学，指管理的方法科学，即从系统工艺流程出发，各道工序、每个环节都严密控制，有机衔接，符合客观规律的内在要求。

三是周到，即产品生产过程中的每一环节都必须考虑到，不留死角。同时，要求生产过程的管理条理清楚，层次清晰，每一项产品到了什么地方、进行到什么程度要一目了然。

有的管理者认为自己是领导，应该关注企业的发展战略，把握企业的发展方向等这样的大事，至于企业日常中的小事情，是相关主管的事，不是自己的事。所以，他们在绝大多数情况下对小问题熟视无睹。殊不知“千里之堤，溃于蚁穴”，许许多多的小问题足以酿成大祸。

正确的做法应是既要抓“大”，又不能放“小”，最主要的还是抓“小”，落实“小”的细节，从那些最容易出现问题的方面抓起，抓那些薄弱的环节。因此，管理者有必要经常亲自去过问下属一些看起来并不是非常重要的事情。经理还应亲自拜访客户，了解客户服务中出现的问题。即使平日不做具体的小事，也要有敏锐的观察力，善于洞察秋毫，要能直接感觉到每个细节在整个系统中所发挥的连锁作用，切勿因小失大，让不起眼的小细节捅了娄子。在激烈的市场竞争中，谁拥有更高的把握细节的能力，谁就能赢得客户，赢得市场。

四、没有设定标准

一个公司应有两本书：第一本是红皮书，是公司的战略，也就是作战的指导纲领；第二本是蓝皮书，就是标准操作规程（stand operating procedure，SOP），包括人事 SOP、生产 SOP、物料 SOP、销售 SOP、财务 SOP。设定标准是企业很容易疏忽的地方，虽然有工作手册、工作流程，但标准的精髓我们却没有掌握。

全国各大城市的医院都有 SOP，病人一到医院首先要挂号，接着排队就诊，然后领药，但是为什么我们往往对医院的服务不十分满意呢？因为医院虽然制定了 SOP，但是对于 SOP 的细节没有进行量化，从而导致这个 SOP 只是一个作业流程，而不是一个标准的、量化细节后的 SOP。

我们经常看到服务性质的单位会挂"微笑服务"的标语，而到底怎样的笑可以称为微笑？世界 500 强之一的沃尔玛规定，员工面对顾客微笑要露出 8 颗牙齿。

很多企业非常重视 SOP，但没有认识到在工作流程和工作手册当中最大的疏忽，就是没有量化细节，工作流程如果没有在细节上进行量化，就做不出标准。海尔制定的管理战略就是"高标准，精细化，零缺陷"，可见标准对实施精细化管理的重要性。

麦当劳是一家很注重精细化管理的公司，公司的作业手册有 560 页，其中关于如何烤一个牛肉饼就写了 20 多页。他们规定：一个牛肉饼烤出 20 分钟内没有卖掉，就要被丢到垃圾桶里；油用了一定时间就必须倒掉，还规定要在残油中倒入蓝色的试剂，不准让这些油再流入市场。试想，制作汉堡、薯条、炸鸡都要写 560 页，那么生产一部汽车该写多少页呢？世界上所有强大的企业都在这些地方非常注意，每一个动作、姿势，每一项流程、制作过程等都有细节量化，这样做出来的东西就必然非常标准了。

五、拒绝承担个人责任

实施精细化管理要求公司有明确清晰的职责体系，对工作有更高的标准，要求管理者对工作精益求精，敢于承担责任。当自己分管的部门出现问题时，管理者不应推卸责任、指责和埋怨他人，而应主动承担责任，从自身的管理中寻找原因。

如果一个管理者只对别人提出要求而不对自己提出要求，那么这些要求是不会产生作用的，而且也是不负责任的。如果员工不能肯定自己的公司是认真、负责、有能力的，他们就不会为自己的工作、团队和所在单位的事务承担起责任来。

要使员工承担责任和有所成就，必须由实现工作目标的人员同其上级一起为每一项工作制定目标。此外，确保自己的目标与整个团体的目标一致，也是所有成员的责任。管理者必须使员工的工作富有活力，以便员工能通过工作使自己有所成就。同时，管理者还应通过各项要求、纪律和手段承担责任。

一般人失败的原因往往是不愿意对自己负责，总是从其他人身上找自己失败的理由。你如果仔细观察就会发现，这些失败者天天都在抱怨。对于工作中的差错，不论是管理者自己直接造成的还是下属造成的，一个优秀的管理者都应该勇于承担责任，这是取得信任和尊敬的唯一办法。史蒂文·布朗认为："管理者如果想发挥管理效能，就得勇于承担责任。"假若你对所在单位的工作成绩和效益不满意，请不要怨天尤人，而应从自身入手，严格谨慎地检讨自己，努力承担自己的责任。

六、缺乏危机感

企业的发展始终伴随着风险。"生于忧患，死于安乐"，对于企业来说，最大的风险就是没有危机意识。然而，直到今天，仍然有一些企业经营者对此认识不足：有的只看到企业发展的有利因素，而忽视了潜在的风险；有的只看到对手的弱点，却看不到自身的不足；有的取得一时的成功就得意忘形，而对可能发生的危机却缺乏准备。

案例 2-4

泰坦尼克号沉船事件：泰坦尼克号在其首航过程中撞上了冰山，导致船体严重受损并最终沉没。这一事故的一个关键原因是船员和船公司对冰山等潜在危险的忽视，他们过于自信地认为泰坦尼克号作为当时最先进、最豪华的邮轮，能够应对任何突发情况。这种缺乏危机感的态度使他们没有充分准备应对可能发生的危险，导致了悲剧的发生。

案例 2-5

切尔诺贝利核事故：1986 年，苏联的切尔诺贝利核电站发生了严重的核泄漏事故。事故的主要原因是管理层对安全措施的忽视，以及对潜在风险的低估。他们过于关注核电站的经济效益，而忽视了安全防范措施的重要性，这种缺乏危机感的态度最终导致了灾难性的后果。

案例 2-6

日本福岛核事故：2011 年，日本福岛第一核电站因地震和海啸引发了核泄漏事故。虽然地震和海啸是不可预测的自然灾害，但事后调查发现，福岛核电站对潜在危机的应对准备不足，包括未能充分评估海啸对核电站的影响，以及未能及时采取有效的防护措施。这种对潜在风险的忽视和缺乏危机感的态度加剧了事故的严重性。

许多成功的企业家都有一个共同点：喜欢冒险并勇于承担责任，善于发现潜在危机，并尽可能把这种风险减少到最低程度。企业家的风险意识表现在：一是在科学技术飞速发展、企业外部环境急剧变化的情况下，企业经营者应该是偏好风险的；二是对企业风险进行管理，采取科学的方法、系统的措施，对风险进行分析、辨识、推断、防范和处理。即企业家既敢于冒险，又善于适当地控制和化解风险。我们面对的是一个充满变数且竞争非常激烈的世界，如果企业缺少应有的忧患意识和危机意识，不努力提高自己的整体素质和竞争能力，企业将处于十分不利的地位。只有居安思危，未雨绸缪，防患于未然，企业才能始终掌握竞争的主动权。

世界级的大公司非常注重危机教育。管理者常常会将企业可能发生的危机及其后果告诉员工，使员工居安思危，树立危机意识。松下电器公司总经理山下俊彦认为，居安思危和饥饿精神是松下经营思想的核心。20 世纪 50 年代，荷兰的飞利浦公司生产电子管的技术在世界上首屈一指，松下公司就是依靠同飞利浦的合作，才由原来生产灯泡、灯管，发展成为生产收音机、电视机等家用电器的企业。后来飞利浦在成绩面前自我满足，结果在50年代后期到60年代，半导体时代突然来临，飞利浦终因无法适应急剧变动的形势而落伍了。松下公司常用这样的事例激励全体员工，使员工在大好形势下也能保持一种危机感。

德鲁克在《卓有成效的管理者》一书中说："管理好的企业，总是单调无味，没有任何激动人心的事件。那是因为凡是可能发生的危机早已被预见，并已将它们转化为例行作业了。"

七、过分追求完美

管理过分追求完美是一种倾向，表现为管理者在追求高标准、高质量的过程中，过度强调细节和完美，而忽视了实际可行性和效率。这种倾向可能带来一系列的问题和挑战。

首先，管理过分追求完美可能导致工作效率低下。管理者过度关注细节，可能导致决策过程变得冗长而复杂，迟迟无法达成共识和行动。此外，过分追求完美也可能导致员工陷入琐碎的工作中，无法集中精力处理真正重要的事务，从而影响了整体的工作效率。其次，管理过分追求完美可能阻碍创新和变革。在追求完美的过程中，管理者可能过于拘泥于现有的流程和规范，不愿意尝试新的方法和思路。这种保守的态度可能限制了组织的创新能力和适应能力，使其在面对市场变化和技术进步时显得滞后。最后，管理过分追求完美还可能对员工造成压力，引发员工不满。当管理者对工作的要求过高，员工可能感到难以达到标准，从而产生挫败感和焦虑情绪。这种压力可能导致员工士气低落，甚至引发离职潮，对组织的稳定和发展造成负面影响。

因此，虽然追求完美在一定程度上可以推动工作质量的提升，但过分追求完美则可能带来一系列问题。管理者应该根据实际情况，制定合理的标准和要求，注重平衡细节和整体效率，同时鼓励员工发挥创造力和创新精神，以推动组织的持续发展。同时，管理者也需要认识到，完美是一个理想状态，而现实工作中往往存在各种限制和挑战，因此需要学会在追求完美和接受现实之间找到平衡点。

八、过分注意小处的问题

管理过分注意小处的问题主要体现在管理者过度聚焦于细节,而忽视了整体战略和效率。这种倾向可能会带来一系列的问题和挑战。

首先,管理过分注意小处可能导致大局观的缺失。当管理者过于关注琐碎细节时,他们可能无法看到更大的图景,无法把握整体战略和方向。这可能导致组织在长期发展上失去方向感,无法有效地应对市场变化和竞争压力。其次,过分注意小处可能降低工作效率。管理者如果过于纠结于细节,可能会花费大量时间和精力在琐碎的事务上,而忽视了真正重要和紧急的工作。这会导致资源的浪费,同时也会使员工的积极性受到打击,因为他们在努力工作的同时却看到管理者对一些无关紧要的事情斤斤计较。最后,过分注意小处还可能影响团队的协作和士气。当管理者过分强调细节,可能会对员工的工作提出过高的要求,导致员工感到压力过大,无法充分发挥自己的能力和创造力。同时,这种管理方式也可能引发员工之间的不满和冲突,破坏团队的和谐氛围。

为了避免管理过分注意小处的问题,管理者需要学会把握整体战略和方向,将注意力集中在真正重要和关键的事务上。同时,他们也需要培养自己的大局观,从更宏观的角度看待问题,以便更好地指导组织的发展。此外,管理者还应该注重与员工的沟通和协作,了解员工的需求和想法,以便更好地调整自己的管理方式,实现组织的共同目标。管理过分注意小处的问题可能会带来一系列负面影响,管理者需要意识到这一点并采取相应的措施进行调整和改进。

第三章 精细化管理的准备

第一节　战略精细化管理

一、战略与细节，孰轻孰重

近年来，强调企业管理应重视细节与执行力的讨论很多，讨论也越来越深入，这反映了要搞好管理，更需要抓紧和落实到企业的基础层面，体现到实践的环节上。否则，规划得再好，道理再重要，说得再漂亮，如不付诸实践，不解决实际问题，也是纸上谈兵，于事无补。

过去一再强调对企业兴衰成败起关键作用的是企业的经营战略与发展战略，而现在却大力宣传“细节决定成败”“执行力决定成败”。这是否意味着，决定企业成败的关键不再是战略，而已转变为细节了呢？

对企业来说，弄清楚决定其成败的关键究竟是细节还是战略，对企业今后的健康发展是具有现实意义的。20 世纪 40 年代到 70 年代，通过各国企业的大量实践，其实已经有了清楚的答案。

第二次世界大战结束后，各国经济由于受战争破坏，当时重点是恢复和发展经济。20 世纪 50 年代初，国际上管理学界认为，为了取得最好的经济效益，企业必须注意四个方面的工作：(1)产品在产量上要符合市场需要，生产数量恰如其分；(2)对质量的要求也应恰如其分，而不是质量越高越好；(3)在产出时间上也要恰如其分,太早或不能按时交货也会蒙受损失;(4)要用最好和最便宜的方法把产品生产出来。

正是基于这些要求,不少科学管理方法和管理技巧在战后应运而生,为管理科学的发展创造了有利条件。因此,在20世纪50年代到60年代,对企业管理的要求和主导思想是:要努力把该做的事做好。科学的管理方法正是为这个目标服务的。应用了这些方法,在不增加投入的情况下,可以取得更多、更好的效果。这就正体现了把企业的细节处理得更好的要求。

到了20世纪70年代,大环境发生了一系列变化,主要有:以微电子技术为基础的新技术革命,对世界范围的社会经济生活产生了广泛而深刻的影响;1973年开始的石油危机引发了西方长达10年之久的经济衰退;日本作为经济大国的崛起,使原有的国际竞争格局发生了变化。这些大环境的变革影响到企业的经营和发展。过去那种只注重管理好企业内部秩序的思维和方法已不够了,因为企业的生存发展不再只取决于企业内部,企业所处环境的快速变化对企业的兴衰尤为重要。因此,经营企业的指导思想,从原来的"做好事"演变和发展为"做正确的事"。

如果把企业比作一艘航船,把船内机器设备和四周管得井然有序固然十分重要,但如果航向错了,则会导致灾难性后果。如果企业千方百计去做一件本来不该去做的事,那么没有比这给企业带来的损失更大的了。

20世纪70年代,企业的经营战略和发展战略被提到日程上来,成为企业界与管理学界关注的重点。当然,这前后30年的两种主导思想都各有其片面性。到了20世纪80年代,这个主导思想发展为:要把一件正确的事做好、做正确。这就是说,要在战略上重视正确的发展方向,并且在实施过程中正确地加以贯彻。两者在决定成败中都各有其作用,不存在孰轻孰重的问题,这才是较为全面的客观阐述。

国际上以往的经验已对战略与细节或战略与执行力的辩证关系做了明确的回答。我们不能为了强调战略而不重视细节或执行力;同样,也不能为了突出细节或执行力就使战略让位甚至退位。既然两者都重要,不可偏废,那么究竟应怎样看待其差别呢?实际上,这取决于对担当什么职责的人而言。在企业或任何组织中，人员按其职责分工基本上可分为两大类：一类属于领导层或决策层，另一类属于执行层。两者相互配合，形成一个组织的整体。

细节决定成败或执行力决定成败的提法针对执行层来说，无疑是完全正确的。当他们在制定企业目标时，必须十分注意细节，使这些目标能层层落实，并且做到精益求精，以保证企业目标的实现。

但是对企业的领导层或决策层来说，仅注意细节是不够的。企业领导作为企业这艘船的船长或领航员，必须在市场竞争的惊涛骇浪中，站立船头，眼观六路，耳听八方，把握市场风云变化的脉搏，才能保证航船越过急流险滩，在风浪中平安前进。如果一个企业的领导一心只看企业内部，认为只要把企业内部的细节搞好便可万事大吉，“两耳不闻天下事”，怎能适应当今世界的新形势？如果企业的领导层、决策层只埋头于当前的日常工作和细节，事无巨细，事必躬亲，而不以更多时间和精力去考虑企业的战略发展、考虑企业的明天，那么企业又怎么能在日益激烈的国内外市场竞争中占有自己的一席之地呢？

一个不考虑明天的企业，就不会有企业的明天。就企业整体而言，决定成败的究竟是什么？强调战略过了头，不注意实施战略过程中的细节或执行力，必然会使战略落空；同样，把细节或执行力强调过了头，似乎只要抓细节便可决定成败，而不从战略上重视外界迅速变化的环境对企业经营的重大影响，甚至鼠目寸光、只顾眼前，这样的企业也绝不会成功。因此，我们不能不加分析地一味强调细节决定成败或执行力决定成败。这种非此即彼、以偏概全的片面提法，对企业的发展来说，极易引起误导。

精细化管理的本质意义就在于它是一种对战略和目标分解细化和落实的过程，是让企业的战略规划能有效贯彻到每个环节并发挥作用的过程，同时也是提升企业整体执行能力的一个重要途径。我国企业在战略意识逐渐成熟的过程中，必须推行精细化管理，才能有效地执行企业既定的战略。而且，精细化管理的实施反过来也会促进企业战略制定水平和执行力的提高，这样企业才能不断在制定与执行战略的循环中逐渐从稚嫩走向成熟。

二、中国企业的战略盲点：战略与执行割裂

“执行”在中国企业界大行其道时，我们的企业战略好像已经不在话下了。事实果真如此吗？

中国企业最自信的就是自己的战略，成就了许多著名的企业家。而他们都坚信自己的成功并非完全偶然，相信自己对大局的判断，不管那是不是严格意义上的战略。所以，很少有哪个老总怀疑自己当初制定的战略是否有问题。即使有问题，也往往认为都是出在执行层上。那么，中国企业对战略的领悟与制定，真比其执行能力更强吗？还是我们对战略的理解似是而非？当世界战略管理大师迈克尔·波特站在中国企业面前向我们诠释战略的真谛之后，人们在感叹自身功力浅薄之余，难免有些遗憾：我们离大师所举的个案还相差太远，我们自己太缺少高水平的战略思考或案例分析了。

其实，对于战略的理解，中国企业依然似是而非。过去的“成”，成在战略；现在的“困”，依然困于战略；未来的“盲”与“茫”，也还是在于战略。

目前，许多国内企业陷入一个误区，就是往往将战略与执行割裂开来。其实，战略与执行是统一的，它们彼此不可分割。战略执行最核心的目的就是将战略和运营有机地衔接起来。而战略执行有两个先决条件：一是把握传承，二是合理控制。我们谈到战略执行这一话题时通常总会首先想到人，以为有了优秀的战略自然会得到顺利实施。其实，这是不少企业在战略执行中的一个盲点，会误导你忽视运营过程。因为无论谁来执行，都绕不开这两个问题。

战略传承包括战略澄清和形成共识。企业内各层级员工对战略的共识会对公司战略的成功执行产生重要影响。没有共识，公司的战略行动将缺乏合力，不同方向的牵引力将会引起和加剧组织内部的摩擦，无谓地消耗公司的时间和资源，致使战略目标无法实现。

另外，战略是一种帮助我们从现状过渡到目的地的有效途径，但是战略也只是一个假设，而不是事实。所以，有效地执行战略，必须有一个战略控制系统，否则，到了一个特定的时间点而相关条件发生变化时，你以为自己还在向着

既定的目的地走，其实这时已经非常危险了。联想开始的市场定位是高科技、服务领域，但是执行到一定程度，不得不进行调整，这是一种控制。德隆的产融结合曾做得很成功，后来随着中国宏观经济条件的变化，其金融业务遇到了很大的挑战，但是它还是很固执地认为只要努力做，就一定会达到目的，实际上却已经偏离了轨道，最终惨败。

实现企业战略的首要途径是战略创新。战略创新又可进一步细分为两类：一是进入新市场，二是开发新产品。现在中国乳品市场中的伊利、蒙牛，就属于在地域性市场竞争中的战略创新者。它们地处偏远，远离消费主市场，但很快就追上了地理位置绝佳的上海光明。

实现企业战略的第二个途径是提升客户价值。国内的电信和银行业，目前最主要的战略途径就是提升客户价值。比如，最近有些银行业务开始收费，就是希望用这种方式，对客户进行筛选，因为维持一个客户需要成本，甚至有些客户最后会成为你的竞争对手。这虽然是一种进步，但是和国外银行相比，差距依然巨大。比如花旗银行，它的收入中只有不到30%来自信贷息差，最主要的收入来源是给它的客户提供额外的中介收费服务，显然这种业务要比信贷息差的利润高得多。而我们国内做得最好的建设银行，它的中介服务费的收入比例仅仅是总收入的6%左右。为何有如此巨大的差距？就是因为国内银行的经营战略依然还没有将提升客户价值当成核心盈利手段。

实现企业战略的第三个途径是提升企业运营效率。国内食品业擅长通过各种手段降低成本来提升企业运营效率，与跨国企业相比，虽然品牌方面不如对方，但是有成本优势，这样大家可以达到一个相对的均衡，各有所长。但如今，跨国企业管理越来越精细，效益也比国内企业好，使国内的优秀企业面临巨大的挑战。比如联想和戴尔的竞争，就品牌而言，联想不占优势，那么和戴尔相比到底有没有成本的优势？答案是否定的。从人力成本上讲，两者几乎是一样的，戴尔也是在国内制造的。从规模效益讲，联想年出货量不超过500万台，而戴尔是2 000万台以上。另外，戴尔的分销成本也比联想低，所以联想面临的挑战最主要的就是以前的这种均衡被打破了，在成本方面和竞争对手相比也遇到了重大挑战。

三、战略精细化管理的七大误区

1. 拍脑袋，不重视市场调查

一些管理者在遇到问题之前猛拍胸脯，信誓旦旦："没问题""包在我身上"；然后，闭门造车，仓促制定战略，当战略见不到任何成效的时候，就大拍脑门，举首问天；最后到企业亏损之时，则赶紧拍拍屁股走人，"奔赴"别的企业继续贻害他人。这些"三拍"管理者把制定战略当成了自己拍胸脯、拍脑门、拍屁股的活动，而没有认识到制定战略是一件很严肃、很讲究科学的事情。

还有一些企业，经常是一群高层领导进行集体思考，热衷于推出类似"一个焦点，两面夹击，三面立体作战，四面埋伏，五路出兵"的口号，设想几近完美，整个过程大有专家讨论之风度，实际上却是助长了形式主义。

案例 3-1

可口可乐的小店市场信息调查

很长一段时间，我们只能在国内一线市场看到可口可乐的身影，而在一些非直辖市、非省会（首府）城市，尤其是农村，可口可乐的渗透还不是很全面。后来，可口可乐总部便调整了自己的分销战略，要把目标放在更多的非直辖市、非省会（首府）城市中。在开拓非直辖市、非省会（首府）城市市场的过程中，可口可乐把大公司的宏观销售政策落实到小店代表身上，要求业务代表对选定的所有饮料销售点进行全面调查。

搜集小店数据是最为琐碎、长久的一项调查行为。其中最先的安排就是培训，主要内容是基本的扫街程序、拜访技巧和沟通训练。接下来最关键的就是：如何保证散落在各处的小店资料不遗漏，从而保证调查的顺利实施，这对业务人员来说也是要努力做到的。况且，扫街中每天的行为都是早会、行走、标图、记录和晚会，日复一日，周而复始，单调而又复杂，需要员工保持极高的工作热情。业务人员在调查时，应做到四条：(1)认真，仔细，真实；(2)不遗漏，不重复；(3)按时完成当天的调查任务；(4)每人每天至少调查35家零售店。

员工做到这四条之后，还要注意小店数据积累的步骤。简单的行走路线就有很多原则：(1)调查时以大路为主线靠右行走。从何处离开主线就从何处回到主线，继续沿主线前进。这些做法是为了防止大面积地错过街区，并减少回头重访的工作量。(2)每天在到达指定调查区域并开始正式调查之前，首先在调查区域内快速行走一遍，以便熟悉路线走向。(3)一定要在指定的区域内进行调查，不可跨区调查。(4)完成一片后再进行下一片，不得任意穿插路线。(5)沿途每遇到一条街或巷时，均须入内调查。(6)在彻底完成一条街或巷的调查后，必须从原入口处出来靠右行走，回到原主线上继续前行。(7)如遇到再次分岔，以分岔处为入口，调查完该分岔街或巷后，再回到分岔入口处，然后再沿着进入分岔街或巷之前行走的方向继续调查。(8)无论地图上是否标出，沿途只要遇到有街或巷都必须进入，并在地图上标明该路段“标图”以及注意事项。(9)当走进任何一条街或巷，都必须注意此街或巷到何处终止。若与地图上所标位置不同，要在地图上改正。(10)每到一个路口或交叉口，在进入或出来或拐弯前都必须确认是否按计划路线行走。

不仅如此，可口可乐的业务人员在调查过程中，对标图也做了相应的规定。(1)将客户位置和客户序号准确地标在区域分布图上，并将此编号圈起来。(2)每张分布图的客户序号都必须从1开始，依次往下标。(3)对地图所做的每一项修改必须经过再三确认后方能进行。(4)对地图上没有标出的路、街或巷，要用红笔在地图上绘出该路段和明显识别标记(如建筑物、单位、广告牌等)，并标上路名。(5)单行线、禁止转弯路口、手推车路线也要标明，这是为了以后配送的顺利进行。(6)字迹清晰、端正、易读。(7)用蓝色或黑色笔填写。(8)认真填写每一栏项目，不可无故空缺不填。(9)每张调查表格上必须填写调查者姓名、编号、调查日期以及调查区域编号。(10)每天交回的表格必须按当天的调查序号排列。(11)学校渠道应特别注意标注，尤其要判断各店销售情况，注意运动场附近的店面。

可口可乐的员工不仅对小店进行分类，还标写出该店的主要特征，有些优秀的业务人员甚至能够说清自己片区下小店的店主姓名和特长，并且描述他们的业务特征和成长可能性，对于不同类型的小店，里面还可分出不同类型的小分类。

可口可乐不愧为世界顶级企业，仅一项小店调查就做得如此精细。而他们的员工，更是将这些工作完成得非常出色。

2. 凭经验，忽视战略环境分析

战略环境是企业赖以生存与发展的重要条件。“蝴蝶效应”告诉我们，一个系统中关键因素的变化会引起整个系统发生改变。现在的社会变化越来越快，如果只凭过时的经验，不重视环境分析，企业就会受到威胁，错失机遇。

20 世纪 70 年代前期，第一次石油能源危机爆发，美国三大汽车业巨头中的福特公司与通用公司敏锐地感受到环境的变化，并迅速做出反应，主动给汽车“减肥”，研制开发了新一代的低油耗车辆。而克莱斯勒公司却对环境变化熟视无睹，继续生产高油耗车辆。70 年代后期，第二次石油能源危机爆发，对汽车制造业形成了前所未有的猛烈冲击。福特公司和通用公司由于有新车“保驾”，不仅渡过了难关，而且争得了更大的市场份额。克莱斯勒公司的产品却积压如山、无人问津，短短几个月亏损了 7 亿多美元，公司一度濒临倒闭。这沉痛的教训告诉我们，如果企业的经营者不重视战略环境的研究与分析，企业的生产经营活动就无法适应环境的变化，进而遭受致命的威胁，当然也就更抓不住难得的机遇。

3. 靠感觉，盲目扩张

发展型战略是国内外企业常用的一种战略，这种战略往往能使企业充满生机，注入增长活力；同时，也常常给企业带来巨大的经营风险。我国的海尔凭借其管理和品牌优势，采用激活“休克鱼”的扩张战略，使其实力和规模得到快速增长。而有不少企业则心态浮躁，不沉下心来把企业做精做细，而是急于贪大，盲目扩张。实际上，我们的企业绝大多数还是中小企业，我们企业的成长史也就15～20年。WTO总干事曾说,“中国的管理水平相当于30年前的日本、100年前的英国”。我们许多企业的平均寿命也就3～5年,有的企业才30多人就叫“集团”,稍有发展就想上市,内部许多经营管理问题尚未解决还想扩张,结果加快了企业的消亡。北京科利华就因收购阿城钢铁厂,债台高筑,元气大伤。

案例3-2

2003年1月23日,中国著名品牌——始创于清朝顺治八年(1651年)的老字号——在中国剪刀市场一直占据半壁江山的北京“王麻子”剪刀厂向法院申请破产。

从始创品牌直到20世纪50年代末的几百年间,王麻子自身并不生产剪刀,而是采取一种类似于现代“贴牌”的经营方式,从大量普通匠人的供货中精选出质量上好的剪刀,然后打上“王麻子”的钢印出售,正是凭借精品效应,“王麻子”剪刀才逐渐发展成名扬四海的国货名品。“北有‘王麻子’,南有‘张小泉’”,北京“王麻子”在长江以北地区几乎家喻户晓,市场占有率在50%以上。为什么作为被寄予厚望的老字号招牌之一的“王麻子”说倒就倒下了?

这里面固然有种种原因,但有一个重要原因就是延伸失误。1995年,“王麻子”剪刀厂与北京市文教器材厂等毫不相干的十几个厂子合并成立“王麻子”工贸集团公司,并重新注册了“王麻子”商标,这被视作“王麻子”品牌延伸和盲目扩张的一大败笔。

“王麻子”的品牌影响力在剪刀产品,而合并后的新“王麻子”品牌,在产品的商标使用上,新商标、老商标紊乱,市场上“王麻子”产品混乱无章,造成品牌资产严重分流和破坏,从而削弱了消费者对“王麻子”品牌的忠诚维系,直接导致产品滞销,仅合并当年就亏损100多万元。此后“王麻子”便一蹶不振,平均每年亏损近300万元。

1999年,“王麻子”工贸集团中的“王麻子”剪刀厂及另外三家厂又被合并划归为北京昌平区的区属企业,因为“王麻子”工贸集团注册在先,真正“王麻子”的传人只能重新注册“栎昌王麻子”商标。

这一系列的分分合合，不仅使得“王麻子”内部乱作一团，品牌资产更是支离破碎，“王麻子”就这样一直挣扎于混乱之中，亏损也逐年渐长。

4. 定位不当，目标失误

获取最大利润是每一个营利性企业的目标，不过企业的自身定位却是制约其获利的瓶颈。如果一个企业不能对自己进行准确定位，就很难获得理想的利润，甚至会导致破产。

许多管理者在对企业定位时常常犯下致命的错误。他们要么低估自己的实力，错过了发展的大好时机；要么盲目攀高，提出不切实际的目标，结果欲速则不达，大伤元气，甚至面临破产。

企业要在激烈的市场中站稳脚跟，管理者必须做到“知己知彼”。企业对自身的资源和能力、优势和劣势要有清醒的认识，在制定战略前对自身的条件要进行认真的分析。对此问题，迈克尔·波特教授提出了对任何性质和规模的企业均适用的解决方法——一般竞争战略，它主要包括低成本战略和差异化战略。

那么，一个企业在定位过程中究竟选择哪种战略更有利于企业的发展呢？一般来讲，如果企业面临技术革新迅速、产品结构变化快、市场需求波动大、降低成本对公司劳资关系影响强烈的处境，最好采用差异化战略；而在消费者对价格敏感，不愿为产品的形象和质量的差异支付费用，产品间的差异性易被竞争对手模仿的情况下，低成本战略将是企业更明智的选择。此外，同时追求低成本和差异化的中庸战略是不可取的，它通常是制约企业获利最严重的定位障碍。

一般而言，普遍性的规律被用于具体事物时需要具体情况具体分析，一般竞争战略也不例外。企业在使用时要结合行业特点和自身优势来考虑究竟是用低成本战略还是用差异化战略进行定位。丰田公司崛起的案例就有很好的启示作用。

案例 3-3

由于日元升值，日本汽车的低价格优势荡然无存，丰田汽车在美国的销量急剧下滑。面临此种困境，丰田公司针对消费者需求，不断推出新款车型，利用丰富多样的产品抢回市场份额，并使企业利润稳步增长。当丰田公司在英国、美国建立工厂，避开日元升值带来的压力后，又转向低成本战略。通过对公司管理结构的调控和零部件标准化的实施，丰田公司成功地降低了成本，开始以更稳健的步伐奋力前进。最后，需要强调的一点是：虽然一般竞争战略适用于任何企业，但在使用时一定要结合行业特点和自身特点。所谓“知己知彼，百战不殆”，只有清楚了自己在所处行业中的强项和弱项，才能进行准确定位。

5. 扬短弃长，丧失优势

战略优势是指企业经过多年努力，在具有战略意义的经营资源或经营要素方面所拥有的超过竞争对手的优势，它是赢得竞争胜利和经营成功的决定性因素，企业无论如何，都要在竞争中保持优势。

案例 3-4

众所周知，原来属于高档产品的派克笔，一直是使用者身份的标志，人们购买它不仅是为了买一个书写工具，更主要的是买到一种体面与形象。正因为如此，长期以来派克笔深受顾客喜爱，有着“钢笔之王”的美称。1982 年，派克公司新任总经理詹姆斯・彼特森上任，他没有把精力放在改进派克笔的款式和提高质量，以巩固与发展已经占领的高档产品市场上，而是轻率地改弦易辙，热衷于向每支售价 3 美元以下的低档笔市场进军。这一错误决策，致使派克公司原有的技术优势、产品优势、资源优势、人才优势、管理与文化优势尽失，形象与声誉严重受损，还给其竞争对手克罗斯公司等提供了趁机大举进军高档笔市场的有利机会。最终，派克公司不仅未攻下低档笔市场，反而使高档笔市场的占有率下降至 17%，销量也只有克罗斯公司的一半。

6. 领导人个人意志取代战略制定

原来的国有企业经过市场取向的改革后，经营自主权都有了不同程度的扩大，有些企业的领导人开始掌握了企业战略制定的主动权。在战略制定的主动权回归企业后，一些企业并没有建立起真正符合企业发展需要的、科学的战略制定系统，而是将决策权垄断在企业的个别领导人手中。

一些领导人为了谋取自己的利益，巩固自己的地位，往往在战略制定中不听取别人的意见。更有甚者，由于缺乏科学、有效的企业治理结构，总经理的权力没有得到制约，那些权力欲极强的人往往将企业作为实现自己目标的工具，不但在战略制定中不能吸收他人的意见，甚至将日常经营权也尽量掌握在自己手中。

靠领导人的个人能力和意志进行管理的企业，由于不能对企业自身和外部环境进行缜密分析和预测，领导人的直觉和判断失去了理性分析的支持，导致战略的盲目性；同时，在战略制定中缺乏有效的制约机制，也往往导致战略失去稳定性，变动过于频繁。

7. 缺少战略决策能力

据《企业家的雄才大略》一书介绍，美国企业管理协会曾花了 5 年时间，对 4 000 名经理进行了分析，并从中找出了 1 812 名最成功的经理作研究，归纳出了企业家的 19 种素质或能力，其中就包括：善于捕捉发展机遇，准确进行决策。

案例 3-5

投资战略是企业财务战略的重要组成部分，投资决策的正确与否直接影响到企业的生存与发展。以生产“长江音响”闻名全国的武汉无线电厂在早期进入市场时，利用智慧与谋略把握住了机会，从而取得了成功，使得企业不仅拥有场地、设备、人员和知名品牌，而且拥有多达 8 000 万元的闲置资金。虽然当时也有人主张投资 VCD 项目，还有人建议生产寻呼机，但企业的领导者一不进行调研论证，二没有做出投资决策，致使 8 000 万元资金在银行里闲置了 3 年之久。后来随着 VCD 市场的异军突起，“长江音响”却在市场上节节败退。8 000 万元存款最终被 2 000 多员工坐吃山空，一家好端端的工厂就这样抱着金山沉没。“长江音响”的惨痛教训向众多企业敲响了警钟。企业的经营者不仅要有一双锐利的“商眼”去洞察市场，更要会赚钱、管钱和用钱，要有站在战略的高度上去运作资金的决策能力，这样企业才能够持续发展。

四、把战略细节分解量化和落实

精细化管理注重细节，努力将小事做精，力求出类拔萃，尽善尽美。有人问：“强调细节，是不是就不要战略了或战略不重要了呢?”非也。前面已经讲过，精细化管理仍然把战略看成是最重要的。战略决定命运，决定方向，但有了好的战略还不够，必须把战略细节量化，才能保证战略的有效执行。

战略就是要从细节中来，到细节中去。前期做得越细，战略定位就越准确。同样，再好的战略，也必须落实到每个细节的执行上。对企业来说，在战略上应该是举重若轻，在战术上应该是举轻若重。战略是指资源在市场上、在宏观层面上的配置，是指企业要进入什么领域，要找到哪方面的人才、资金、市场；细节是指资源在内部的、微观层面上的配置，是指如何把优秀资源用好，发挥效率。作为经理人，不但要关注战略，大量的内部管理更要关注细节。同时，战略制定的过程也要注意细节，要注意数据是否可靠，参照系是否出错，如果不注意制定战略中的细节，战略也会出错。

战略要从细节中来，到细节中去，其实就是战略细节的量化问题。战略若不量化、细节化、具体化，就很容易让人感到空洞，不切实际，最后就没有什么指导纲领可以依据，也不可能想出什么战术了。

细节是闪光点，细节也可以成为失误点，成也细节，败也细节。提大战略、大视野，但最终还是要落实到细节上。比如同仁堂提出的“炮制非凡”的口号，一种药丸斤百道工序，细节是它的闪光点。

精细化的精髓就是各种流程的细化、标准化、量化，强调的不是某一个要素的精细化，而是所有环节共同作用的结果。按照“木桶理论”来讲，任何一个要素的短缺都会使整个产品失去优势，只有各环节、各流程在精细化水平达到一种均衡，精细化才能发挥其最佳效应。战略不是理想，更不是想象，战略必须量化到每一个细节、每一个小的时段、每一个很小的空间，否则这个战略就很可能流于空泛，流于空洞。战略的每一个流程都要规范化，要把每个细节规范得很清楚，以便别人参考、遵守，最重要的是能产生效果。光凭一个理想、口号、想法，而没有切切实实的战术可以配合，谈何精细？

所以，企业家应该有两本书：红皮书和蓝皮书。红皮书称为战略，蓝皮书就是标准操作规程。战略是作战的指导纲领，而战术这种工具和方法一定要不断地细节量化，才能很明确地表达战略的作用。战术如果发挥不出来，战略就不可能达到目的。通常，战略是指导纲领，是一个框架，它的执行靠战术。战术在实现战略时，每一个流程、动作都是一个细节，都需要量化。

第二节　组织结构精细化管理

我们常常看到各种各样的事件或现象，其实这些事件或现象是由结构决定的，组织结构的设计决定了人们的行为变化，人们的行为变化决定了事件的发生。

某公司有五个分公司，分别有八大部门。分公司和部门实行严格的等级职能模式，董事长几乎一开会就要说公司内部资源难以整合，分公司之间以及部门之间好像不是一个公司。后来，不到一年，公司不得不进行业务收缩，部门之间重新进行调整部署，本来准备重新集中优化已有资源，但董事长提出“重新功能划分”，结果原来有限的资源仍没有得到整合。因此，组织结构的模式很重要。我们有些企业还不大就得了大企业病，内部员工得不到很好的沟通、学习，内部资源得不到整合、优化，整体效益难以提升，组织结构设计不精细是主要原因。

精细化管理要求在组织机构方面实行精简化，去掉一切多余的环节和人员，实现从纵向减少层次，横向打破部门壁垒，将层次细化分工。管理模式转化为分布式平行网络的管理结构，提高公司发现问题与解决问题的速度。

一、各种组织结构的优缺点

组织结构有六种不同的组织形式，其中有传统的组织形式，也有它们的改良形式，还有新型的组织形式，下面着重介绍一下它们的优劣。

1. 等级职能模式

这种模式是传统组织图所描绘的组织模式。在这种体制中，相近专业技能和思维模式的人聚集到了一起，有利于专业知识的积累，能够提高运作效率。但由于各部门的工作性质不同，容易造成各个职能部门之间的沟通障碍，从而引起工作过程的破碎化。如果不想改变这种组织结构，又想理顺过程、提高组织绩效，可以尝试改进组织的绩效评价体系，用综合的、完整的绩效评价和奖酬体系鼓励部门之间的整合。

2. 职能制＋过程管理者模式

这是等级职能模式的改进型，本质上还是职能制。这种模式是在维持职能制的同时，针对特定的核心过程组建一个管理小组，负责跨职能部门的协调。这个小组通常设在综合的参谋部门，或作为一个新的参谋部门出现。它对于业务过程有有限的控制权，需要通过说服和谈判来协调部门之间的活动。

这种模式是在满足过程再造需要和不打破原有组织构架之间的一种折中。所以，当改革组织体系阻力很大或条件不成熟时，可以尝试用这种改良的办法实施面向过程的改革。不过，如果该小组缺乏威信或权力不足，并且已经影响戒备森严的职能群体，那么整个努力都会白费。

法国阿尔卡特公司曾在1990年前后组建了独立的被称为“业务过程和信息系统”的参谋部门，并想靠它来促进过程意识，结果由于不能建立起权威和威信，在20世纪90年代中期被解散，不得不进行更为激进的组织再造。

3. 项目团队模式

项目团队是为了某个特定的业务目标，在一段特定的时间内组建的临时跨职能团队。该模式对于实现特定的目标是非常有效的；此外，还有助于激发集体的创造性，如在一些产品开发项目中的情形。其不足是：当团队解散、成员回到原部门时，团队所执行项目过程中形成的关于过程的知识（一个项目的全过程的相关知识）就容易丢失；另外，团队成员的职业发展也不能得到有效的保证。通过细化组织的知识和信息的管理以及加强部门之间的衔接等方式，可以在一定程度上克服这种模式的不足。许多研究与开发公司、咨询公司都采取这种组织形式。

4. 矩阵组织模式

为了克服临时性团队的不足，可以创建一种永久性过程团队。这种过程团队叠加在现存的职能部门结构之上。不同的过程团队对不同的产品进行开发、生产、营销；职能部门则负责执行团队提出的计划，并为团队成员提供有效的职业发展、技能训练等。不少组织为了适应过程再造采用了这种模式。但这种模式增加了组织结构的复杂性，职能部门和团队的冲突也增多了。

矩阵制组织结构是一种扁平的组织模式：用过程团队完全取代职能部门，就是扁平组织模式。海尔的市场链再造就是这种模式。施乐公司在1991—1992年，也在各个事业部内部建立起了若干完全取代职能部门的业务团队。

这种模式直接面向过程的优点是显而易见的，因此，许多企业采取了这种改革方案。其不足是：由于只有职能部门才能为职能性技能和知识的发展提供最为有效的场所，许多公司的水平组织模式并不彻底，有的公司在改革后不久，又恢复或部分恢复了其职能部门。

5. 大过程小职能模式

为了克服以上四种模式的不足，出现了大过程小职能模式。这是一种新型的模式，是对矩阵模式的改良。该模式承认面向过程的必要性。与矩阵组织相比，其过程团队的职责扩大了，要全面负责创造顾客价值的任务，职能部门的职责则缩小了，只负责知识的传播。职能部门负责总结知识并向员工传授知识，为知识在过程团队中的应用确立准则，所以职能部门更像一个学校。员工周期性地回到职能部门，其主要任务是：通过获取知识提高自己的知识水平，通过从过程团队中带回的知识来增大职能知识库。

本田公司的做法接近这种模式。该公司的工程师们轮流在工程职能部门和开发团队中工作。在工程职能部门,他们学习复杂的工程技能;在开发团队,他们把学习到的知识应用于创造价值的过程。一些软件开发公司也采用这种模式。软件工程师们大部分时间在跨职能团队里工作,然后定期或根据需要返回知识中心去学习新的知识。

6. 网络式组织模式

网络式组织结构是一种最近出现的新型结构形式。严格来说,这种形式更像是组织之间的协作形式。其特点是:组织只保留从事关键业务的机构部门,其他职能则以合同为基础交给协作单位,以便于组织集中精力做最擅长的工作。如组织将产品生产、销售、广告业务等通过合同关系交给其他协作组织,自己只保留很小的中心部门。

这种组织结构形式能够使管理者集中精力从事主要业务,具有高度的灵活性;另外,由于人员较少,支出费用也会降低。但是因为与其他组织的协作关系较为复杂,所以从一定意义上讲,管理者的主要工作是协调和控制这些外部关系。这种形式既适合于大型组织,也适合于小型组织。

事实上,许多组织都在面临着类似海尔的组织结构改革任务。在改革的过程中也面临着同样的困惑、同样的风险。

二、 组织模式的选择

对于一个具体的组织来说,怎样选择组织模式呢?一般来说,每个组织有每个组织的具体情况,很难与上述六种模式对号入座。职能专业化与过程整合的权衡是一项精细的工作,每一个组织都要寻找属于自己的独特的平衡点。有时候,为了寻求最佳的组织结构,需要不断地改革;有时候,同一组织内部会采用多种组织结构成分,以用来满足组织的某一部分的特定需要。

在选择组织模式时,应该考虑市场变化率、技术变化率、过程内部的各个过程的依存度。

当市场快速变化时,宜更多地采用团队式结构。过程团队能够敏锐地关注市场的变化，及时适应市场变化，而容易造成职能之间扯皮的职能制组织就很难适应这种变化，这也是在当前组织越来越多地采用过程团队模式的原因。

当技术和知识发展变化比较快时，宜更多地采用职能式结构，因为职能制有助于知识的积累。当过程内部的相互依存度高时，宜采用团队式结构，这样有助于工作中的沟通和协调。一般来看，这是一个需要反复斟酌的过程。

第三节 塑造精细化管理的企业文化

精细化管理是将精细管理的思想和作风贯穿于企业所有工作环节的一种全面管理模式，这种模式必须将精细化管理工作引向深入，向工作态度、工作方式、职业素质、职业道德等深层次方面发展；同时，结合公司企业文化建设和精神文明建设，创造性地开展精细管理工作，力争经过一段时间的努力，逐渐改变员工工作态度、工作方式，提高员工的职业素质和职业道德，最终改变公司的管理模式，适应现代企业管理的要求。我们不要喜“大”厌“小”、忽视细节，甚至歧视细节，而要从文化根源上说起，反思我们的企业文化。

一、认真做好每一件“小事”

认真做好每一件“小事”是成就大事的关键所在，这种态度体现了一种高度的责任感和敬业精神。在日常生活和工作中，无论事情的大小，我们都应该以同样的认真和专注去对待，因为正是这些看似微不足道的小事，构成了我们生活和工作的全部。

首先，认真做好每一件小事有助于培养严谨的工作态度和良好的习惯。小事虽小，但其中蕴含的细节和要求却往往能够反映出一个人的工作态度和习惯。如果我们能够对待每一件小事都如同对待大事一样认真，那么这种严谨的态度和习惯就会逐渐渗透到我们的工作和生活中，成为我们的一种自然表现。

其次，认真做好每一件小事也是提升个人能力和素质的重要途径。通过不断地处理小事，我们可以积累丰富的经验和技能，提升自己的综合素质。同时，小事中往往隐藏着许多值得我们学习和思考的地方，如果我们能够用心去发现和学习，那么这些小事就会成为我们成长和进步的阶梯。此外，认真做好每一件小事还能够增强我们的自信心和成就感。当我们用心去完成每一件小事，并取得良好的结果时，我们就会感到一种满足和成就感。这种成就感会激励我们更加努力地工作，形成良性循环。然而，要做好每一件小事并不容易，它需要我们具备高度的自律性和耐心。我们需要时刻保持清醒的头脑，对每一件事情都进行认真的分析和处理。同时，我们还需要具备足够的耐心和毅力，不断地克服困难和挑战，坚持到底。

认真做好每一件小事是一种积极向上的生活态度和工作方式。它不仅能够提升我们的能力和素质，还能够增强我们的自信心和成就感。因此，我们应该时刻保持这种态度，用心去完成每一件事情，让自己的生活和工作更加充实和有意义。

二、把简单的事做对，而且持续做对

许多人遇事确实有大而化之、马马虎虎的毛病，社会上“差不多先生”比比皆是，好像、几乎、似乎、将近、大约、大体、大致、大概等，成了“差不多先生”的常用词。

与“差不多”的观念相应的是人们都想做大事，而不愿意或者不屑于做小事。但事实上，正如汪中求先生在《细节决定成败》一书所说：“芸芸众生能做大事的实在太少，多数人的多数情况总还只能做一些具体的事、琐碎的事、单调的事，也许过于平淡，也许鸡毛蒜皮，但这就是工作，是生活，是成就大事不可缺少的基础。”

什么是不简单？能够把每一件简单的事情千百遍都做对就是不简单；什么叫不容易？能够把大家公认非常容易的事情高标准地认真做好，就是不容易。

世界上没有简单的事，只有把事情简单化了的人。我们总是想急功近利地做一些不简单的事，而忽视了一些看似简单的事。其实把简单的招式练到极致就是不简单。一个优秀的人不见得就能做出不简单的事情，一个平凡的人通过点点滴滴的努力和坚持不懈地做好每一个细节反而可能做出不简单的事情。

简单必须先经过复杂的过程，就像读书一样，要先把书读厚，再把书读薄。简单是在复杂之上，跳出复杂才能简单。而简单管理真正落实到企业组织流程上，真正形成自觉的行为，更需要有一个过程。所以必须先复杂、精细，然后再简单。

把简单的事做对，而且持续做对，解决的是"知行合一"的问题，是一种执行文化。精细化管理强调执行，强调操作方法和流程，无论是企业还是企业家，必须从细节上很好地解决这个问题。

案例 3-6

有这么一个广泛流传的故事：美西战争爆发以后，美国必须立即跟西班牙的反抗军首领加西亚取得联系。加西亚将军掌握着西班牙军队的各种情报，可他却在古巴丛林的山里，没有人知道确切的地点，所以无法联络。然而，美国总统又需要尽快地获得他的合作。一名叫罗文的人被带到了总统的面前，送信的任务交给了这名年轻人。一路上，罗文在牙买加遭遇过西班牙士兵的拦截，也在粗心大意的西属海军少尉眼皮底下溜过古巴海域，还在圣地亚哥参加了游击战，最后在巴亚莫河畔的瑞奥布伊把信交给了加西亚将军。罗文也因此被奉为英雄。这就是 2000 年被美国《哈奇森年鉴》和《出版商周刊》评为"有史以来世界最畅销图书"第六名的《致加西亚的信》。

其实，罗文所做的事情一点也不需要超人的智慧，也不是太复杂的事，只是一环扣一环地前进，也就是我们常说的"一步一个脚印"。我们在工作中更多的时候是需要有韧性而不失目标，时刻在前进，哪怕每一次仅仅延长很短的、不为人所瞩目的距离。似乎"突然"的成功大多来自这些前进量微小而又不间断的"简单小事"。后一次所达到的高度与前一次是分不开的，把简单的事持续做对，可以达到与前几次完全不一样的效果。

你也许会说，做这样简单的事情也会积攒出成功吗？那么我们来看一下下面的故事。

邮递员的工作很简单：把邮件送进收件人的信箱里。这不需要高智商，也不需要多高深的技术。然而，要真把这项工作做得不同凡响就不是那么简单了。

美国有一位作家马克·桑布恩专门写了一本书叫《邮差弗雷德》。书中说，弗雷德是一名普通的邮递员，可是，他实现了从平凡到杰出的跨越，他的故事改变了两亿美国人民对邮递员的观念。

书中认为，大多数邮递员都会把自己的工作当作是枯燥无味的苦差事，但弗雷德却从中看到了为别人生活带来的积极改善的机会。作为邮递员，弗雷德拥有的资源只是一套蓝色的工作服、一只布口袋而已。但他走街串巷为人送信，口袋里装满了邮件，脑袋里却装满了想象。正是这些想象令他为顾客创造了价值。

他愿意利用时间认识每一位顾客，了解他们的需求和爱好，并利用这些信息去为顾客提供优质服务。这些工作并没有让他多花一分钱，他只是比大多数邮递员用心多一点、创造性多一点而已。但正是他的这种精神，得到了社会各界的称赞。如今，美国已经有很多公司创立了"弗雷德奖"，专门用以鼓励那些在服务、创新和尽职尽责上具有与弗雷德同样精神的员工。

简单的事情总是难做的，因为要把它做得非同凡响，确实不容易。我们绝大多数人都是平凡的人，在做简简单单的事情。海尔总裁张瑞敏说："把简单的事做好就是不简单，把平凡的事做好就是不平凡。"把简单的事持续做对，才能不断地得到成长，不断地实现自己的目标。

三、量化管理细节

现在一些企业普遍存在着浮躁心态，动不动就说要做世界500强，要学杰克·韦尔奇实施"数一数二战略"，但回过头发现，大事要从小事开始。我们要做事，要把事"做完"，但更重要的是要用心做事，把事"做好"，如果这里差一点、那里差一点，就形成了与发达国家、先进企业的差距。现在企业之间的竞争就是细节的竞争，看谁能把小事情做得更完善。

有些企业的确制定了不少规章制度、工作流程、工作手册，但是他们却往往忽视了细节的量化。缺乏“量化”意识的管理者经常会觉得下属办事不力，让照办的事没照办，让抓紧的事没抓紧，总之未能达到自己预想的效果。究其原因，其实往往是因为管理者在布置工作或制定规章制度时没有使用可量化的标准，最后就会出现一人一个结果，降低了效率，耽误了工作。

细节的量化就是在管理中将工作内容及制度以量化的形式提出要求，并使之涵盖工作全过程。具有细节量化意识的管理者在布置工作时，通常会将具体时间、完成数量、达到什么质量要求等贯穿在整项工作的过程中。而且还会尽可能地将每一个细节量化，希望将管理工作做得更透彻、更精细，同时也更规范、更有秩序，以便为员工做参考。比如一个领导这样吩咐：“你明天早上 8 点半之前把 20 份整理好的会议资料送到会议室。”短短一句话，把具体时间、完成数量、质量要求都交代得很清楚。这使经办人在头脑中就立刻形成非常精准的办事要求，不容易产生偏差。但是如果这句话中没有“量”，就成了“你把资料送到会议室”。不确定性的指挥，在不同员工中会产生不同的效果。高素质的员工当然可以尽善尽美地完成领导布置的工作，但对于素质一般的员工，就会产生偏差。

也许你会觉得细节的量化是件烦琐而复杂的事，甚至一不小心还会跌入“量化陷阱”：出现偏差的量化、大而全的量化、琐碎细节的量化。但是做细节的量化并不需要花太大的成本，关键看你能不能去做。全国三八红旗手、最美奋斗者李素丽有一句名言：认真做事只是把事情做对，而用心做事才能把事情做好。这就要求我们管理者必须用心做事，加快培养细节量化意识，不断创新细节量化制度。这样才能使员工的积极性得到充分发挥，而且产品和服务质量也能得到不断的改进。灿烂星河是因有无数星星汇聚，伟业丰功也是由琐事小事积累而成，让我们从小事做起，把小事做精，把细节做亮！

四、 每个细节做到“零缺陷”

“点点滴滴求合理，细微之处见管理。”管理必须求精求细，对每一过程的每一个环节，都要有精细意识，即使是最细微的部分也不忽略，从小事做起，对每个岗位、每项工作、每个细节都认真对待，精益求精，用心做好，并把这种思想贯穿于整个工作始终。各级管理人员对每一项工作都要精心谋划、细致安排，日常管理中的每一个步骤都要精心，每一个环节都要精细，每一项工作都是精品。精心是态度，精细是过程，精品是成绩。

随着商品的极大丰富、收入的持续增长、消费观念的日趋成熟，人们逐渐变得讲究起来，精细是经济发展的风向标，是生活质量的印章。精细化是对科学管理的执着追求。在我国目前的文化背景下，企业管理要实现精细化，一方面，管理者要有精细意识，要强化精细意识，推行精细意识；另一方面，培养教育员工接受、实现精细化。

要成就一番事业，要缔造真正的百年企业，就要强化精心意识，求真务实，不断追求卓越。从点滴做起，在细微处着眼，脚踏实地，把每一处细节做到零缺陷，只有这样才能造就真正"了不起的事业"。

五、大处着眼，小处着手

"大处着眼，小处着手"是一种既具有全局观又注重细节的处事原则。它强调了在思考和行动时，既要看到整体和长远的目标，又要从具体和微小的事情入手去实现这些目标。

"大处着眼"意味着要有宏观视野和战略思维。在面对问题或任务时，我们需要站在更高的角度，审视全局，明确主要目标和方向。这样做有助于我们把握整体局势，避免被琐碎的事务所困扰，从而做出更为明智和有效的决策。然而，仅有宏观视野是不够的，我们还需要"小处着手"。这意味着在实施计划和达成目标的过程中，我们需要注重细节，从具体的事情做起。只有将大目标分解为小任务，并逐一落实，才能真正取得实质性的进展。同时，关注细节也有助于我们发现问题、解决问题，从而不断完善和优化工作流程。

这种处事原则既体现了对整体和长远的关注，又强调了对具体和细节的把握。它要求我们在思考问题时既要有深度也要有广度，既要看到全局也要注重细节。只有这样，我们才能在处理各种复杂问题时保持清醒的头脑和高效的行动力。

“大处着眼，小处着手”是一种全面而细致的处事原则，它可以帮助我们更好地应对各种挑战和任务，实现个人和组织的长远发展。在实际工作和生活中，我们应该积极运用这一原则，不断提升自己的综合素质和能力水平。

天下大事，必作于细。在小事情上都敷衍、拖延、马马虎虎、对付迁就、粗粗糙糙的人，难以成为人格伟大的人；同样，这样的企业，哪怕一时轰轰烈烈，必将有土崩瓦解的一天。

在员工眼里再小的事情，一旦被领导者所关注，做好就成了大事。组织的运行过程是通过各种途径由无数细节相互连接而形成，且具有自我调节功能的复杂系统。在这个系统运行的过程中，定会有“细节梗塞，小事挡道”的现象。因此，对每件小事的处理是否得当，都会对整个大局带来意想不到的连锁反应。

一般情况下，给员工留下印象最深的、永生难忘的往往是那些不起眼的小事。难怪日本经营之神松下幸之助会说：“大事小事由我处理，不大不小的可以安排别人去做。”

当年，美国总统尼克松访华时就注意到，周恩来有一种本领，就是非常关心小事细节，但又不拘泥于小事细节。尼克松称他为“既见树木又见森林的人”。据尼克松回忆，在欢迎他的晚宴上，周恩来亲自为乐队挑选了晚宴上演奏的乐曲。“我相信，他一定预先研究过我的背景情况，因为他选择的许多曲子都是我所喜欢的，包括我在就职仪式上演奏的《美丽的阿美利加》。”尼克松说。

当尼克松一行被邀请去看乒乓球和其他体育表演时，天已下雪，而客人预定第二天要去参观长城。周恩来知道这一情况后，通知有关部门清扫好通往长城路上的积雪。

希望做大事的人很多，但愿意做小事，并把小事做细的人很少。一个人有理想，有做大事的雄心壮志，这是必需的，但必须从小事做起，把小事做细。

如果说管理的一般法则是科学，那么对细节的管理就是艺术。企业处理细节的能力形成企业管理的能力，因为企业经常面对的都是看似琐碎、简单的事情，却最容易忽略，最容易漏洞百出。其实，企业也好，个人也好，无论有怎样辉煌的目标，但如果在每一个环节连接上、每一个细节处理上，不能够到位，都会被搁浅，而导致最终的失败。“大处着眼，小处着手”，与魔鬼在细节上较量，才能达到管理的最高境界。

泰山不拒细壤，故能成其高；江海不择细流，故能就其深。

六、养成注重细节的习惯

古人早就说过“勿以善小而不为，勿以恶小而为之”。天下有大事吗？没有，任何小事都是大事。集小恶则成大恶，集小善则为大善。比如培养良好的道德，是从尊敬老师开始的，是从很小的事开始的。这种道德是慢慢建立起来的，而不是专门找到大事才做。

案例 3-7

焦耳的实验

焦耳是一位著名的物理学家，他在年轻时对实验充满热情。有一次，他和哥哥一起在郊外游玩时，他尝试用电流刺激马匹，观察其反应。尽管实验过程中出现了一些危险，但他对细节的敏锐观察和勇敢尝试的精神，使他能够从中学习和发现。他的这种对细节的关注和勇于实践的态度，最终使他在科学领域取得了杰出的成就。

案例 3-8

达·芬奇的绘画之路

达·芬奇是文艺复兴时期的杰出代表，他的艺术成就离不开对细节的极致追求。当他开始学习绘画时，他的老师韦罗基奥让他每天用不同角度画鸡蛋。这个看似简单的任务，实际上是在训练他观察和描绘细节的能力。通过长时间的练习，达·芬奇逐渐掌握了绘画的精髓，最终成为一代大师。

案例 3-9

王永庆的米店经营

王永庆在经营米店时，注意到当时稻谷收割和加工技术的落后导致米中混杂杂物。他从这个细节入手，带领员工去除米中的杂物，提高米的质量。这种对细节的关注和改进，使他的米店在竞争中脱颖而出，赢得了顾客的信赖。

这些故事案例都展示了注重细节的重要性以及如何通过关注细节来取得成功。它们告诉我们，无论是在科学研究、艺术创作还是日常经营中，对细节的敏锐观察和精益求精的态度都是成功的关键。通过不断练习和积累经验，我们可以逐渐养成注重细节的习惯，并在各个领域取得更好的成就。

第四章

精细化管理的组织实施

精细化管理的结果，源于精细化的过程。

第一节　精细化管理的实施概述

一、精细化管理的“一贯之道”

1. 什么是管理的“一贯之道”

自然是规律的本源，是人类的导师。精细化管理的“一贯之道”效法天地自然之道。下面，以太阳系为例，讲解精细化管理之道。

太阳系有核心，核心是太阳，行星围绕太阳转。

太阳系有规则，行星遵守定律，按一定轨道运行。

太阳系有运动，行星都在自发地运行。

太阳系各行星之间相互作用，其中太阳有光，地球有土壤、空气、水，这是太阳与地球合作的结果。按顺序画出来，是自然之道，如图 4.1 所示。

根据系统论的观点，系统是相似的，道理是相通的。将自然之道移植到对人、对企业的管理上可以得到管理之道，如图 4.2 所示。

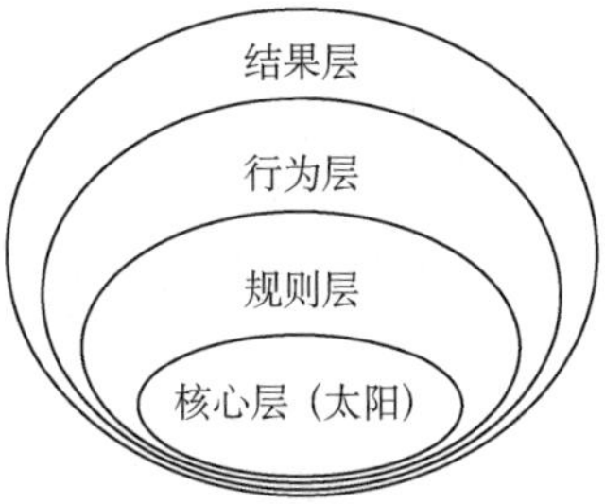

图 4.1　自然之道

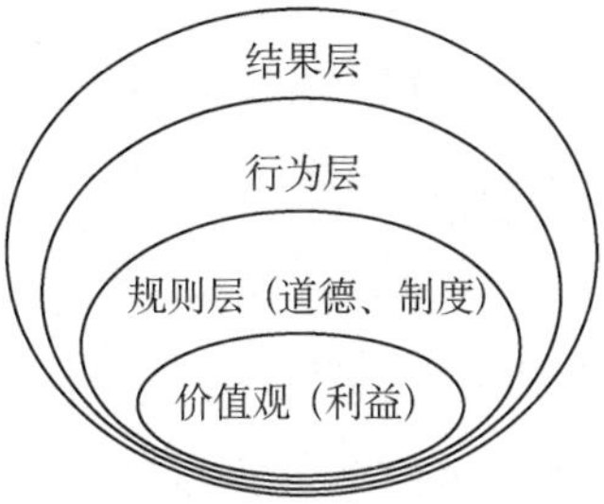

图 4.2　管理之道

管理就是管人。从图 4.2 可以看出，利益、规则、行动、结果是管理的四大要素。人的生存要围绕着利益转，那么用什么评价利益的大小呢？价值观。人的核心是人的价值观。但是，人获取利益也要受规则（道德、制度）约束，必须靠自己正当的行为能力获取利益，创造财富。将此再移植到企业管理上，企业管理的"一贯之道"表明：人是管理之本，制度是管理之法，能力是管理之源，效益是管理之果。人本管理使企业能够存在，制度管理使企业能够规范，能力管理使企业发展壮大，绩效管理使企业经久不衰。

我们再将管理之道加上精细化三个字，就得出精细化管理的"一贯之道"：选择正确的价值观，依据价值观做判断、做选择；依据价值观构建制度，以精细的人心，构建精细的规则；制度规范行为：以精细的规则，规范精细的行为，强制出文化，勉强成习惯，习惯成自然；行为创造物质（结果）：以精细的行为，创造精细的产品。

（1）运用"一贯之道"的精细方法和标准：用精心的态度来引领，所倡导的价值观能让人主动选择；用精细的制度来规范，所制定的制度让人必须遵守；用精细的行为来实现，所规范的行为让人养成习惯；用精品的效应来激励，所创造的结果（绩效）让人激动。

（2）精细化管理之道等于规则之道加考核之道。考核之道主要有四个方面：品行、纪律、职责和结果。规定的就是要考核的，而有规定没考核、没落实的管理是无效管理。

企业就是靠道德和制度（岗位责任）管好人，靠标准（目标责任）和流程管好事。

2. 精细化管理为什么要有“一贯之道”

精细化管理需要系统化，“一贯之道”可以使管理手段系统化；精细化管理需要流程化，“一贯之道”是管理工作的一个总体流程；精细化管理需要简单化，“一贯之道”可以使管理理论简单化。

3. 怎么运用精细化管理的“一贯之道”

（1）精细化管理从“造心”开始，即改变价值观和思维方法。

要创造绩效，先创造产品；要创造产品，先创建班组；要创建班组，先造人；要造人，先“造心”。员工的心是企业的魂，心聚则企业在，心去则企业散。

管理的结果出了问题，在很大程度上根源在于人心（价值观）层面。无论多么完善的规章制度总会有漏洞，有的单位制定出20条、30条、100条禁令，网再密，也有眼。无论多么完善的制度，也有人不遵守。比如清洁，谁都知道不能随便扔垃圾，可还是扔了，谁敢说自己没随便扔过垃圾呢？另外，节约问题、安全问题谁能给自己打一百分？

精细化管理从“造心”开始。“造心”就是改善思维方法和价值观。思维方法决定做法，价值观决定选择的对错。简单地说，“造心”就是要打造五心。

博爱心：爱是人生一切之缘由，感受到爱的员工才会快乐，才会有高效的生产力。

包容心：形成相互理解、相互尊重、协调配合的工作关系。

正进心：积极做正确的事，形成奋发向上、积极进取、充满活力的工作氛围。

责任心：积极主动承担起自己的责任。

敬业心：认真完成自己的使命，精益求精，高质高效。

（2）精细化管理以制度为手段。

精细化管理是科学管理，科学管理就是事事以制度（规则）为手段。精细化是建立在常规科学管理的基础上，并将其管理引向深入的关键一步。

（3）精细化管理强调养成精细化的行为习惯。

习惯 = 思维模式稳定 + 规则稳定 + 行为模式稳定

这就是人人、事事、时时、处处、始终做好精细化，自觉精细工作。彻底改变过去粗放式管理的行为习惯，改变粗枝大叶、草率马虎和“看惯了、干惯了、懒惯了、散惯了、混惯了、乱惯了”等现象，形成一种追求精细、持续改进、力求完美的工作习惯和工作作风。

精细化管理的行为层面重点在培育五种核心能力：心智能力，即思维方法和价值，这是万力之根；学习能力，这是万力之源；沟通能力，这是万力之魂；行动能力，这是万力之本；创造能力，这是万力之果。培育这五种能力的目的是能做事，实现“我要做、我会做、我善于做、我乐于做”。否则没有执行，一切是零。

(4) 精细化管理要的是精细化的结果，即安全、和谐、优质、高效、可持续发展。

管理在很多时候不是缺少制度，而是缺少执行；很多时候不是缺少执行，而是缺少监督；很多时候不是缺少监督，而是缺少慎独。从根源上说，完善制度还要完善人心。签一份心灵的契约，用完善的心去完善制度、完善工作、完善产品、完善人生。以人品创造精品，以精品开拓市场，以精品树立品牌，以精品创造绩效，以员工的零缺陷行为实现产品、工作和经营的零缺陷。

4. 精细化管理的精髓

精细化管理的最高境界是文化管理，其核心是企业的价值观。

管理到行为层面的叫经验管理，管理到制度层面的叫科学管理，管理到价值观层面的叫文化管理。

$$现代管理 = 文化管理 + 科学管理 + 经验管理$$

在管理过程中，文化管理、科学管理、经验管理有时是同时存在、相互补充的。三者的区别如表 4.1 所示。

表 4.1　文化管理、科学管理、经验管理的区别

文化管理	文化管人	管灵魂	无漏洞
科学管理	制度管人	累死人	总有漏洞
经验管理	人管人	烦死人	心中抗拒

利益驱动是动物性的本能，情感维系是爱和善的结晶，理和义的引导是

智慧的法则，文化管理是精神的升华。让文化潜移默化到每一个员工，构建适合自己特点的执行文化，让员工明白该做什么和该怎么做，让员工明白错误行为的后果。优秀个人的成功，一定是文化的成功；优秀企业的成功，一定是文化的成功。文化管理的魅力在于：不管而人自动，不制而人自服，传“文”而人自“化”。

生活中处处都有精细化管理。精细化管理每个人都做过，只有多与少的差别；精细化管理每个人都会做，只有难与易的差别；精细化管理每个人都能做，只有做与不做的差别。

不想做，问题出在价值观层面，改善价值观。

不能做，问题在于条件不够，需要创造条件。

不会做，问题出在技术层面，需要加大培训。

不愿做，问题出在个人层面，一是工作态度，二是工作动力不够。

二、 精细化管理的“万通之法”

1. 什么是管理的“万通之法”

管理的本质是控制。根据系统控制原理，万物皆成系统。系统对外界环境的作用叫系统输出；环境对系统的作用叫系统输入。输入通过系统转化为输出，输出的结果在环境中产生新信息再反馈给输入，调节后的输入经过系统使输出达到要求，这种方法叫反馈控制法。反馈的信息能够对系统产生自我强化作用机制的叫正反馈，能够对系统产生自我抑制作用机制的叫负反馈。

将这个原理应用到管理（控制）上，输入的信息就是工作目标、工作计划、资源；输出的信息是产品、数量、质量等；执行处理过程是执行和协调、监督和评价、反馈和调整、反思和改进。这些要素一转化就成为“万通七步工作法”，如图 4.3 所示。

2. 精细化管理为什么用“万通之法”

管理工作需要流程化，万通七步工作法给出的正是一个管理工作的流程；管理工作需要简单化，万通七步工作法使管理工作变得简单，易于学习。

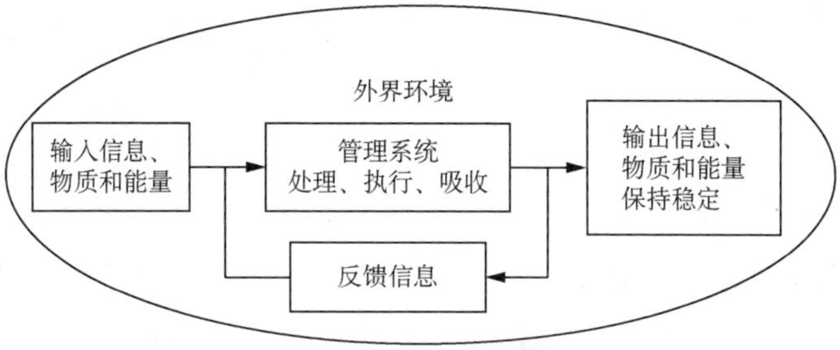

图 4.3　系统控制图

3. 精细化管理怎么应用“万通之法”

（1）万通七步工作法的具体应用步骤。

第一，明确工作理念和工作目标。目的要明确“要什么”，理念要明确“为什么要”，标准要明确“要什么样的”。这一步的重点是：要保证做正确的事，把大方向选择正确。

第二，分解目标并做出详细的工作计划（路线、方针、步骤、关键措施等）。实施方案应至少准备两个，以便从中选出最佳方案。这一步实质就是制定实施方案，重点是保证把正确的事做正确。

第三，组织资源，包括人力资源和物质资源。合理配置关键资源是实现目标的基础，必须审时度势，在关键时期、关键环节、关键部位配置关键资源。

第四，执行和协调。一是要协调好各方之间的关系，运用物质和精神刺激调动行为的积极性和创造性；二是建立协作网络，这是指为贯彻目标的实施、为获得组织和相关人士的支持与协作而建立起来的正式或非正式协作系统。

第五，监督和评价。监督工作的全过程，对工作结果进行评估，在执行的过程中不断地检查和评价。

第六，反馈和调整。在执行的过程中不断根据反馈信息进行调整和控制，控制工作的进度、目标，不断地鼓舞士气、化解矛盾、排除障碍。

第七，反思和改进。一是通过反思找出亮点，发扬它；二是通过反思找出不足，提出改进措施；三是提出下一步行动的目标和方案。

一个有效的工作过程，就是要通过履行以上七项工作，引导、借势、借力、推进变革，以实现目标的过程。我们可以运用七步工作法检查工作。工作中出现了问题，或者没有达到理想的效果，肯定是七步中的某一步（或某几步）没做到位，或者是缺少了哪一步。

（2）万通七步工作法的辅助方法——七步分析法。

第一，分析工作的意义。为什么要这么做，理由何在，原因是什么。

第二，分析工作的目的。目的是什么，做什么工作，需要遵守哪些规则。

第三，分析时间。什么时机最适宜，什么时间完成。

第四，分析地点。在哪里做最适宜，从哪里入手。

第五，分析人物资源。与谁合作最合适，有哪些可利用的资源。

第六，分析方法。用什么方法最合适，如何优化资源、提高效率。

第七，分析标准。做到什么程度，数量如何，质量水平如何，费用产出如何。

七步分析法可以运用于七步工作法中的每一步。以七步工作法的第三步为例，组织资源的分析方法也有七步。

第一，分析人力资源。谁主管，谁负责，哪些人来执行，谁配合，谁协调，谁监督，与谁合作最合适。要求：知人善任。知人，就是知短知长；善任，就是避短用长。

第二，分析财力。需要多少钱，钱从哪里出，需要哪些审批手续。

第三，分析物力。需要哪些工具，需要哪些物品，能源需要多少，如何调配。

第四，分析时间。什么时间做最合适，什么时间完成，最长的期限是多少，最短的期限是多少，有哪些节约时间的方法。

第五，分析空间，分析地点。在哪里做最适宜，从哪里入手，怎么做能节约空间，如何通过节约空间来节约时间。

第六，分析信息。信息资源的准备，需要哪些信息资源，信息的载体是什么，如何传递信息，如何保证信息有效与可靠。

第七，分析外部环境条件与可利用的资源。

三、精细化管理的“权变之术”

1. 什么是“权变”

“权变”就是权衡利弊、随机应变，即随具体情境而变或依具体情况而定。

它追求自身条件与环境条件的和谐平衡。

精细化管理方法是自身条件与环境条件经过权衡以后的最佳选择，其全部艺术可以归结为两个字——权变。管理者应该因人制宜、因时制宜、因地制宜，灵活而不固守，多变而不单一，既能权衡利弊轻重，又能随机应变地运用管理方法。

2. 精细化管理为什么需要“权变之术”

世界在变化，市场在变化，企业在变化，利害、强弱、进退、得失等无时不在变化。事不能恒通，遇阻需变，就需要用智慧达到权衡，用方法谋进退，这样才能获得成功。

“权变”不是技术，是智慧、谋略、行动的统一，它是精细化管理的全部艺术。

3. 精细化管理怎么运用“权变之术”

“权变之术”有五个定理。

（1）匹配的权变。第一定理：适度等于正确，合适等于最好。

适度是处事的最高准则。精细化管理追求适度，以合适为最好，不一味追求好的管理方法。管理方法没有万能的，只有合适的，所有的管理方法都是有限适用。

适度等于正确，就是说事物在规则的区间内才是正确的。适度就是程度适当，做到适度，就要适合法则、适合限度、适合范围。既防止过，又要防止不及。不及则失，过则错。要使自己的目标、能力、环境条件在适度里找到三者的平衡点。

合适等于最好，告诉我们两个事物相互配合，没有最好的，只有适合的。比如螺母配螺栓，有各种材料、各种规格的螺母，哪一个最好？合适的最好。

匹配权变的核心就在于：在相对的事物中找到合适的、平衡的区间。把任何事情推向两个极点，都会出现谬误。不精不细不成事，过度精细难成事，适度精细才成事。例如，工作压力要与个人能力相匹配，没有压力就没有动力，但要防止没事闲死，事多忙死的情况。再如个人与环境适度匹配的原理。匹配就是适应，个人要与环境相适应，以变化求适应。个人与环境都是可变的，不是改变个人就是改变环境。世界上没有一成不变的管理模式。高明的人应根据环境的变化而改变自己的行为方式。适度理论告诉我们，应不断地调整自己，使自己能及时地适应外界的变化，或把自己放到一个适应的环境中。

案例4-1

激励的权变

激励要因人而异、按需激励、权衡效益、适度变化。刺激不足等于无效，过度等于伤害，重复刺激等于枯燥。激励的时机、频率、程度、方向、方式等一定要适当变化，总用一种方法就不灵了。

激励时机的适度：把饭送给饥饿的人，把好话送给需要鼓励的人，满足急需，效果最好。

激励程度的适度：当人极度口渴，十分需要喝水的时候，喝下的第一杯水是最畅快的。随着口渴程度的降低，对下一杯水的渴望值也不断减少。当完全不渴的时候，再喝下去反会感到不适。再好的东西，多了，就不是好东西。

激励频率的适度：长期不刺激没感觉，频繁刺激失去感觉。

激励方式的适度：人的欲求千差万别，俗话说："萝卜青菜，各有所爱"。有人更看重精神上的东西，比如荣誉、尊重；有人更看重物质，比如奖金、加薪。针对不同的人，应以不同的方法进行激励，投其所好。

(2) 理论的权变。第二定理：理不可极，理极必谬。范围一扩大，真理变瞎话。

把道理推向极点，便成谬误，道理只有在适度的范围内才是正确的。正确的道理＝道理＋条件。比如，名言、规律、定律和公式，其成立是有条件的，适用是有范围的，不能无限制地乱套用，要用智慧去补充它的适用条件。

"态度决定执行。"成立条件：态度正确，符合规则、角色，具备能力。

"你希望别人怎么对待你，你就怎么对待别人。"成立条件：对方与自己相似。如果遇到需求、愿望与自己相反的人，显然会遭到拒绝和排斥。

"己所不欲，勿施于人。"成立条件：别人和我一样，我不想要的，也不给别人。

但是，我们在生活中常常是相信了道理，忽略了条件，最终导致错误的结果。对此，解决的方法有以下几方面。

第一，抛弃极端思维，走出认识误区。事物是动态变化发展的、相互联系的，我们不能用孤立、静止、片面、表面的观点去看世界。我们应走出以下认识的误区。

① 抛弃“必须”和“唯一”，走出绝对化误区。遇事不要只想一条路，否则，一旦走不通便成绝路。要多想几个方案，多想几条路，从中选出最满意的方案，这样我们会既有应用方案，又有备选方案，在最满意的方案行不通时，还可以退而求其次，让“必须”和“唯一”成为无数通道（多个方案）的最佳选择。

② 抛弃“全部”和“所有”，走出概括化误区。看问题时不要以点概面、以偏概全，这会导致我们的认识武断专制，以致决策错误。

③ 抛弃“糟糕至极”，走出夸大化误区。“糟糕至极”对事情的后果想得过分严重、可怕。最糟糕的不是事情本身，而是这种极端的思维方式。

④ 抛弃“不可能”，走出固定化误区。事情是变化的，有时并非完全不可能，多半是条件不够，比如目标不合理、能力不足、方法不够、策划不精、用心不够、条件不够等。抛弃不可能，目的是告诉人们不要在事情还没开始就提前画上句号，不要让不可能成为不努力、拒绝做事的托词。我们倡导条件不够创造条件、方法不够找方法。大部分事情，只要我们抱着积极的态度、明确的目标，加上巧妙的方法和不懈的创造机遇和条件，就没有什么不可能。

第二，在处理事情时，要会适度变化。因时、因地、因人、因事灵活变通，适情、适时、适才，按满意原则管理。

第三，合理化的选择。任何事物的合理性都是有限的，我们不可能超越限制而做到完全合理选择，只能是相对合理。

案例 4-2

用人不疑和疑人不用

“用人不疑，疑人不用”用的是极端思维的方法。“用人不疑”是一个极点，百分之百的不疑就会失控；“疑人不用”是一个极点，百分之百的疑将无人可用。有时我们对自己还不敢百分之百的“信”。

“疑人用人，用人疑人”是管理常识。用人的准则是德、才、能综合考评其胜任与否，而非信任与否。

在工作中，领导授权并不是弃权，授权的同时肯定有监督，所以接受任务的同时要接受监督。作为员工要认识到：领导监督检查是正常工作，是证明自己认真工作的过程，否则自己做得再好，领导也不会知道，可能就埋没了自己的成绩。

在管理中，信任和怀疑都是必要的。怀疑中有信任，信任中有怀疑。在怀疑中证明真诚，在信任中消除怀疑。被别人怀疑也是好事，别人怀疑自己的过程是证明自己诚信的过程。自己的诚信被反复证明过了，诚信度就高了，就增加了别人对自己的信任。

(3) 行为的权变。第三定理：事不可极，事极必败。

凡事皆有度，把相对的事物推向极点会看出荒谬。在片面追求高速的时候，有时决策快，修改也快，执行快，返工也快。此外，精细化不是越精越好，细分也不是越细越好，过度则失去和谐。简言之，极端之言不可用，极端之事不可行，物极必反。

(4) 相对事物平衡关系的权变。第四定理：相对的事物分开为残，失衡为病。

这里强调的是整体理性，缺少整体理性会使相对的事物分立和失衡，使一分为二的双方成了势不两立、无休无止地争辩的论敌。

案例 4-3

管和理为一体，奖和罚为一体。有管无理，是管得没有道理。有奖无罚，这种管理没有章法。

学和用为一体，知和行为一体。学了没用，等于没学。有知识无实践，不行；有实践没知识，那是乱做。

自管与他管。完全自管，会无法无天；完全他管，个人就被管死了。

固化与权变为一体。精细化管理既有固化的制度也有权变的规则。权变之术使精细化走向合理化。曾有专家给精细化管理提出了三化原则：僵化、优化、固化。有的企业领导就生搬硬套去做了，本指望精细化这剂"灵丹妙药"能给企业带来发展生机，结果眼看着丢了市场机会，把企业"僵化"了。

对此，我们应该怎么做呢？

第一，如果谁将相对的事物只说一半，我们就一定要用智慧去补足另一半。

第二，追求相对事物的平衡、和谐，不偏执一方。

过犹不及，顾此就会失彼；过分强调了左，就等于错误地忽略了右。一切事物皆有度，度就是在两端之间"和谐范围"的界限。

有人说："作为一个领导，你可以不知道下属的短处，却不能不知道下属的长处。"这句话不合适。下属的长处不一定能成事，但下属的短处却能坏了大事，比如诸葛亮用马谡。

第三，找准平衡位置（范围）。找平衡位置的方法是，把问题推向两端看极值，从而知道哪里不可用，在中部找一个和谐的平衡位置。如何在平衡区间内找到最佳平衡点，只有在实践中才能体会到。

（5）价值取向的权变。第五定理：好事坏事在诠释，好话坏话在解释。

看一件事有无数种观点、无数个角度。评价事物的好坏看标准，对错看角度。人人有标准，标准各不同。

我们看一件事，可以看好的一面，也可以看坏的一面，由于观点、角度、方法、价值观的不同，一万个人可能有一万八千种看法。世事无绝对，好坏在人看。为人处事的方法应该与时变化，应物变化，可方可圆，能柔能刚，能长能短。事不通则变，变则通，通则久，变则活，变则进。要顺天、适地、应物、因人。

四、精细化管理的综合运用

管理的“一贯之道”“万通之法”和“权变之术”是对管理的系统理论、过程管理理论、价值观理论、权变管理理论等整合后形成的一个完整的理论体系，构成了管理的“道、法、术”。

管理的“一贯之道”揭示了管理的本质是以价值观为核心，以制度为保障，以人的行为能力为基础，以创造物质财富为结果的过程。

管理的“万通七步工作法”源于系统科学的过程控制理论，实际给出了管理过程的七个要素。它揭示了管理从人开始，即从改善人（员工）的价值开始，蕴含着“以人为本”的理论。

管理的“权变之术”借鉴了统计学中的正态分布，它重视管理目标的权变、方法的权变、手段的权变、理念的权变等，体现了管理的灵活性。

管理的“一贯之道”“万通之法”和“权变之术”形成一个整体，构成了管理理论的核心。

我们要解决工作中的问题，首先三问：是什么，为什么，怎么做。是什么，答案就在问题中；为什么，围绕利益想日的（意义也是利益）；怎么做，用“一贯之道”四问：价值是什么，需要遵守什么规则，需要哪些能力，最好的、最差的结果是什么。在具体细致分析时，用七步分析法进行七问，然后应用七步工作计划，最后在执行的过程中运用权变不断调整改善。

五、精细化管理以人为本

精细化管理强调以人为本。以人为本就是要尊重人、理解人、关心人、爱护人、培养人，在不同层次上满足人的基本需求，发展人的能力，促进人的全面发展。具体地说就是重视人人平等，肯定人的价值，关心人的苦乐和健康，协调人的身心，培养人性，缔造人的幸福，发展人的潜能，满足人的合理需求。

精细化管理把企业看成是培养人性的学校、缔造幸福的工厂、赚取利润的场地。因为,精细化管理不只是以个人为出发点和归宿,更是以整体(广大的群众)的利益为根本出发点和归宿。

精细化管理为什么要以人为本呢?

(1) 人是企业发展的根本。

(2) 以人为本是以物为本的经验总结。

以物为本的发展观,导致片面追求人均GDP、人均收入,结果高楼大厦和高速公路是多了,但人们的安全感、信任感、幸福感少了;生态、伦理、信任不被重视而且日益恶化了;见利忘义、假冒伪劣的多了;爱岗敬业、尽职尽责、诚实守信的少了。

以人为本要明确三个问题:什么是本?以人的什么为本?以什么人为本?

人的价值观决定成败,所以价值观是人的本。杰克·韦尔奇的以人为本值得我们借鉴。杰克·韦尔奇将企业员工按工作能力分为有能力和无能力两类,按价值观分为承认企业价值观和不承认企业价值观两类。杰克·韦尔奇的用人方法如表4.2所示。

表4.2　杰克·韦尔奇用人表

能力	承认企业价值观	不承认企业价值观
有能力	使用、重用、提拔	利用、监督、替换
无能力	培养	离开

根据表4.2可以看出:(1)企业主要以有能力又承认企业价值观的人为本。企业主要靠这类人创造利润。对有能力但不承认企业价值观的人,企业的使用方法是:利用他、监督他、替代他。对无能力但承认企业价值观的人,使用方法是:培养他,提高了之后使用。对既无能力又不承认企业价值观的人,只能让他离开,企业不是养闲人的地方。(2)以人为本不是错了不罚,而是罚得有理,罚前教育,罚后疏导,讲究方法,处罚得体,讲究公平。管理说到底就是赏和罚,没有赏就没有理,没有罚就没有管。奖励需要的行为,惩罚不需要的行为。奖励什么,惩罚什么,就是向员工昭示企业的价值标准。保持制度的严肃性才能真正做到以人为本。(3)给员工的三点启示。第一,要清醒,自己是企业中的哪一

类人，要做哪一类员工。第二，要认同，认同企业的价值观。企业就像一艘航船，承认价值观的上来，不承认价值观的下去。第三，要敬业，使自己成为企业的“本”。

六、精细化管理从哪里开始

1. 精细化管理从问题开始

管理就像保健医生看病一样，有病治病，没病强身。有病时，先找病相，再查病根，然后再确定治疗方法。治疗时，急则治标，缓则治本，不急不缓则标本兼治。

查找问题的方法是看现象（结果层）、听声音（听员工怎么说、外界怎么评等）、问问题、查根源，简称看、听、问、查。

（1）按精细化管理的“一贯之道”查找问题。

问题可能出现在方方面面，如产品的问题、员工的问题、员工能力的问题、制度的问题、管理的问题、价值观和思维方法的问题等，需要层层查起。

第一，问题出在价值观层面。表象：员工不想做、不选择。对此，要从改善员工的价值观开始。

第二，问题出在制度层面。表象：不往好了做，多数人犯同样的错误。对此，要从完善制度开始。

第三，问题出在行为层面。表象：员工不会做，能力不够或行为不规范。对此，要从加强培训员工开始。

第四，问题出在结果层面。表象：能做、会做，就是结果不理想，比如质量差、效率低等。对此，要改进态度、加强培训和沟通。

（2）按“万通之法”的顺序找问题。

第一，价值观方面。分析员工是否认同，对员工是否有引导力，企业的目标与员工的目标是否相融，员工是否有工作的目标，员工是否有人生的目标，制度的四要素是否完备，标准是否合理，目标是否可量化等。

第二，计划和决策方面。分析工作是否有计划，计划是否详细、科学、根据充分，是否是随意想的，决策信息是否充分，模糊含量是否偏多，流程是否精练等。

第三，资源方面。分析人、财、物、时间、空间、信息六大资源的整合与利用是否充分，浪费现象是否严重，有哪些节约的方法，如何以最小的资源换来最大的效益等。

第四，执行与协调方面。常见问题：执行不到位或能力不够、沟通与协调不到位、配合不到位等。

第五，监督和评价方面。常见问题：监督缺失、监督不到位、监督方法不合理、评价模糊、没有量化、不准确等。

第六，反馈和调整方面。常见问题：反馈信息不准确、不及时，调整决策不准确、不及时等。

第七，反思和改进方面。常见问题：工作干完了，没有反思和总结，没有落实奖惩制度，没有改进措施，没有下一步行动方案等。

诸多的问题，最后造成一个结果，那就是效益低下。

(3) 按“权变之术”的定理查找问题。

此流程留给读者完成。您还可以练习分析一些名言的成立条件，这会使您有更深刻的理解，也会启发产生自己的名言。

2. 精细化管理从领导做起

领导是树，员工是影子，树正影子自然不会歪；领导是容器，员工是水，容器是圆的，水自然是圆的。嘴上喊节约，天天大吃大喝；天天强调规则，自己经常破坏规则；天天反腐败，天天腐败，这样的领导带不出精细化管理的团队。精细化的领导是精细化管理的前提。

3. 精细化管理从修订标准开始

重新审核过去的标准，用标准化推动精细化。标准不仅要准，而且要合理。

4. 精细化管理从现场开始

着眼于宏观市场，落实于微观现场；着眼于内部市场，落实于工作现场。质量出在现场，效益出在现场，隐患在现场，事故也出在现场。

(1) 从小事做起。比如不乱扔垃圾，保持现场清洁，节约清洁的时间。工作结束后，现场清洁(还原)，为下一次工作做好准备。

(2) 精心管理，用真情做事。具体方法：用“放大镜”查不足，用“显微镜”查隐患。一点一点地改，一点一点地做。

伟大源自细节的积累，卓越并非高不可攀、遥不可及。“图难于其易，为大于其细。天下难事，必成于易；天下大事，必作于细。”老子告诉我们的就是，要做大事要使事业达到卓越，就应该从容易之事和细小之事起步。有些人心气浮躁，好高骛远，大事做不了，小事不屑做；这山望着那山高，三分钟热情；虎头蛇尾，浅尝辄止，不把事情做到位，善始而不能善终；“不在前、不在后，我在中间随大溜”，凡此种种，不一而足。这些人非但自己不愿实现卓越，还影响别人的斗志，妨碍别人追求卓越。

5. 精细化管理从重点部位(环节)开始

比如安全和绩效是重点部位，那就从这些部位开始。

6. 精细化管理从自我开始

从自我做起，不看别人，在现有的基础上从素养、规则、能力等方面，看看能改进什么，先改进什么，如认识精细化，规则精细化，行为精细化，习惯精细化，把应该做的事做到极致。

合抱之木，生于毫末；九层之台，起于累土；千里之行，始于足下。要是每个人每一天都能把每一件平常的事做到不平常，何愁不能卓越？

7. 精细化管理从现在做起

在现有条件下求最佳解。一不要等钱，二不要等物，三不要等领导，四不要等政策。充分发挥人的主观能动作用，员工每天前进一小步，一年前进一大步；员工前进一小步，企业前进一大步。实现“小投入，大改观”。

8. 精细化管理从简单开始

高处着眼，低处着手；大处着眼，小处着手。精细化管理提倡向高处想，从低处做，做好小事，成就大事。

案例 4-4

班组从写工作日志开始精细化管理

班组目标:我们班组要成为什么样的班组,比如某一级别的先进班组。

班组计划:今年要达到什么目标,改进什么,怎么做;本月要达到什么目标,改进什么,怎么做;本周要达到什么目标,改进什么,怎么做;今天要达到什么目标,改进什么,怎么做;现在要改进什么,怎么做。谋对每一步,步步有价值,做对每一事,事事有改进。

班组行动:记录每一天的改进结果,规划第二天的行动。

案例 4-5

员工从写工作日志开始精细化管理

个人的目标:我要成为什么样的人。

我们可以从身边选一个人品的榜样、技术的榜样、工作的榜样。这个榜样一定要是比自己强一点的、能追上的目标,努力追逐,一个一个地超越。

个人的座右铭:时刻提醒自己。

个人计划:今年要达到什么目标,改进什么,怎么做;本月要达到什么目标,改进什么,怎么做;本周要达到什么目标,改进什么,怎么做;今天要达到什么目标,改进什么,怎么做;现在要改进什么,怎么做。

七、精细化管理的改善提案

提案建议制度属于个人导向性的改善活动的一种,它着重从激励员工的参与来提高士气。为激发员工对现场改善的兴趣,此制度鼓励员工多提建议,无论他们的建议有多么具体、琐碎。

提案的主要步骤有以下几方面。

(1) 确定班组改善的理念。比如我们的理念是“没有最好,只有更好”“改进、改进、再改进”“人人有改善能力,事事有改善余地”“学习无止境,和谐无边界”“安全到永远”“清洁天天有,节约处处有”等。

(2) 从查、补、建、改四个关键字入手。按照标准查不足、查隐患、补差距、补漏洞、建规则、建设施、改观念、改行为、改习惯等。从管理上找短板、找瓶颈、找问题;从学习、和谐、安全、清洁、节约、质量、技术、绩效等方面找问题。查找出问题之后,就可以有针对性地进行改善。改善的参考方向如表 4.3 所示。

表 4.3　改善的参考方向

目标	和谐	工作流程	执行力
价值观	安全	工作细节	班组文化
思维方法	清洁	关爱员工	反思与共享
个人愿景	节约	沟通	健康
愿景	质量	创造	环保
员工风貌	看板	绩效	各种标识
……	……	……	……

从表 4.3 中可以看出,如果每一项能找出两个问题,那么合起来就有几十个问题。

(3) 针对查出的问题改进目标、方法和步骤。

(4) 执行。做到才有绩效。自己提案自己结案,一人提案全体结案,使管理更加完善。我们所做的一切都要通过执行来实现,唯有行动能改变一切。

每一项改进都是一个故事,每一项改进都是一个经验。将每一项改进工作记录下来、积累起来,就是精细化管理的成果。经验和成果来源于平时的积累,这些是实实在在的成果。

八、精细化管理的考核

1. 考核不宜烦琐,应追求简单适用

(1) 考核要素。精细化管理的考核没有统一的标准,只有考核的重点。因为各行各业不同,各个单位所考核的内容都是本单位所提倡的或者是本单位的“短板”。一般来说,包括以下几个要素:看全体员工的素养。不能只看个案,不能只看一时一事,而是看长久;看现场、环境、员工风貌;看工作绩效;看过程材料,核实真假,吸收经验。

材料要精练,用数字说话,用(创建案例)故事证明。优秀的班组讲文化,卓越的班组讲故事。创建过程中的感动人心的故事,诠释着班组建设的理念,承载着班组文化的深厚内涵。注意:精细化管理的考核重点是绩效而不是材料。有的班组搞了一大堆材料,浪费人力、时间、纸张,这本身就不是节约,这一项就不合格。千万不要把文山会海的陋习传染到班组,那样的话,班组就很难抓好生产。

(2) 操作层面。要求操作简单实用,在很多情况下复杂等于无用,多了记不住,难了不会用。以简驭繁,举重若轻。

2. 整合考核部门

把各个部门的考核整合到一起进行,不要今天这个部门考核,明天那个部门考核,每个部门都向基层要材料,有的班组几乎是安排专人应付上级的材料。应该把各路的管理理念整合在一起,考核也融合在一起,否则基层接待有负担,应该让基层把更大的精力用在生产上。

第二节 精细化管理的实施制度

制度是企业有效运行的基本保障,是企业价值观的体现。完善的制度是精细化管理的保障,谁选择优秀和先进的制度,谁就能够和谐发展、长久生存。

制度是自由的边界,制度内有真自由。

一、什么是制度

制度是制约和规范个人(集体)行为的各种准则,它容许人们在规矩内生存，力图使人们按照制度所勾画的方式体现个性。

1. 制度的五个种类

按照制度的刚性程度和作用范围，可将一个组织的制度简单分为五种。

（1）管理制度。管理系统的基本框架，保证管理秩序的根本性的制度。

（2）管理规定。对某项工作所作出的具体要求。

（3）管理办法。对具体工作或具体项目的管理所做出的要求。

（4）实施细则。对组织管理系统内某一个管理制度的具体实施步骤所做出的具体规定。

（5）工作条例。对组织内部局部性的或阶段性的工作所做出的系列化规定。

2. 制度的四个要素

一个科学、完整、具有可操作性、能保障执行到位的制度，一般由以下四部分构成。

（1）原则性条款。原则条款通常是笼统的要求，是管理者希望员工做什么、不要做什么。如要求员工按时上下班，不得无故迟到、早退；服从上级主管的指令；不可损害公司的利益等。

（2）实施执行细则。这是针对原则条款，定出具体的实施方法和标准，主要解决怎么做，如何执行的实施细则。它将原则条款转换为可操作的程序，如企业中常见的考核细则。

（3）监督、检查、考核机制。它是制度执行细则中最关键的部分，使人不能犯规。它包括谁检查、按什么程序检查、检查者要负什么样的责任、怎么约束检查者等。缺少检查程序，制度执行就没有保障。

（4）惩罚与奖励落实机制。给检查结果一个说法，让奖惩落实到实处：惩罚使人不敢犯规，奖励使人不想犯规。

前两个要素是以文设“度”，后两个要素是以人设“堵”。四个要素相互依存、缺一不可。如果执行不到位、落实不到位，那就如同织了一个破渔网。

二、为什么要制定精细化的制度

制度是实现企业战略的最有效途径，是塑造人才的模型，是企业真正的核心竞争力。它通过制度设计，以结构化特征体现战略实施的职能化分工，通过劳动分工提高工作效率。古今中外，国家、企业的兴旺发达，都是因为有先进的制度。

精细化管理强调制度，源于制度的以下几项功能。

1．传递管理信息功能

制度规定向人们传达了可以做什么、不能做什么、应该做什么、应该怎样做的行动信息。

2．限制行为功能

制度为行为划定了一条边界，这使利益交往有序，避免混乱、冲突和无序，保证交往关系的进行。

3．预防错误功能

制度的本质是预防，是针对已经出现的问题或人们可能出现的差错、受到的伤害、违反的规则等而制定的。制度以预防为主，事前防范，将监督关口前移，防患于未然。制定制度的根本目的是保护（既包括保护人，也包括保护企业和物品）。制度设计是从最坏处着想进行防范，防范是刚性的，是强制性的规范。

4．惩恶扬善功能

通过“罚”实现约束，通过“理”实现引导。制度通过惩罚错误的行为、奖励正确的行为，鼓励人们积极作为，以正当合理的方式获取利益，满足自己和他人的需要、发展个性和提高整体素质。

以“罚”惩过，是管人，使人不敢犯禁。有“过”不罚是有法不依、违法不纠，结果是有令不行、有禁不止，这是管得不到位。

以“理”引正，是理人。人们不愿意改变现状的原因只有两个：一个是恐惧力不够大；二是引导力不够大。

【小故事】 管理不过赏罚两个方面

东魏武定中期，杜弼被世宗任命为军司，行台左丞，前往彭城与梁军作战。临行前，世宗赏给杜弼一匹北方马，对杜弼说："这是皇家马圈里的第二匹好马，我一直是留着自己乘骑的，今天你要远征，算是送给你的礼物。"世宗又要杜弼在出发前写一两个条陈，说说治国大略中能引以为戒的事。杜弼请求当面向世宗陈述。杜弼说："治理天下的头等大事，莫过于赏罚两个方面。奖赏一个人应该使天下人跟着学习，惩罚一个人应该使天下人引以为戒。只要能使这两个方面掌握得好，那么其他事情就好办了。"世宗非常高兴，说："话虽然不多，却把治国之道说得非常清楚。"

5. 防止和化解冲突功能

获取利益是人们行动的基本动机，但在追求利益的过程中，常常会发生个人和群体间的冲突。制度能够以较低的代价和非暴力的方式解决冲突，促进整体的利益最大化。

三、 怎么制定精细化制度

1. 制定制度的原则

(1) 假设人性本恶。人性中有善有恶。善的一面是理智，能控制自己的行为；恶的一面是贪图安逸和放纵行为。有善有恶是人的真情，改恶迁善是人的功夫，从恶昧善是人的恶习。在制定制度时，把人人假设成坏人，堵住人性下限。

(2) 目的性。制定制度的目的在于获得最大的潜在效益，提高组织内部的协调性以及与外部衔接的有效性，使管理有效。

(3) 针对性。制度是针对已经出现的问题和可能出现的问题而制定的，所以要密切联系实际，一切从实际出发，求真务实、注重实效、体现特色，使所定制度符合实际、科学合理、切实可行，做到实在、实用，具有可操作性。

(4) 合理性(合人理、合人利)。制度应合天理、地理、人理。

第一,要力所能及。规范的事人们能够做到,保护多数,打击少数。

第二,要张扬人性。一个好的制度要能激励人性、张扬人性。

第三,要体现利益。人随利益草随风,与利益挂钩当事人才会重视,领导、老板才会重视。

(5) 有效性。制度的有效性体现在制度的四个要素。

① 制度条文。制度的条文应明确,以"文"明"度",要求表述准确,简明扼要,明确提倡做什么、禁止做什么、应该做什么、不准做什么,不能含糊其辞。

② 制度的细则。细则要严谨细密,具体包括三方面。第一,考核的内容尽可能严密,不留空白点,要无处不在、无时不有。第二,惩罚的内容应细密,可量化、可累计。精细化管理要求把制度定得像数学用表一样,降低模糊的空间。小功小奖,大功大奖,不笼统设奖。笼统设奖则小功无奖,大功不立。第三,奖励层面应细化,领导不能与员工混在一起。比如评劳动模范,本来是面对员工的奖励,可最近几年绝大多数的名额都被领导给占了。

③ 监督与考核。要有监督、考核机构,以人设"堵"。监督的方式应是"用小权力,监督大权力"。如用民主评议、厂务公开监督最大的权力,形成管理制度的"制衡作用"。

监督的方法应是事事监督,无空当,包括:事前监督,有预防;过程监督,不失控;事后监督,不失察。

④ 奖惩。奖惩要准确落实到位:有功必奖、有过必罚。奖惩要及时,秋后算账的效用就不大了,必要时可以搞仪式,增强效果。奖要奖得心花怒放,罚要罚得心惊胆战。

考核到位、奖惩到位,制度的力量在此体现,制度的预期目标在此实现,制度对人们的影响在此形成,制度的威严在此建立。

以上四项,缺少任何一项则为不完整,哪一项做得不到位则为不完善。如果监督人员不到位,监督方法不正确,监督考核结果不准确,监督执行不到位,一切等于没有。

(6)"三公"。第一,公开。让人人明确制度的条文内容、规范的标准、执行的结果。将制度置于群众监督之下。第二，公正。利益平衡，人们才会认同制度。公正能以规范“正”民、以规范“化”民。小小的不公正使人民生怨，使组织不和谐；大点儿的不公正导致社会动乱。第三，公平。一是执行公平。在机制下人人平等、一视同仁、不搞特殊。管理有情，制度无情，执行寡情。二是利益公平。驱使个人从事合乎组织需要的活动，使组织收益率和私人收益率近乎相等。

(7) 制度的相对稳定性和动态性统一。制度建设要具有根本性、全局性、稳定性和长期性，不能朝令夕改，让员工无所适从。当然，制度是否可行，需要经过一段时间的验证，可行则不变，不可行的必须要调整。通过调整，弥补制度框架中的缺陷和不足，使之更趋于合理，使约束范围更广、可执行度更高。

(8) 制度(法制)建设与道德建设相平衡。制度是人建立的，是人执行的，法制的有效还需要人的道德提升。制度不可能想全，也不能设全，在没有越过法的底线但法又没有规定的地方，还需要讲德。

制度“立”规则，是硬约束，让人必须守法。强迫带自愿，不干也得干。

道德“立”理，引导人做正事。德靠自管，让人自动守法，自愿加乐意、乐做。但是道德是软约束，没有强迫力，所以不能治人，只能引导人、化人。

(9) 制度入心。制度建在人的心上才有效。企业在编制和实施制度时，可能表面上看是节约了成本，殊不知因为大部分员工从内心、骨子里就不认同，不会最大限度投入工作，甚至因为制度而耿耿于怀、精力分散，反倒降低工作成效。同时，员工不是孤立的，其行为会彼此感染，无形的成本因此就产生了。

制度只对自觉遵守它的人起作用。无论多么高、多么坚固的防护栏，人都有办法越过去。对主动破坏制度的人，制度几乎等于没有用，所以需要人们认知、认同、自觉地遵守制度。

制度在人的身外指挥人，就像牢笼一样束缚人。如果把制度装在心中，这时墙上无制度，心中有制度，行为有制度，这样就不需固定的制度，因时、因事、因人随处设“度”即可。从这个角度说，这时制度就完善了，人就解脱了。

2. 制定制度的步骤

(1) 确定制度的价值取向。确定制度的价值取向，制度要达到的效果。

（2）分解目标。分解目标，分解步骤。第一步做什么，第一步中的第一步做什么……

（3）落实具体信息。弄清楚由哪个部门管，哪些人参加，需要哪些信息资源等。

（4）执行。它包括：①提出草案。由有关部门和人员根据工作的需要，提出制度制定要求，经上级有关部门和人员同意后，进行充分调查研究，提出制度草案。②讨论和审查。制度草案提出后，要广泛征求相关各方的看法和意见，集思广益，充分讨论，扮成坏人做破坏制度的演练。在研究的基础上，改正其中不切合实际之处，弥补疏漏，调整与其他制度相矛盾、重复之处，使制度草案进一步完善化。③将修改后的制度草案报请上级管理部门审批。

（5）试行，监督评价。制度草案经上级管理部门审批后，可以试行。试行的目的是在实践中进一步检验并完善，使之成熟化、合理化。对于新制定的制度规范，试行是必不可少的一个阶段。

（6）调整和完善。制度经过一段时间试行，根据反馈信息进行调整和完善。

（7）正式执行。制度在执行过程中也有小的调整，它在执行的过程中不断完善，最终形成正式的、具有法律效力的制度文本，按照确定的范围和时间正式执行。与此同时，要向相关方面说明情况，报送上级管理机关备案。

案例 4-6

某公司评选先进的标准和办法

评选标准：能严格遵守公司各项规章制度，无重大违纪事件，工作态度积极，团队意识和协作能力强；在年度工作中，工作能力较强，工作方法有较大改善或创新，工作成绩表现突出。

评选办法：层层无记名投票，最后由评委组在经核准的候选人范围内进行无记名投票，根据得票多少确定一、二、三等奖。如有同数得票的进行第二次投票确定。

点评：本评选存在两大问题。第一，评选标准模糊：积极、强、较强、较好、突出等都是模糊的概念。第二，评委投票又会导致四个问题。一是拉票；二是评委不一定公正；三是真正干得好的人，可能会因遭人嫉妒等原因而不一定得票多；四是一旦真正干得好的人当不上先进，以后没人努力干，都在拉关系上下功夫了。

改进方法：细化考核，量化考核，一人一考核，各算各的账。比如：①道德考核。将伤害他人的行为、帮助他人的行为，计次数，计量化结果。②制度考核。计算违章次数，计量化结果。③安全考核。计算事故次数，计量化结果。④业绩考核。计算废品数、成品数、精品数，量化考核效果。根据记录将考核定期公布，每项赋予"权重"以后，到年终进行综合计算，谁先进自然就出来了。

启示：员工的心理平衡很重要。细化到位，量化到位，考核到位，按规则奖惩，员工自然就不闹事了。

四、诊断制度中的问题

制度永远不完善，总是有漏洞。这既有制度制定时考虑不全、执行不力等原因，也有事物是发展变化的，人们不可能把未来发生的事件考虑周全等原因。制度一般有三种问题。

1. 少数人、偶尔犯的错误

比如迟到，多半是个人的疏忽或某些特殊的情况，不是制度本身的问题。

2. 多人犯、重复犯同样的错误

比如酒后驾车等，多半是制度不完善、奖惩或监督执行不到位的问题。

3. 大多数人、多次重复犯同样的错误

比如随地吐痰、乱扔垃圾、挥霍浪费等，是缺少制度的问题。

对于制度中的问题，我们可以通过建立新的规则和约束，填补规定性层面上的空白，使整体制度体系更健全来解决。制度没有最好，只有更好，只有合适。

在完善制度时要注意两点：一是使制度完整，二是使制度“善”。这里的“善”是合理的意思。

思考 4-1

好的制度能使坏人变好，一个有缺陷的制度会把好人变成坏人，把好事变成坏事。如果坏人得不到惩罚，好人会学坏。

有这么一个故事：18 世纪，英国将囚犯运往澳洲搞开发，运输承包给私人，政府按上船时运的人数付费。结果船主为牟取暴利而严重超载，造成囚犯死亡率奇高。政府无奈下只好修改制度，由上船时按人数付款，改为下船时按人数付款。很快，死亡率骤降到 1%。

点评：商人追逐利益是天职，不是商人坏，是制度造成的。坏的制度会让好人作恶，好的制度能让坏人从良。

思考 4-2

执行制度不严，是引导人犯罪的陷阱。

“三天不打，一天严打”。“三天不打”时，人们看到犯禁没事，获利很大，就会诱使很多人去效仿；突然一天严打，就会有效仿的人犯禁被打。这一方面造成人们对规则认识的混乱，另一面造成原本可以避免的地方出现不必要的损失。出现这样的事情，全是因为制度执行没有一贯性造成的。比如有一条高压线，标着“小心有电”，但有时有电有时没电。有人在没电的时候碰了一下，发现没电，其后别人效仿他，谁知此时却有电了，效仿的人稀里糊涂地被电死了。

思考 4-3

刚性的制度需要刚性地执行。制度相当于河堤，口子不能乱开，不能坏了规矩。人人、事事、时时、处处，始终一致。

有一个企业，每次会议都不能准时进行。经过调查发现，原来员工被通知开会后，都会准时参加，可每次开会，不是等这个领导就是等那个领导。于是，他们吸取了教训，以后接到开会的通知，都会推迟30分钟再去，结果加重了不能准时开会的现象。这就是“上面松了线，下面乱一片”。

点评：这个例子说明制度执行的重要性。领导带什么样的头，都会有员工效法，也没法惩治员工。

思考4-4

模糊的空间有多大，乱来（腐败）的空间就有多大。这就需要细化，降低人为因素。

五、诊断制度的效率

制度效率一般是指投入与产出或成本与收益之间的对比关系。

制度成本包括制度变革过程中的界定、设计、组织等成本和制度运行过程中的组织、维持、实施等费用；制度收益则指制度通过降低交易成本、减少外部性和不确定性等给经济人提供的激励与约束的程度。

人们判断一个企业的制度是否有效，除了看这个企业的正式规则与非正式规则是否完善外，更主要的是看这个企业制度的实施机制是否健全。离开了实施机制，任何制度都形同虚设。而检验一个企业的制度实施机制是否有效，主要看违约成本的高低。强有力的实施机制将使违约成本极高，从而使任何违约行为都变得不划算，即违约成本大于违约收益。

第三节 精细化管理的实施决策

精细化决策是精细化管理的第一步。没有正确的战略决策，所有的精细执行都是无效的，错误的决策执行得越彻底、越细致，错误就越大。

未来的事情，有可预测的一面，也有不可预测的一面。我们用科学的、带有必然性的规律和过去的经验预测未来，为未来的目标做努力；用预想的防范措施和随机应变的方法去面对突发的各种偶然事件，降低损失和伤害。我们每个人随时都在解"现有条件下求最佳解"的方程。

一、什么是决策

1. 决策与预测

决策是指通过掌握充分的信息和有关情况，进行分析、比较，在若干种可供选择的方案中选定最优方案的过程，是一个提出问题、分析问题、确立目标设计和选择方案的过程。决策无处不在、无时不在。管理者必须经常地就这样一些问题做出抉择：要做什么、由谁做、何时做、何地做、怎么做、用什么做、做多少等。

决策是计划的一个重要步骤，不要孤立地判断一个行动方针，因为每项决策都与其他计划相连。决策是一门科学，也是一门艺术，体现着调研、分析、策划、预测、判断及取舍的能力。

预测则是根据过去和现在已知的情况，模拟不可知的中间过程，推测事物的未来发展状况。预测是决策的核心能力。决策都是预测性的，不可能精确，所以我们用精心预测来尽量减少失误。

预测侧重于对客观事物的科学分析，决策侧重于对有利时机的科学选择。预测是客观分析，决策是领导艺术。预测提供可能方案，决策选择最佳方案。

预测是决策的基础和前提，决策是预测的服务对象和实践机会，没有科学的预测就没有科学的决策，两者相辅相成，不可偏废。

2. 决策的原则

(1) 整体优化原则。这是指决策的结果从整个系统看是相对好的，而不是从某一部分或某一指标看是相对好的；决策不是各个局部优化的机械相加之和，而是综合的、辩证的优化。管理决策必须是整体优化，而不是局部优化。

(2) 科学性原则。精细化管理要求决策者凭借科学思维，利用科学手段和技术，系统地分析主客观条件，在此基础上做出正确决策。为此，常会借助数学方法和电子计算机进行定量分析研究，用数据说话，以提高决策的科学水平。

科学决策的主要特点是决策的程序性、创造性、择优性和指导性，强调实事求是。决策的依据要实在、方案要实际、结果要实惠。

(3) 可行性原则。这是指一项决策的实现，在市场、生产技术、资金、人力、物力等方面都应是可行的。决策前要进行可行性研究，克服盲目性、片面性和局限性，要权衡利弊得失，使决策建立在可靠、可行的基础上。

(4) 满意决策原则。这是指在现实条件可行的前提下，在多个方案中寻求一个相对优化的方案。人们在现实的决策中，难以达到最优决策的标准，往往是最满意决策。

(5) 适应性原则。这是指决策应具有一定的灵活性或者弹性，能对所预料到的各种可能出现的情况，考虑多种应变方案，做出相应的对策，以适应其变化。

(6) 集体性原则。这是指对重大的问题进行决策前，必须发挥集体的力量，重视发挥专家和专业管理人员的作用。

3. 决策的种类

决策分类的方法有很多，并不统一，主要有以下两类。

(1) 个人决策和群体决策。

① 个人决策，又称首长决策，是指在选定最后决策方案时，由最高管理者做出决定的一种决策形式。优点：决策迅速、责任明确，能够发挥管理者个人的主观能动性。缺点：决策效果受管理者个人自身的性格、学识、能力、经验、魄力等

条件制约。

② 群体决策，指由两个或者两个以上的人组成的决策集体所做出的决策。群体决策的效果受群体大小的影响。优点：提供更完整的信息，产生更多的方案，增加对某个解决方案的接受性，提高合法性。缺点：消耗时间；个别当权者可能会假借群体的名义实际行少数人统治的事情；可能会屈从群体的压力，最终导致错误的结果；集体决策最后谁都没有责任，造成责任不清。

(2) 定量决策和定性决策。

① 定量决策，适用于决策目标和决策数量等应该用且可以用数量来表示的决策，如数学化、模型化、计算机化等。

② 定性决策，适用于决策目标和决策变量等不能用数量来表示的决策。

此外还有战略决策、战术决策、业务决策，程序化决策、非程序化决策，确定型决策、风险型决策、不确定型决策等。管理者的决策主要是业务决策，即为解决日常工作和作业任务中的问题所做的决策。

二、为什么要决策

管理的重心在经营，经营的关键是决策，决策的目的是解决问题或利用机会，为了正确行动，做正确的事。

决策决定成败。正确的决策能指导组织沿着正确的方向、合理的路线前进；错误的决策或决策失误，尤其是重大决策的错误或失误，会给企业带来无可估量的损失，甚至是灭顶之灾。

三、精细化管理怎么决策

精细化管理需要科学的决策。那些“拍脑袋做决策，拍胸脯表决心，拍大腿后悔了，拍屁股走人了”的主观、随意、凭经验办事、不负责任的管理方式是行不通的。

科学决策通常是一个优化选择的问题，即在有限的资源约束条件下，实现尽可能大的利润目标，或者在付出尽可能小的代价下达到预期的目标。科学决策需要在决策前进行系统研究、科学分析和严格论证。

科学决策的重心：深谋远虑，周详妥当，站得高、看得远、想得深、做得细。

科学决策的原则：两利相权从其重，两害相权从其轻。

1. 精细化管理的决策程序

决策必须要遵循一定的程序，包括决策每项工作应进行的顺序和步骤，也包括在每个步骤上应解决问题的范围和要求。

（1）调查研究，分析内外环境，明确问题，确定决策目标。

① 摆明问题。

问题 = 目标（标准）− 现状 = 偏差

问题是决策的起点，决策前，弄清问题的性质、范围、程序及价值等。注意在摆明问题的时候不能停留在一般的主观直觉上，而要分析问题的各种有关因素。

② 确定目标。设立正确的目标，就等于达到了目标的一半。需要决策的目标一般可分为必须达到的目标、希望完成的目标。在设定目标时要注意四点。

第一，设定目标既不能太落后，也不能太超前。应从企业的实际情况出发，根据需要的不同而异。忽视了外部环境，决策就会偏离轨道，同理，不能满足边界条件的决策，必是无效和不适当的决策。

第二，目标必须具体明确，既不能含糊不清，也不能抽象空洞，否则方案的拟定和选择就会无所适从。

第三，对目标应进行分解，包括横向分解与层层分解，形成目标链或目标网。

第四，最好同时达到多目标的实现。如北宋真宗年间，大臣丁谓主持修复汴梁皇城案，实现了清运垃圾、取土烧砖、建筑材料运输的三位一体，堪称杰作。现代的天津四环线，即环外环的建设，实现了缓解交通压力、改变生产布局、刺激地产开发、建设新环卫天津的林带、改善沙尘环境的多个目标与效果。

（2）做好预测。如果说决策是开展工作的第一步，那么预测则是第一步的前提。预测从方法论的角度探寻事物演变的规律，研究如何提高科学预见性，从而为决策提供科学预见、可靠依据、多种方案，增加决策的正确性与可靠性。

预测人员的基本条件要求：工作经验丰富、逻辑判断能力强、预测方法掌握得好、数据处理经验多、软件应用熟练、相关理论认识深、调查研究追求真、预测报告描述准、政策法规意识强等。

预测的基本原理包括以下四方面。

① 惯性原理：根据事物发展变化的延续性进行推理和判断。影响惯性或延续性的因素为时间、规模；适用条件为事物发展变化的相对稳定性；演化方法为主观判断法、时间序列分析法。

② 类推原理：根据事物或现象之间的相似性进行推理和判断。相似性的表现为相同、与己相似、大小相似；适用条件为事物或现象之间的相似性（特别要关注环境条件）、时间距离；演化方法为主观判断法、时间序列分析法。

③ 相关原理：根据事物或现象之间的相关性进行推理和判断。适用条件为事物或现象之间存在因果相关、直接相关（注意连续因果关系）、紧密相关（注意相关度）等；演化方法为主观判断法、线性回归法。

④ 概率推断原理：根据事物发展变化的可能性进行推理和判断。理论基础为概率论（将大概率事件视作必然事件，小概率事件视作不可能事件）；适用条件为事物发展变化的可能性、可以量化的可能性；演化方法为主观判断法、数学模型法。

（3）精细计划。确定解决问题的可行性方案和时间表，可根据实际情况与不同需求确定具体的计划，在此不一一赘述。

（4）精心组织决策所需的各种资源。

① 摆正心态。在掌握基本情况、客观对待事实的基础上，摆正决策心态，做到心静、心平、心正、心安。处在不安、烦躁、焦急等不良情绪时不要做决策。

② 确定决策的主体。主体一般有决策领导、决策助手、决策专家、学科专家、实际工作者和广大群众等。现代科学决策需要许多科学的方法和措施，所以需要有各方面的专家，多谋善断。

③ 收集信息资料。以要解决的问题为目标，通过各种途径和渠道，收集内外部的信息资料。收集到的信息资料越多越准确，对自然状态的概率估计或预测也就越接近客观实际，所做出的管理决策也就越合理。

(5) 拟定备选方案。以企业所要解决的问题为目标，对收集到的情报和信息资料认真进行整理、分析和科学计算，以此为依据制定出若干个实现目标的备选方案以供选择。注意：我们一直强调要多做几个方案，就是为了避免在没有选择的情况下进行重大决策。

拟定备选方案必须从实际出发、提出假设，这种假设必须以事实为根据。拟定方案的具体部署应根据方案的复杂程度有所区别，什么也不做也是选项之一。

制定备选方案，有时需采用试验的方法，有的要采用数学的方法进行可靠性和可行性分析，提出每个方案的利与弊，然后再提供备选。

拟定备选方案的程序包括三步。

第一，分析和研究目标实现的外部因素和内部条件、积极因素和消极因素，以及决策事物未来的运动趋势和发展状况。

第二，在此基础上，将内外部环境的各种有利或不利条件，同决策事物未来趋势和发展状况的各种预估进行排列组合，拟出适量的实现目标的方案。

第三，将这些方案同目标要求进行粗略的分析对比，从中选择出若干个利多弊少的可行方案，供进一步评估和抉择。由于所拟定的方案是为了实现相同的目标，相互之间必然存在一定程度的互补性，以及存在着利于或不利于目标实现的因素，因此，在进一步的决策过程中，往往是对众多方案进行取长补短的重新组合，形成两个以上新的备选方案。

(6) 精心监督和评估。对所拟定的各种备选方案，决策主体从理论上进行综合分析并加以评估，从而得出各方案优劣利弊的结论，最终由组织决策者挑选一个最好的方案。评价标准是看哪一个方案最有利于达到决策目标。

具体评估时，一方面要进行效益和效应分析，另一方面要进行防范性分析。方案评估的四个角度如表 4.4 所示。

表 4.4　方案评估的四个角度

可能性	方案的结果可能吗
偶然性	方案的理由确定吗,是否有不确定的或者偶然的因素
可行性	方案能行得通吗,技术可行性、经济可行性、社会可行性分析
风险性	方案实施后会带来什么风险,有哪些负面后果

评估的步骤一般分三步。

第一,看备选方案是否满足必须达到的目标要求。

第二,按照希望完成的目标要求,对保留下来的方案进行评估。

第三,按评估满意程度,对各方案进行全面权衡,从中选择最满意的方案。

方案的选择方式,依据决策事物的重要程度不同而有所不同。重要的决策方案,首先要将方案印发给有关人员,让有关人员提意见;其次是召开会议,由专家小组报告方案评估过程和结论;最后是决策者进行集体讨论,选出满意的方案。理性决策遵循的是“满意原则”而不是“最佳原则”。表 4.5 给出了评估正确方案的参考标准。

表 4.5　评估正确方案的参考标准

指标	是不是……	有没有……
成本	最小	更好的办法
质量	最好	更好的办法
效率	最高	更好的办法
效果	最大	更好的办法
风险	最低	更好的办法
短期	能否取得成效	更好的办法
长期	对长期利益是正面还是负面影响	更好的办法
关联	对其他人、事、物是否有负面连锁反应	更好的办法

选定最佳方案是管理决策的最后阶段,也是关键的一环,往往决定着企业的命运。选出最佳方案后,方案要经过群众的监督和评价,还要由上级监督机构评价审核。

(7) 准确反馈和调整。根据各方面的反馈信息，对决策的方案进行调整。方案的反馈与调整如图 4.4 所示。

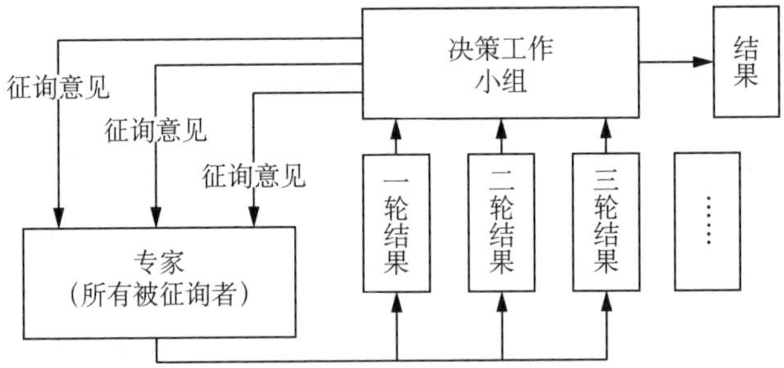

图 4.4 方案的反馈和调整

(8) 方案实施与跟踪决策。跟踪决策是指对决策目标或决策方案进行修正。所有的决策在执行的过程中都要不断地调整和改进，这是减少决策失误的重要步骤。不能演化为行动的决策，最多是一个良好的愿望而已。

2. 决策的问题与防范(如何化解决策风险)

(1) 采用科学的方法进行防范分析。任何决策都有不可靠性，决策的过程就是冒险的判断过程。如何让这一过程的冒险系数实现最小化？我认为：正视风险才能获取更大利润。想要降低风险，就要做好防范分析。

防范分析是决策的关键，通过对潜在问题的分析和研究，寻找经济而可行的、防患于未然的措施，有人把这种系统地分析潜在问题的方法称为防范分析。

由于潜在问题是隐藏在事物背后或深层矛盾的萌芽，往往不容易被发现，而且不在管理决策的直接目标范围之内，所以极容易被忽视。防范分析要求管理者用系统的观点，对管理决策全过程做到心中有数，全盘考虑，保证管理决策的连续性和成功的可能性。

在进行防范分析时，应充分考虑下面六个问题。

① 未来可能发生哪些问题？

② 发生的问题对管理决策的目标有何影响？

③ 发生这些问题的可能原因是什么？

④ 可以采取哪些预防措施？

⑤ 有哪些应变措施，可以减少对管理决策目标的影响？

⑥ 怎样保证应变措施的实施？

防范分析的具体步骤为以下几方面。

第一，预测潜在问题。预测决策执行中和执行后可能会出现哪些问题，运用科学的方法预测未来可能存在的困难。对最有可能出现的问题要特别注意，并列为关键问题，分析它会在什么地点、什么时间出现以及出现的频率。

提示：这种预计要尽量全面，仅凭管理者个人的经验和判断是不够的，因为有些潜在的问题不是决策执行的直接后果，而是后果的后果，即第二、第三级后果，所以最好能发动专家和群众。比如开一个“挑刺会”，让大家尽量列举出可能出现的不良后果，这样既可以考虑周全，又能打开管理者的思路。

第二，评价潜在问题的危险性。一般采用评分法进行估计，将每个潜在问题的危险分数与其发生概率相乘，即得出该潜在问题的危险性计量值——危险度，然后可按照危险度的大小对问题进行分类，并确定相应的对策。按照危险度一般可分为三类：①对管理决策目标有极其严重影响的，应全力加以预防，否则会使管理决策完全失败，损失惨重。②对管理决策目标有严重影响，但还不到致命的程度的，应尽量加以防范，将其影响降到最低限度。③只给管理决策执行增加了一些困难的，危险性较小的，可以采取简便办法加以处置。

第三，制定预防措施。管理者应该考虑在执行过程中可能产生的不良后果，对那些威胁性较大的潜在问题进行分析，寻找其产生原因，研究制定相应的预防措施，将其纳入管理决策方案的实施计划并逐项落实。

第四，准备应急措施。在方案实施前，对可能出现严重不良后果的一些问题，除了采取预防措施外，还应准备一定的应急措施，以便问题发生时能将危害降至最低。

应急措施不同于预防措施，前者是备用的，在不良问题发生后才采用，后者是在不良问题发生以前，在管理决策执行时就要实行的措施。但防范中，应把重点放在预防措施上，因为一分预防胜过十分补救。

(2) 完善决策制度。建立科学、负责任的决策机制。增强领导干部的责任感，在重大项目的决策上广泛征求各方意见，做到决策的民主化和科学化。

① 建立行政长官问责制。对决策失误要问责，追究决策者及相关责任人的行政责任。

② 建立决策失误追究制。决策者必须承担由此引起的法律和行政上的责任，并依照相关法律、法规受到相应的惩罚。

③ 建立决策失误赔偿制。明白地告诉决策者，决策失误不是花钱买教训，而是要赔偿经济损失。

④ 建立行政长官任期目标审计制。行政长官任期内应接受审计，对其工作质量、决策项目进行审计考核。发现问题，应追究其责任。

在防范决策失误上，我们也有不少较为有效的应对之策。比如推进决策的科学化、民主化、程序化，建立问责制和赔偿制等。然而，在追究一些失误的决策时也发现，有的决策虽然严格地走了程序，有专家论证（但只找认同的专家，不认同的专家靠边站），也有群众参与（只找认同的群众），表面上看最终的决策是集体做出的，使人无法问责。甚至在一定意义上，决策制度被一些人当作“挡箭牌”，使他们在决策侥幸成功时得私利，决策失误时逃避责任。究其原因，就在于有决策权的人对某一决策先有了结论或明确意向，又主导了决策制度的执行，结果决策程序往往就被认认真真地走了过场。这是精细化管理中尤其要注意避免和解决的问题。

四、 精细化决策常见病

1. 专权决策，无众谋

以权决策是制定决策的大忌。

2. 定位不当，急进决策

盲目冒进，会一步步走上失败之路。

3. 跟风决策，从众跑

当大家一窝蜂上的时候，就该急流勇退。

4. 空想决策，拍脑袋

信息不准确就很难做出正确的决策，更何况没有信息。

5. 经验决策，少分析

忽视战略环境分析，经验决策是最低级的决策。

6. 盲目决策，靠感觉

凭直觉决策的危害：一是浪费资源；二是破坏企业和个人的形象；三是群众愤恨。

7. 迟滞决策，慢三拍

决策就是要不失时机。成功的决策是发现机遇、抓住机遇。犹豫不决固然可以免去一些做错事的可能，但也失去了成功的机遇。

出现决策不当的原因：一是绝对的权力导致专制，刚愎自用、违背规律；二是缺乏或亵渎科学的决策程序；三是缺乏决策失误责任的追究制度。另外，急于做出决策，没有共识为基础，决策就很难有效地执行。

第四节　精细化管理的实施计划

精细化管理要求事事有计划，不为成功做计划，就等于让计划走向失败。如果说精心决策是要谋对第一步，那么精细计划是要谋对每一步，因为计划的每一步都是战术决策。

一、什么是计划

1. 计划的概念

计划是组织为实现一定目标而科学地预测并确定未来的行动方案。计划管理的本质是目标管理、时间管理、空间管理、各种资源管理等，其方法基本相同。

计划这个工作，是对决策所确定的任务和目标提供一种合理实现的方法，也就是通过调查研究、运用七步分析法的预先决定。

(1) 为什么要这么做。原因是什么？最终结果是什么？工作要求是什么？即明确计划的原因、目的和标准，或者说是计划的宗旨、目标、战略。

(2) 做什么。即明确一个时期的具体任务和要求，也就是技术目标。例如，生产计划要确定生产哪些产品、生产多少、生产进度等。

(3) 何时做。什么时机最适宜？什么时间完成？即规定计划中各项工作的起始时间和完成时间，也就是进度表。

(4) 在哪里做最适宜。从哪里入手？即规定计划的实施地点，了解计划实施的环境条件和限制条件，也就是空间利用方案。

(5) 谁去做。与谁合作最合适？责任是什么？有什么奖罚措施？有哪些可利用的资源？即明确实施计划的部门或人员，也就是人员使用计划。例如，新产品开发既要确定主要部门，又要确定协助部门等。

(6) 如何做。用什么方法最合适？如何优化资源、提高效率？即明确实现计划的措施，以及相应的政策和规则，对组织资源进行合理的预算、分配和使用，也就是工作分解结构图。

(7) 做到什么程度。数量如何？质量水平如何？费用产出如何？计划不仅是工作的流程图，还包含着操作指导书。

(8) 应变措施是什么。万一有突发事件怎么办？最坏情况应对方案是什么？

2. 计划的形式

这是指用文字和指标等形式所表述的组织以及组织内不同部门和不同成员，在未来一定时期内关于行动方向、内容和方式安排的管理事件。

3. 计划与规划、决策的关系

计划不同于规划。规划包含着一个或若干个计划，计划是规划的子集，规划需要通过一个个计划来实现；规划更侧重战略上的指导性，而计划更侧重具体的操作性。规划是更为长远的计划，从时间尺度来考量，它侧重于长期，我们习惯把长远的规划叫蓝图，把短期的规划叫计划，有时也叫工作方案。

计划是决策的基础，决策是计划的前提和目的。决策为计划的任务安排提供了依据，计划为决策所选择的目标提供了实施的组织保证。决策与计划往往互相渗透交织。决策是计划的前提,计划是决策的逻辑延续。一个良好的决策往往需要从两个或两个以上的备选计划方案中做一个选择。

4. 计划的类型

(1) 按计划的重要性划分,可分为战略计划和作业计划。

(2) 按计划的时期界限划分。财务人员习惯于按投资回收期分为长期计划、中期计划和短期计划。长期计划通常指五年以上的计划;短期计划一般指一年以内的计划;中期计划则介于两者之间。

(3) 按计划内容的明确性指标划分,可分为具体性计划和指导性计划。

(4) 按计划由抽象到具体的层次划分,可分为目的或使命、目标、战略、政策、程序、规则、方案、预算。

5. 计划的特性

计划的根本目的在于保证管理目标的实现。从事计划工作并使之有效地发挥作用就必须把握计划的性质。它主要表现在以下几个方面。

(1) 目的性。所有的计划都是有目的的。

(2) 预测性。它产生在工作之前,是开展工作的规划。

(3) 调整性。执行的过程中具有动态的调整性。在细节上调整得多一些,在总体目标上调整得少一些,因为若总体目标发生变化,则计划就失去作用。另外,它在时间上可长可短。

(4) 普遍性。事事有计划。

(5) 首位性。计划在事前,面向未来。

(6) 科学性。计划必须遵循客观要求,符合事物本身发展的规律,不能脱离现实任意杜撰,随意想象。要有科学态度,一切从实际出发,量力而行;要有可靠的科学依据,包括准确的信息、完整的数据资料等;要有正确的科学方法,如科学预测、系统分析、综合平衡、方案优化等。

(7) 有效性。计划不仅要确保组织目标的实现,而且要从众多的方案中选择最优的方案,以便能合理利用资源和提高效率。因此,计划要追求效率。在计划所要完成目标确定的情况下,同样可以用制订和实施计划的成本及其他连带成本(如计划实施带来的损失、计划执行的风险)来衡量效率。如果计划能得到最大的剩余，或者如果计划能按合理的代价实现目标，这样的计划就是有效率的。

二、为什么要编制计划

在管理实践中，计划是其他管理职能的前提和基础，渗透到其他管理职能之中。它是管理过程的中心环节，在管理活动中具有重要的地位和作用。列宁说过："任何计划都是尺度、准则、灯塔、路标。"

简单地说，它可以明确方向，集中资源；明确目标，确定行动指南；明确路径，减少不确定性；明确方法，提高效率；明确责任，提高积极性；明确衡量方法，体会成就和人生价值。

1. 计划是组织（个人）生存与发展的纲领

不做计划就是不知如何利用时间等各种资源。计划不周或根本没计划，很可能遭遇灾难性的后果。不为成功做计划，就等于为失败做计划。

2. 计划是组织协调的前提

现代社会的各行各业以及它们内部的各个组成部分之间，分工越来越精细，过程越来越复杂，协调关系越来越严密。要把这些繁杂的有机体科学地组织起来，使各个环节和部门的活动在时间、空间和数量上相互衔接，既围绕整体目标，又各行其是、互相协调，就必须要有严密的计划。

3. 计划是指挥实施的准则

计划指导不同空间、不同时间、不同岗位上的人，围绕一个总目标，秩序井然地实现各自的分目标。如果没有计划指导，被管理者多表现为无目的性地盲目行动，管理者则多表现为决策朝令夕改、随心所欲、自相矛盾，其结果必然是组织秩序混乱，事倍功半，劳民伤财。

4. 计划是控制活动的依据

计划是管理控制的依据和标准，是管理职能中的首要职能，这不仅仅是一个次序问题，更是管理职能在实际管理活动的相互关系问题以及位置问题。

三、精细化管理怎么编制计划

编制计划的基本要求是:层次性、先导性、目的性、普遍性、效率性、时效性、经济性。

1. 编制计划的程序

计划和决策的步骤是一样的,决策是对计划方案的选择,计划则是在具体操作中对每一步进行决策选择。计划中有决策,计划中的决策是战术上的决策;决策中有计划,决策中的计划是一个个战略方案。

(1) 估量机会。估量机会是指对将来可能出现的或预示的机会进行初步分析,同时,也是对可能取得的成果进行机会成本分析。常用 SWOT 综合分析法来估量机会。

SO(优势-机遇)战略:努力发扬自身优势,充分利用机会。

ST(优势-威胁)战略:充分依靠自身的优势和实力去抵御外部的威胁,迎接挑战。

WO(弱势-机遇)战略:巧妙利用外部的机会来克服或补偿内部的弱点。

WT(弱势-威胁)战略:避免暴露自身的弱点,避开外来的威胁,尽可能减少损失,维持生存,等待时机。

严格来讲,估量机会不是计划的组成部分,但却是计划工作的真正起点。因为它预测到了未来可能出现的变化,清楚而完整地认识到组织发展的机会,搞清了组织的优势、弱点及所处的地位,明晰组织利用机会的能力,意识到不确定因素对组织可能产生的影响程度等。

认识机会,对做好计划十分关键,是战胜风险求得生存与发展的诀窍。

(2) 确定目标。确定目标,就是说明工作的基本方针和要达到的目的与标准,说明战略、政策、规则、程序、规划和预算的制定任务,指出工作的重点和应遵守的制度。

计划的主要任务,就是将组织目标进行层层分解,以便落实到各个部门、各个活动环节,形成组织的目标结构,包括目标的时间结构和空间结构。

计划精细化对目标的要求：目标可行、可量化、可考核。

(3) 确定计划的前提。所谓计划的前提，就是计划的假设条件，或者说，是计划实施时的预期环境。这需要进行预测，如市场有多大、价格怎么样、成本是多少、政治和社会环境如何等。

计划的前提包括：外部前提条件和内部前提条件；不可控的、部分可控的和可控的前提条件。外部前提条件大多为不可控的和部分可控的，内部前提条件大多数是可控的。不可控的前提条件越多，计划的不确定性就越大，进而就越需要通过预测确定其发生的概率和影响程度的大小。

(4) 制定可供选择的方案。要避免只有一个方案的做法，如果某一事物只有一个方法，这个方法很可能是错误的方法。

(5) 评价各种方案。在找出了各种可供选择的方案和检查了它们的优缺点后，根据前提条件和目标，权衡轻重优劣，对可供选择的方案进行评估。

评估时要注意：一是认真考察每一个计划的制约因素和隐患；二是用总体的效益观点来衡量计划；三是既要考虑到每一个计划有形的、可以用数量表示出来的因素，又要考虑到无形的、不能用数量表示出来的因素；四是要动态地考察计划的效果，不仅要考虑计划执行带来的利益，还要考虑计划执行带来的损失，特别注意那些潜在的、间接的损失。

(6) 选择方案。确定采用的方案，同时确定后备方案，这是关键的一步。可能遇到的情况是，发现同时有两个以上可取方案。在这种情况下，必须确定出首先采用哪个方案，再将其他方案进行细化和完善，作为后备方案。

(7) 制订派生计划。派生计划是总计划下的分计划，或者说是大规划下的小计划。总计划要靠派生计划来保证，派生计划是总计划的基础。当一家公司决定开拓一项新业务时，这个决策需要制订很多派生计划作为支撑，比如雇佣和培训各种人员的计划、筹集资金的计划、广告计划等。

(8) 以预算形式使计划数字化。把计划转化为预算，使之数字化，用数字反映计划。预算的实质是资源的分配，是汇总各项计划的工具，也是衡量计划完成进度的标准。

编制预算一方面是为了计划的指标体系更加明确，另一方面是使企业更易于控制计划的执行。定性的计划往往在可比性、可控性和进行奖惩方面比较困难，而定量的计划则多具有较硬的约束。

(9) 应急(风险防范)措施。实际与前提不相符怎么办？出现最坏的情况如何应对？任何计划都有变化，常言道：计划没有变化快。所以任何计划都要有应急措施，留有余地。

(10) 计划的评审。计划目标与组织目标是否一致？计划是否符合相应的政策规定？计划的前提假设是否成立？具体的预算投入与预期收益是否合理？能否及时获得所需的资源？计划日期是否现实？计划中的责任人是否胜任？如有需要，应变计划可行否？打开问号，一一考量后再通过。

2. 编制计划的方法

(1) 目标管理法。企业的使命和任务必须转化为目标，如果一个领域没有目标，那么这个领域的工作必将被忽视。管理者应该通过目标对下级进行管理，当组织最高层管理者确定了组织目标后，必须对其进行有效分解，转变成各个部门以及每个人的分目标，管理者根据分目标的完成情况对下级进行考核、评价和奖惩。

(2) 滚动计划法。由于在计划工作中很难准确地预测将来影响组织生存与发展的经济、政治、文化、技术、产业、顾客等变化因素，而且随着计划期的延长，这种不确定性越来越大。因此，如果机械地按几年以前编制的计划实施，或机械地、静态地执行战略性计划，将可能导致巨大的错误和损失。滚动计划法可以避免这种不确定性带来的不良后果。

滚动计划法是一种定期修订计划的方法，具体做法是：在编制出计划的基础上，按照“近细远粗”的原则制订更具体的、一定时期内的计划，然后按照计划的执行情况和环境变化，调整和修订未来的计划，使计划不断向前滚动、延伸。这是一种把短期计划和中期计划结合起来的计划方法。比如在编制年度计划的基础上，每一个季度编制一次，每次向后滚动一次；在编制五年计划的基础上，每年编制一次，每年向后滚动一年。

(3) 网络计划法。这种方法包括各种以网络为基础判定的方法，如关键路径法、计划评审技术、组合网络法等。

具体做法是：首先，应用网络图表达计划中各项工作的先后顺序和相互关系；其次，通过计算找出计划中的关键工序和关键路线；再次，通过不断改善网络图的方法，选择最优方案；最后，在计划执行过程中进行有效的控制，保证取得最佳的经济效益。

网络计划的优化，就是通过利用时差，不断改善网络计划的最初方案，在满足既定的条件下，获得周期最短、成本最低、对资源利用最有效的方案。

（4）线性规划法。在目标已定、资源有限的情况下，计划可以用线性规划的方法来确定。

具体做法是：首先，确定一个目标，比如利润最大、成本最小、产量最大等，这个目标就是目标函数；其次，确定可用资源，比如多少台设备、多少原料、多少劳动时间等；再次，根据各种产品的资源消耗定额和产量定额，确定约束条件；最后，把目标函数、资源条件、产量定额、资源消耗定额之间的数量关系用方程式表示，这样就形成了线性规划的数学模型。

四、目标（计划）管理

1. 什么是目标管理

目标管理是一个组织各项管理活动的起点和行动所指向的终点，是企业各项活动的发展方向和奋斗目标，也是企业经营思想或宗旨的具体化。其目的是要在最短时间内实现更多的想要实现的目标。

企业目标是在分析企业外部环境和内部条件的基础上确定的。现代企业不应只定位在利润最大化上，也要关注人的培养与发展，在企业的稳定发展中寻求长期稳定的利润、适当的利润或满意的利润。所以现代企业的总体目标归根到底是培养人性、缔造幸福、赚取利润、长远发展。

2. 为什么进行目标管理

目标为企业决策指明了方向，是企业计划的重要内容，也是衡量企业经营成效的标准。目标明确，可以提高工作效率，带来正确的行动。

3. 目标管理的实施过程

把某一段时间内的目标写出来(不要使用形容词,目标必须是明确的、具体的、量化的、具有挑战性的),找出一个核心目标,并依次排列重要性,然后依照目标制订详细的计划,并依照计划实行。

目标管理的过程包括:目标建立、目标分解(做行动计划)、组织资源、执行与协调、目标评定与考核、过程目标的反馈控制、反思与改进。下面重点介绍其中的几点。

(1) 目标建立。目标建立是目标管理实施的第一阶段,主要内容包括:目标的建立和分解。建立企业目标首先要明确企业的使命、宗旨,并结合企业内外部的环境决定一定期限内的具体工作目标。

传统的目标设定是单向的,即由上级给下级设定目标,由企业领导者设定,然后分解成各级目标,最后落实到个人目标。现代管理学提倡参与制定目标设定法,要求企业员工参与目标的设立。常用的有自上而下的目标制定法和自下而上的目标制定法。目标建立过程中要注意以下问题:目标要略高于企业当前的生产经营能力,且保证企业经过一定努力能够实现;目标要保证质与量的有机结合,尽可能量化企业目标,确保目标审核的准确性;远大目标与近期目标相结合,企业目标与个人目标相结合;目标期限要适中,目标数量要适中。

(2) 目标分解(做行动计划)。把企业的总目标分解成各部门的分目标和个人目标。要使所有员工都明确自己的目标,明确应承担的责任;要使目标细化到每一天,让每一天都有提升的目标;要使目标可量化、可实现、可考核。在目标分解中要注意以下几点:目标体系要严密,纵横成网络,体现出由上到下目标越来越具体的特点;目标要突出重点,与企业总目标无关的其他工作不必列入各级分目标;鼓励员工积极参与,尽可能把目标分解中的“要我做”变成“我要做”;目标一旦分解完毕,要进行严格的审批。

(3) 目标控制。为保证企业目标的顺利实现,管理者必须进行目标控制,随时了解目标实施情况,及时发现问题并协助解决。必要时,也可以根据环境变化对目标进行一定的修正。积极的自我控制与有力的领导控制相结合是实现目标动态控制的关键。目标控制管理中应注意以下几点:充分发挥员工自我控制能力，必须将管理者的信任与完善的自检制度相结合，保证企业具有进行自我控制的积极性与制度保障；建立目标控制中心，结合企业均衡生产的特点保证企业生产的动态平衡；保证信息反馈渠道畅通，以便及时发现问题，进行目标的必要修正；创造良好的工作环境，形成团结互助的工作氛围。

(4) 目标评定与考核。目标管理注重结果，对部门及个人目标的完成情况必须进行自我评定、群众评议、管理层评审等。通过评价活动肯定成绩、发现问题、及时总结目标执行过程中的成绩与不足，完善下一个目标管理过程。目标评定要注意以下几点：进行自我评定；上级评定要全面、公正；目标评定与人事管理相结合。

(5) 过程目标的反馈控制。及时反馈信息是提高目标管理水平的重要保证。

五、时间（计划）管理

1. 什么是时间管理

时间管理就是用时间技巧、技术和工具帮助人们完成工作、实现目标。时间管理不仅要把所有事情做完，而且要更有效地运用时间完成任务。

时间管理的主要内容主要包括：记录时间、有效分配时间、去掉不必要的时间、利用一切可利用的时间、节省一切可节省的时间。

2. 为什么要管理时间

时间是第一资源。时间的特性是：供给毫无弹性、无法蓄积、无法取代、无法失而复得。现代管理之父德鲁克说："不能管理时间的人，就不能够管理一切。"马克思也曾说："一切节约归根到底都归结为时间的节约。"

时间管理探索的是如何减少时间浪费，以便有效地完成既定目标。有效的时间管理是一切工作管理的基础。

3. 时间管理的实施

(1) 时间管理的原则。

①要事第一。何为要事？就是现在最有价值的事。时间管理的重点在于

如何分配时间,我们永远没有时间做每件事,但我们永远有时间做最重要的事。分清轻重缓急,把时间花在一定要做的、最有价值的、最重要的、最有生产力的事上。

② 目标明确。认清自己的使命,什么是最重要的、什么是最想要的。设定明确的目标,集中精力和时间瞄准目标并完成它。目标要长短结合,所有目标都要有时间的限制。

③ 马上行动,杜绝拖延。

④ 全力以赴、聚焦目标。专心致志,不要有头无尾。上班时浪费时间最多的是时断时续的工作方式,因为不仅停顿下来费时,而且重新工作还需要花时间调整情绪、思路和状态,才能从停顿的地方接续下去。

⑤ 当日事,当日毕,珍惜今天。制定每日的工作时间进度表,使每天都有目标、有结果,日清日新。今日不清,必然积累,积累就拖延,拖延必堕落、颓废。

⑥ 高标准、严要求。争取一次做好,追求零缺陷工作。

⑦ 同类事情一起做。同一类的事情最好一次把它做完,因为重复做一件事情会熟能生巧,提高效率。

⑧ 模仿成功人士。向顶尖的人物学习成功经验,才有可能成为顶尖的人物。与一个成功者在一起,可以学习他花了四十年才获得的成功经验,如果跟十个这样的人一起,就可以获得浓缩了四百年的经验。注意:模仿成功人士要选择自己熟悉的对象,因为这会节省很多时间。

⑨ 考虑不确定性。人生中唯一不变的就是它的多变,因此,要去预测可能发生的事物,给自己足够的可变空间。同时,事情多半有超出预期的状况发生,对此要有心理准备,应付意外的不确定性事件,为意外事件留时间。对此有三个预防的方法:为每个计划都留有多余的预备时间;努力使自己在不留余地又饱受干扰的情况下,完成预计的工作,迫使自己在规定时间内完成工作;另准备一个应变计划。

⑩ 做最有效率的事。每一分钟每一秒都做最有效率的事情。思考一下要做好一份工作,先做哪几件事情是最有效率的,列出来,分配时间把它做好。

⑪ 养成快速的节奏感。克服做事缓慢的习惯,调整步伐和行动,养成快速

的节奏，不仅提高效率、节约时间，给人以良好的作风印象，这也是健康的表现。日本就把“快食”“快便”“快睡”“快行”“快思”“快说”的“六快”之人称为人中之杰。

⑫ 设定完成期限。有期限才有紧迫感，也才能珍惜时间。设定期限是时间管理的重要标志。

(2) 时间管理的基本方法。时间管理的方法有很多，下面介绍几种时间管理的方法。

① 检核表管理法。也叫待办单，实际就是一天的工作计划。

检核表的主要内容：非日常工作、特殊事项、行动计划中的工作、昨日未完成的事项等。首先是要列一张总清单，把今年所要做的每一件事情都列出来，将年度目标分解成季度目标，每一季度要做哪一些事情；再将季度目标分解成月目标，并在每月月初重新再列一遍，碰到突发事件可以及时调整；每一个星期天，把下周要完成的事列出来；今天为明天做计划，每天晚上把第二天要做的事情列出一份清单来。其次是对必须做的事按轻重缓急排出优先次序，最重要的事项标上一号。再次是确认完成时间，以突出工作重点。最后是每完成一项工作就划掉一项，为应付紧急情况留出时间。最关键的是要每天坚持，养成定时做定事的习惯。尽量做到时时有事做，事事不离大目标。

建议：每年年末做出下一年度工作规划；每季季末做出下季末工作规划；每月月末做出下月工作计划；每周周末做出下周工作计划。把所要完成的工作计划制成卡片放在办公室或装在口袋里，以便提醒自己。

检核表从起床开始，到睡觉结束，但要保留及规划属于自己的时间，要为自己留时间做喜欢做的事。

② 用80%的时间来做20%最重要的事情。

成功者常花最多时间在做最重要但可能不紧急的事情，当然，这些事情都是高生产力的事情。而大部分的人做的多是紧急但不重要的事。

我们必须学会把重要的事情变得很紧急，做高生产力的事情。对此，就要先了解哪些事情是最重要的，是最有生产力的，将紧急又重要的事情放在第一位来做。当一个人天天处理一些突发困扰、一些灾难、一些迫不及待要解决的问题时，表示他的时间管理并不理想。

管理好自己的时间，将使我们创造出更多的时间，可以使我们享受充实而快乐的生活，摆脱忧虑、焦躁与紧张；可以使我们从容不迫地、专心致志地做好每件事情。

第五节　精细化管理的实施途径

精细化管理是管理者用来调整产品、服务和运营过程的技术方法。它以规范化为前提，系统化为保证，数据化为标准，信息化为手段。

一、专业化——唯有专业化才可精细化

1. 专业化是精细化的前提

资源是有限的，所以才需要管理，如果资源是无限的，那就不需要管理了。管理的目的在于使有限的资源发挥最大的效能。我们知道，在同等条件下，要想把事情做得精，必须投入更多的时间、人力和物力，这就决定了我们必须把有限的资源投入到最能产生效益的事情上去。有一年的高考作文题为："与其多挖井而不及泉，不如深挖一井。"它准确到位地描述了把有限资源集中投入的思想。这同军事上集中优势兵力歼灭敌人的思想是一样的。所以，把这种原理运用到企业上，就是我们的企业必须要走专业化的发展道路。

国务院发展研究中心研究员、著名经济学家吴敬琏教授两次深入浙江宁波进行考察之后，曾指出民营经济应该走精细化发展的路子。具体表现在专业化、归核化和国际化。其中，专业化发展是精细化发展的前提，而专业化必须要做到企业内部的产业专业化、管理专业化和资本专业化。

产业专业化是指在单一或主要产业内要做到又红又专，在消费者面前要红，就必须在产品上专，从工艺设计、核心技术乃至服务体系上，都要紧紧依靠

围绕着“专”字做文章。管理的专业化则主要表现在通过职业经理人的方式，来组建高效管理的团队。在资本的专业化方面，由于民营企业本身的发展限制，在资金、人才等资本相对贫乏的情况下，应该集中有限的资本优势，专攻某一产品的特定区域市场。

归核化发展其实就是集中资本、技术和管理优势，实现专业化从而步入精细化发展的根本。

要想做精，只有从专入手。专业化是精细化的途径，只有做专了才能做精。而要实行专业化，就要求着眼于长远发展。粗放式经营的企业，大都力求短期效益，期望通过广告轰炸或其他一些所谓的“绝招”，使企业一夜暴富，而不愿意在管理上以及长期的耐心细致的工作上下功夫。现在一些企业大打价格战，实在是一种在缺乏品牌效应情况下的无奈的选择。与此相应，一些企业企图采取广告战、价格战等方式寻求发展突破，是粗放式管理的一种表现形式。这些企业如果不努力挖掘企业内部的潜力，是难以持久发展的。

中国企业在非专业化方面往往表现出以下现象。

(1) 企业本来就小，动辄号称“集团”。

(2) 某些上市公司总经理都说不清自己的企业核心产业是什么，总是“六大产业支柱”。

(3) 产品结构复杂，对主产品定位心中无数，生产集中度低，造成生产线效率低，原材料、辅料供应链复杂，库存管理难度极大。

(4) 企业规模小，却要做全国市场，没有占有率，营销费用过大，销售效率低。

(5) 所有关联、配套部分都想自己做，恨不得不让旁人赚走一分钱。

2. 专业化与多元化的关系

这是一个人们讨论了多年的老话题。从让有效资源发挥最大效益的管理理论来看，我们更倾向于专业化，而不是多元化。实行专业化，企业才可以集中最有效的资源，打造自己的核心竞争力。而没有核心竞争力的企业，就会被市场淘汰。

在中国，之所以对这个问题争论不休，一个重要的原因，就是在中国的市场成长期为企业创造了太多的成长机会，这些机会只要你抓住其中一个，那么你就可以有增长，就可以有利润。正如张维迎教授所言："过去，中国的企业家找到一个洞钻进去，坐在那儿，就成了菩萨。未来，所有的洞都被人家填满了，你要在人家那里戳一个洞然后坐进去，看看你能不能成为菩萨。"

多元化是一种选择，但有前提条件，在专业领域里形成了核心竞争力并在相应领域里占据垄断地位的时候，才可以向多元化发展。杰克·韦尔奇曾提出多元化战略的四个前提条件。

（1）基础投资 1 亿美元以上。

（2）该行业年增长率 30%以上。

（3）进入后科学预测未来 3 年能进入行业前 3 名。

（4）企业现有人才能组建出新公司的管理班子。

但是，现在一些企业实行多元化，是企业在缺乏核心竞争力时的一种无奈的选择，也是一种不自信的表现。

多元化作为重要的经营战略之一，在 20 世纪 60 年代到 70 年代曾被西方的大企业广泛采用，且有很多成功的案例。但多元化经营必须具备一些必要的前提条件，比如只有当本企业吸纳不了剩余的资本时，企业才有资格考虑多元化的问题。是否实行多元化，还要分析企业在进入一个新行业时有没有必要的技术、管理和销售能力，因为在不同的行业里这三个要素是不同的。

自 20 世纪 80 年代末期，世界范围内出现了企业回归主业、突出核心能力的趋势。美国通用电气公司 80 年代中后期实行了全面重组，提出了所要经营的产业在本行业"数一数二"的原则，将 200 多个子公司重组为 13 个，将采购流程都外包给了别的专做物流的公司，主要是为了集中力量和资源，突出自身的核心能力。可口可乐公司在 80 年代末退出葡萄酒行业。奔驰公司在 90 年代退出飞机、交通业。韩国大企业在遭遇 1997 年亚洲金融风暴的扫荡后，现在将其从事多元化的业务平均砍掉 15 个，政府也规定，每个大企业最多只能从事 4～5 个行业。

我认为，绝大多数的中国企业不适合搞多元化战略。现在中国的企业无论是在资金，还是在技术和人才方面都缺乏足够的优势，因此，只有把有限的资源集中在专业的领域内，才有可能创造出相对优势。专业做好了，才能形成自己的核心竞争能力，才能基业长青。

被誉为“常青树”的鲁冠球认为，万向集团长盛不衰的奥秘在于把握了三条基本原则。

（1）紧紧咬住自己的主业，做大做强。万向集团的主业是汽车零部件，万向集团围绕这个主业发展，逐步积累了自己在技术、人才、市场和公共关系方面的优势，同时相关的国家政策和法律、法规掌握得比较透彻，因而可以大大降低政策方面的风险。万向生产的产品实现了从一个零件、一个部件到系统集成模块方向的发展，形成了以汽车底盘系统为主的包括万向节、减震器、等速驱动器、传动轴、轴承、滚动体、橡胶密封件等 8 大系列上万个品种，产品都已经通过了 ISO9000 和 QS9000 国际最高质量体系认证，已经初步确立了产业规模优势。

（2）量力而行，不搞投机。万向集团一直没有涉足这几年利润较高的房地产、汽车、建材、能源等领域，因为万向认为自己缺乏这方面的专业人才。鲁冠球认为，企业的成功不在于发展速度有多快，而在于减少甚至避免失误。一个致命的失误可能会导致一个企业前功尽弃。

（3）牢牢把握国家产业的导向，非高技术、高附加值产业不做。这样做的结果是使万向集团的发展已经跳出了传统的以量的增长、规模的扩张为主导的发展模式，而且更倚重于质的提高。比如，尽管万向以每年 25.89%的速度增长，但企业已经连续 6 年没有向当地政府申请一寸土地。再比如，由于万向的产业定位，国家每进行一次宏观调控，万向就多一次机遇，因为万向的产业大多具有先导性、前瞻性，符合国家的产业导向，因而能够获得国家宏观政策的有力支持。2004 年夏天，浙江遭遇了历史上前所未有的严重电荒，但由于万向的产品市场好、效益好，其用电指标得到了当地政府的优先保证。

万向的发展证明了，首先应该着力于专业化。想要实行多元化，也应该在保证专业化的基础上，沿着与专业化相关的领域实行多元化。

3. 专业化与多元化的权衡——多元化是陷阱而非馅饼

多元化和专业化是一些企业，尤其是所谓的大企业里讨论得比较多的一个话题。对于两者的关系，我有两点看法：一是不主张多元化经营；二是如果必须实行多元化经营，也应该遵循先专业后多元、先国内后国外的原则。

专业化与多元化的界限是兰契斯特法则。它说明了一个企业的产品的市场占有率达到多少时，才能形成市场垄断。①市场占有率下限目标值为26.12%，如未达到该占有率，即使是第一位的企业，仍然是不安全的；②市场占有率相对安全值为41.67%；③市场占有率上限目标值为73.88%，市场独占条件。

在遵守兰契斯特法则的前提下，那些在市场上占据垄断地位的企业可以采取多元化的策略，另辟蹊径，扩大自己的规模。我认为，垄断是市场发展的必然趋势。在那些已经发展成熟的市场上，除了新兴产品，每种产品都由四五家大企业垄断了整个市场。在中国现有比较成熟的市场上，垄断趋势已经很明显了，新兴的企业要想进入这个市场是非常不容易的。但在中国这样一个有着13亿人口的庞大市场上，要在某个产品市场上占据垄断地位，已经非常不易。

很多企业谈论的多元化问题，其实是很多企业"虚胖"，对自己认识不清，头脑发热的结果。要知道，即便是中国品牌价值排名第一的海尔，2003年的资产也只有42亿美元，与同类行业全球第一企业西门子公司的资产相比，相差了17倍之多，遑论其他。

即使必须实行多元化，包括市场的多元化，也须先国内市场，后国际市场，放眼世界舞台，稳固国内市场。这是中国企业国际市场战略的最佳选择。中国的企业如果能在13亿人的巨大市场中牢固地占据垄断地位，那么，无论面对什么样的强手竞争，都有实力与之抗衡。所以，那些急于走向世界的中国企业，先看看自己的后院是否稳固。不反对中国的企业走向国际，但一定要先占领国内市场，然后再占领国际市场，即由内而外的策略。

二、系统化——成功取决于系统

1. 管理是一项系统工程

做任何一项工作，都需要一系列的、有机组合的、朝向总体目标的、协调一致的动作来完成。也就是说，管理是一项系统工程，不是某一个单一的动作所能达到目的的。

案例 4-7

获得全国劳动模范称号的张秉贵，是全国商业战线上的一面旗帜，作为北京王府井百货大楼糖果专柜的一名普通售货员，他把售卖工作的每一个环节都研究透、做到位，把商业售货服务变成了一种艺术，给人以享受。许多人把看张秉贵工作当成了一种享受。有一位拄着拐杖的老人，经常来欣赏他售货，并对他说："我是因病休息的人，每天来看看您站柜台的精神劲儿，为人民服务的热情劲儿，我的病也仿佛好了许多。"一位音乐家看他售货后说："你的动作优美，富有节奏感，如果配上音乐，是非常动人的旋律。"那么，他是如何达到这种境界的呢？张秉贵的服务主要靠以下方面来实现。

(1) 服务理念。他说："我们售货员要胸中有一团火，温暖顾客的心，树立完全、彻底为人民服务的思想。"

(2) 本领过硬。北京百货大楼当时是全国最大的商业中心，客流量大，加之物资相对匮乏，顾客通常要排长队等候。为了减少顾客排队等候的时间，张秉贵苦练售货技术和心算法，终于练就了"一抓准"的过硬本领。所谓"一抓准"就是用斤两来计量的糖果，在手握能及的数量范围内，从货柜里抓出来放到秤盘里的糖果，他抓一次就能准确地满足顾客的要求。所谓"一口清"就是品种不同、价格各异的糖果，不论顾客要多少品种、多少数量，顾客报完所要的品种和数量之后，他通过心算，马上就能说出这些糖果的价钱。

(3) 注意方法。在售货实践中，他发明了"接一问二联系三"的工作方法，即在接待每一个顾客时，便问第二个顾客买什么，同时和第三个顾客打好招呼，做好准备。

(4) 提高效率。他在售货实践中，将服务流程分为问、拿、称、包、算、收六个环节，并在每个环节上不断摸索，使接待一个顾客的时间从三四分钟缩减为一分钟。

(5) 研究消费者心理。在服务实践中，他注意研究顾客的不同爱好和购买动机，揣摩他们的心理，以便更好地为顾客服务。

(6) 语言有亲和力和表现力。为使说话亲切动人、言简意赅，他自学了语言学，以使自己在服务过程中，语言表达更清楚，更具有亲和力。

(7) 胸怀全局，把事情当作事业来做。他认为，“站柜台不单是经济工作，也是政治工作；不单是买与卖的关系，还是相互服务的关系”，“一个营业员服务态度不好，外地人会说你那个城市服务态度不好，港澳同胞会感到祖国不温暖，外国人会说中国人不文明。我们真是工作平凡，岗位光荣，责任重大”。

(8) 注重仪表。他不仅技术过硬，而且注重仪表，天天服装整洁，容光焕发。他坚持每周理发，每天刮胡子、换衬衣、擦皮鞋。他认为“站柜台就得有个干净利落的精神劲儿，顾客见了才会高兴地买我们的东西。特别是我们卖食品的，如果不干不净，顾客就先倒了胃口，谁还会再买我们的东西啊!”

(9) 实事求是。张秉贵强调工作技能的培养，却并不排斥标准器具在售货中的作用。他到重庆表演“一抓准”时，已经65岁，不经常站柜台了。重庆糖果与北京糖果的种类、大小均不相同，他在表演抓五两、四两、三两、二两时，每次都是一抓准。在抓一两时有些误差，助手想悄悄地动动秤，给他留个面子。张秉贵制止了他，请他拿下一块糖，结果分量正好。张秉贵对台下的同行们说:“准，不是绝对的。如果绝对准，那就不用秤了。我来表演，不是炫耀技巧，只是想说明熟能生巧，希望同志们苦练技术。不瞒大家说，我昨晚在宾馆还练过呢!”他的真诚赢来了更多的掌声。

(10) 持之以恒。张秉贵从1955年11月到百货大楼站柜台，30多年的时间接待顾客近400万人，除了刚工作时的那一次外，没有跟顾客红过一次脸、吵过一次嘴，没有怠慢过一位客人。

就是这样，张秉贵由内而外，通过眼神、语言、动作、表情、步伐、姿态等调动各个器官的功能，创造出一种艺术的境界，成为商业服务的一种典范。

可见，张秉贵所创造的这种售货服务的艺术境界，并不是单纯某个方面突出就可以达到的，而是需要方方面面的协调配合才能完成。也就是说，成功取决于系统。我们主张实行精细化管理，就是在一个系统内，通过细分，把工作流程、工作岗位细分成为一个个不可再分的单元，在单元紧密衔接的基础上，在做好每一个单元上下功夫，也就是后面我们所要讲到的把小事做细，把细事做透。

2. 学会系统地观察和思考问题

管理是一项系统工程，在管理实践中，最重要的一点就是要学会系统地观察问题和思考问题。

3. 建立一套高效运行的系统

成功取决于系统。一个组织要想实现自己的目标，必须建立一套以目标为导向、以制度做保证、以文化为灵魂的组织系统。所以，管理者的一个重要任务，就是建立一个高效的、运行良好的系统。

要做好精细化管理，就必须从优化系统开始，否则就只能是头痛医头，脚痛医脚。而系统设计的优化，要着眼于企业资源利用的最大化。精细化管理是企业整体的事，需要对企业流程体系的系统设计，整体资源的协调配合。所以，如果我们进行精细化管理，首要的工作就是要考虑整体流程的各个衔接点、流程的配合，并实现各种资源的最优配置等细节问题。

4. 理念优先于制度，制度重于技术

理念优先于制度，制度重于技术，这是建立组织系统必须遵守的原理。理念相当于给一个组织系统安上了风向标。如果方向错了，那么组织系统的输出导向就是错误的，就会造成资源的巨大浪费。相反，如果一个企业有了正确的理念，但没有一套相应的制度去保障这种理念的实现，就会使理念与系统脱节，最终损害这一系统。

制度是技术发挥其作用的保证，没有正确的运营制度，技术有时会成为工作效率和经营效益的障碍。而且一个良好的制度，能够鼓励人们进行科学与技术的创新；相反，一个不良的制度会阻碍人们创新的积极性。所以，一个组织系统内部有着怎样的作为，制度有着特殊的重要性。

5. 僵化、优化、固化——保持系统的相对稳定性

就中国目前的发展状况看，经济已经完全进入了买方市场，企业的竞争已经由单个产品层面扩大到整个系统规模及综合实力的层面。在20世纪90年代，一个企业可以靠某个或者几个产品，运用广告等媒体宣传效应，实现公司利润的急剧增长和规模的迅速扩大，这是当时中央电视台“标王”广告诞生的背景。但是，随着经济的发展，单靠某一点或某一方面的优势来带动企业发展的模式已经让位于通过完善系统和扩大规模来赢得市场竞争了。所以，那些没有认识到这一点的企业，根本没有力量应付来自市场的冲击，三株、爱多、飞龙、秦池等一批曾一时强势企业的落败，成了这种时代转换的标志。这时候，“木桶定理”发挥了作用：一个木桶装水的多少，不取决于最长的那块木板，而取决于最短的那块木板。比如一个300～500人的制造企业，年销售额在1亿～2亿元，那么这样的企业有多少块木板呢？产品结构及产品质量、技术含量或工艺标准以及技术创新、企业形象及品牌建设、广告和公共关系、价格政策和盈利模式、渠道建设及终端促销、客户关系及客户服务、供应链及物流管理、资金筹集及资金调度、会计和财务、组织结构及员工素质、员工福利和培训、环保和安全生产、决策层的眼光和洞察力、危机处理等至少都应该是木桶上的一块块木板，任何一块短板都会阻碍企业的发展，甚至导致“短路”。

我们不妨通过麦肯锡在中国的几桩失败案例，来说明一下轻易改变系统对企业的危害。

案例4-8

1926年成立于美国的麦肯锡公司，是国际领先的管理咨询公司，业务网络遍及全球，在43个国家拥有82家分公司，近9 000名员工，全球500强公司中的一半以上是它的客户。麦肯锡为全球最大的200家公司中的147家提供咨询服务，这些公司包括120家金融服务企业中的80家、11家最大的化学制品公司中的9家、22家最大的医疗保健品企业中的15家，与400多家客户拥有长达15年之久的合作。这家被美国《财富》杂志誉为“世界上最著名、最严守秘密、最有名望、最富有成效、最值得信赖和最令人

仰慕的"企业咨询公司，却在与王府井百货、乐百氏、实达电脑以及康佳集团等知名企业的合作中连遭败绩。

麦肯锡一系列案例的失败，一时间有了"洋咨询不服水土"的议论。这里就有了一个问题：一方面是国际性的大公司都有一个本土化的问题；另一方面是本土企业走向国际，与国际接轨的问题。同时，也引出了一个问题：在系统不能实现目标时如何改进系统。每一个系统都会通过一些细节性的错误来反映系统内的问题，如果这些问题是在系统范围内的，那么这些细节错误是可以容忍的，只要加以改进即可，万不可贸然更换系统。只有细节错误的数量超过了系统可容纳的错误范围的时候，才应该考虑更换系统。同时，更换系统还有一个系统控制问题，即操作者是否有能力来操控系统。上述那几家企业整改没有成功，都是与贸然更换系统有关。

在这方面，华为总裁任正非提出过一个有名的理论：在引进新管理体系的时候，要先僵化，后优化，再固化。任正非在公司干部会上曾说："5 年之内不允许你们幼稚创新，顾问们说什么，用什么样的方法，即便认为他不合理也不许你们动。5 年之后，把人家的系统用好了，我可以授权你们进行局部的改动。至于进行结构性改动，那是 10 年之后的事情。"即一个系统建立起来后，首先要僵化，对维持系统有效运行的规则要不折不扣地执行。中国人很聪明，但这种聪明大多被用来怎么绕过、修改或者破坏规则，或者自己制定规则，把规则当作一种工具，用来约束别人，而把自己当作一个享有豁免权的人独立于规则之外，不受规则的约束。每个人都想这样做，所以，就等于没有规则。

在管理方面，中国企业面临的一个最大的问题是人情。中华民族是一个情感特别充沛的民族，世界上无出其右的中国古代诗、词、歌、赋就是其证明。但当这种情感过度运用到管理当中的时候，就变成了一种情感泛滥。在管理中，人情味太浓，人们在处理问题的时候，是以情、理、法的顺序来考置，而不是以法、理、情的顺序来对待。而所谓讲人情，就是要让规则退后，使其让位于人情。

久而久之，一些管理规则就形同虚设，结果是一个个细微的错误逐渐累积，其破坏作用也逐渐累积，最终导致灾难性事故的发生，甚至组织系统的毁灭。

所以，在企业管理的初期阶段，僵化是必不可少的过程。只有经过这一过程，使员工有了规则意识之后，才能使系统保持着一种稳定的运行状态。之后，才可以在组织内部就存在的问题进行某一个系统的改进。这就是所谓的优化。

在不断优化系统的过程中，我们就会发现，经过不断改进，在现有的系统内某一个程序或某一个环节就达到了最佳状态，即实现了我们所说的效率的最大化。这一经过多次反复的实践证明了的东西，我们就可以以一定的方式将其固定下来，这就是我们所说的固化。如果系统没有调整，那么这些固化的东西就可以千百次不断地重复使用。

三、 数据化——精细见于数据

1. 标准数据化

产品标准、工艺保证标准是管理中硬性的要求，是我们管理中必须适应和保证的标准，不作为本节研究的重点，此处我们只说明作业质量标准的应用与意义。

作业是指企业经营的所有操作过程，作业质量是指作业效率、合格率、效果的评定，作业质量标准就是对作业过程需要达到程度的要求。

(1) 使任务目标明确化的手段——数字化目标管理。一个刚刚上任的医药企业总裁在检查企业的目标时，发现该企业的目标依然是传统的表述方式，用一些模糊的概念来表述目标，比如“与客户保持密切的联系”“定期检查绩效”等。这个总裁认为，这样的表述很难与实际工作计划和激励考核连接起来，是与管理、控制的目标脱节的，因为只有量化的目标、分解的目标才能给我们的团队提供明确的指针，企业内的组织与个人才会知道他们应该做什么，不应该做什么，做到怎样才是合格，做到怎样才是优秀。于是这位老总号召企业的每位员工找出 10 个以内的关键点进行改变，并且为自己将要改变的工作设定具体的、量化的目标。比如说“在合同批准后 2 周内提交项目预算”“交付项目的总支出不得超出预算的3%”等，这样每个员工都清楚自己工作要达成的目标，也清楚了要遵守的原则，企业的作业效率才能得到极大的提高。

目标管理（management by objectives, MBO）的概念，早在20世纪50年代，由著名的管理学家彼得·F.德鲁克在《管理实践》一书中提及。他提供了一种方法，将企业的整体目标转换成组织单元、组织成员的目标体系。

① 明确目标。目标要简明扼要，要具体化，要定量化。仅仅说“我们追求成本降低”“我们近期的工作是改进生产效率”“我们要狠抓质量不放松”等这样的话，只代表工作方向、阶段性工作的重点，但是这种任务要求怎样落实到具体工作中去，大多数领导没有细化、量化，所以我们提出的目标往往流于形式，不了了之。

MBO要求这样表述自己的目标：“在今年我们的成本要降低10%”“我们计划用两年的时间，把生产效率提高12%”“我们计划用3年的时间，把产品的合格率提高到99.999 967%”等。

② 参与决策。因为MBO将目标明确为可测量的标准，所以要分解到组织内部的各个执行部门及其组织内的各个工作成员，变成他们的具体任务要求及其作业指标。它要求全员参与决策，以便分析清楚组织内部的资源情况、能力条件，以及为完成总体目标，本部门、本部门的员工应该承担的目标是什么，及其是否有能力承担等。

③ 规定期限。企业活动不是春游，对于何时实现目标，必须有明确的说明，如“一个月内”“一年内”等。

④ 绩效反馈。MBO计划的督导过程就是绩效反馈，MBO要求把实现目标的进展、进度情况反馈给个人，便于他们调整行动，与MBO协调共进。MBO绩效反馈一般利用正式的评估会的方式，利用上下级的交流方式共同回顾和检查进展情况。

（2）提高作业质量与效率的工具——TQM的基准化办法。全面质量管理（total quality management, TQM）是一种由顾客的需要和期望驱动的管理哲学。TQM是以质量为中心，建立在全员参与基础上的一种管理方法，其目的在于长期获得顾客满意、组织成员和社会的利益。

我们处在一个竞争的社会，别人的进步就意味着我们的落后。“物竞天择，适者生存”这是市场经济的不二法则。一个企业要时刻注意同行业的进步情况，要知道别人的质量标准、进展情况、生产效率提高情况、成本控制情况，然后把它们作为本企业的最低执行标准，以便赶超其他企业，处于领先地位。这个最低标准就是基准化。

案例 4-9

施乐公司早在 1979 年就率先在美国企业界推行基准化，被公认为美国第一家推行基准化的公司。当时施乐公司为了弄清楚日本制造商为什么能够以低于施乐公司的成本价格在美国市场上销售中型复印机，于是派出一个小组赴日本企业考察，仔细研究日本竞争对手的成本控制和生产过程。他们的大多数信息是从施乐公司与富士公司的一个合资企业中得到的。考察小组发现，日本竞争对手在效率方面遥遥领先于施乐公司。施乐公司于是着手将各种效率指标基准化，这便标志着施乐公司开始恢复它在复印机领域中的地位。如今，除了施乐公司，像 AT&T 公司、杜邦公司、福特汽车公司、伊斯曼柯达公司以及摩托罗拉公司等许多公司，都用基准化作为寻求质量改进的标准工具。

福特汽车公司在 20 世纪 80 年代初期开发金牛座(Taurus)轿车时，就运用了基准化方法，取得了极大成功。公司列出了 400 多个顾客认为最重要的性能指标，然后按照达到或超过竞争对手相应指标的最佳水平的要求，确定这些性能指标的基准水平。最后按基准化要求设计和制造出性能优越的金牛座轿车。当金牛座轿车在 1992 年进行现代化换型时，福特汽车公司又将所有的性能指标再次基准化。例如，金牛座轿车的门把手是对照雪佛兰汽车公司(Chevrolet)的 Lumina 牌轿车基准化的，简易更换式尾灯灯泡是对照日产汽车公司(Nissan)的 Maxima 牌轿车基准化的，而翻转式方向盘是对照本田汽车公司(Honda)的 Accord 轿车基准化的。

基准化过程有四个步骤。

① 成立基准化计划小组，小组的任务是确定什么应当基准化，竞争对手是谁，怎样收集数据。

② 收集内部的作业数据和竞争者的数据。

③ 分析数据，找出绩效的差距并确定是什么原因造成了这些差距。

④ 制订和实施改进计划，最终达到或超过竞争者的标准。

(3) 提高作业合格率的控制方法——六西格玛管理体系。20 世纪 90 年代以后，全球的市场竞争日益激烈，这在客观上要求企业必须提高产品质量和管理效率。在这样的背景下，摩托罗拉公司在 1993 年率先提出了六西格玛(6σ)管理模式，并在企业中推行。自从采取六西格玛管理模式后，公司平均每年提高生产率 12.3%，因质量缺陷造成的损失减少了 84%，摩托罗拉公司因此取得了巨大的成功，成为世界著名跨国公司，并于 1998 年获得美国鲍德里奇国家质量管理奖。1995 年，美国通用电气公司(GE)也引入了六西格玛管理模式，由此所产生的效益每年呈加速度递增：每年节省的成本为 1997 年 3 亿美元、1998 年 7.5 亿美元、1999 年 15 亿美元；利润率从 1995 年的 13.6%提升到 1998 年的 16.7%。六西格玛管理模式从此声名大振。杰克·韦尔奇因此说："六西格玛是 GE 公司历史上最重要、最有价值、最赢利的事业。我们的目标是成为一个六西格玛公司，这将意味着公司的产品、服务、交易零缺陷。"

有很多介绍六西格玛的书，但多数让人看不明白。其实它可以用三句话说清楚：六西格玛是统计学名词；六西格玛指百万分之三点四的机率；六西格玛管理理论旨在提高管理效益，以使工作更为精确。

六西格玛管理体系的目的就是不断提高产品的合格率，使次品率降到百万分之几的等级上，大多数公司仅仅操作在 3～4 个西格玛的层次上。每增加一个西格玛层次，缺陷率减少一个几何级数，产品若达到这种质量，其质量成本占所损失的收入的 10%～15%。摩托罗拉公司十多年前是六西格玛的发源地，现已达 5.6 个西格玛水平，其节省下来的费用已达 110 亿美元，其全球的生产力翻了 3 倍。大多数商业航空公司的安全程序都达到了 6 个西格玛水平。据估计，GE 在开始实施六西格玛时期只有 3 个西格玛水平，22 个月以后，达到了 3.5 个西格玛。

六西格玛的步骤实施为:①定义:陈述问题,确定改进目标,规划项目资源,制订进度计划;②测量:量化客户CTQ,收集数据,了解现有质量水平;③分析:分析数据,找到影响质量的少数几个关键因素;④改进:针对关键因素确立最佳改进方案;⑤控制:采取措施以维持改进的结果。

六西格玛使用的分析工具,多数为数理化分析工具,有过程图、控制图、鱼骨图、历史资料统计图、流程控制图、x图、p图、平均图、平均值图、分布图、柱状图、专家排名表、专家评估表、突破瓶颈流程图、团队宪章、甘特图、缺失模式分析图、利弊分析图、标准差分析图。

2. 规划数据化

亨利·劳伦斯·甘特是科学管理创始人泰勒多年的同事,1893—1901年,他们共同为贝瑟利恩钢铁公司进行咨询工作时,发明了生产计划调度图,管理学称这些图表为甘特图。甘特图使作业计划、控制过程实现了简单化、明确化、精细化,极大地提高了作业过程的管理,至今为止,西方企业依然采用甘特图控制其生产调度过程与项目作业过程。

1929年,美国机械工程师学会同美国管理学会(后改为美国管理协会)决定设立“甘特金质奖章”,授予在工业管理方面对社会做出优异成绩的人,并授予已故的甘特第一枚金质奖章。

甘特图,即作业计划进度控制图,它对作业控制提出了几点要求:①调度必须以作业计划为依据;②作业调度必须高度集中和统一;③作业调度以预防工作为主;④作业调度工作要从实际出发;⑤必须健全作业调度工作;⑥必须健全作业核算。

3. 数据化记录与分析

数据化记录是企业的成长日记,也是企业运行中的黑匣子。企业不仅仅可以在其中找到行进的足迹,更可能在其中找到自身管理的问题,以便分析总结,修正自己的目标、计划,达到基业长青。

数据化记录要坚持以下三项原则。

(1) 原始数据原则。

真实与完整地保存企业经营过程中的数据,以便让管理者在分析历史数据的过程中，找到经营管理中的问题，提出改善措施。

我们知道，解决问题需要四个基础：确立观念；收集信息；逻辑分析；使用专业工具。大多数管理者逻辑分析能力、专业工具的使用能力并不欠缺，非但如此，有些人此方面还相当优秀，但是为什么很多优秀的管理者没有搞好企业而纷纷落马呢？或者不如土生土长、知识结构贫乏的老板呢？关键的问题是因为观念与企业实际脱轨，或者行业信息、企业信息、需求信息掌握得不够全面。很多优秀的管理专家拿不出解决实际问题的方案，开不出对症的药方，不是因为专业知识不够，而是因为对企业缺乏全景式的了解。

例如，逻辑分析与专业工具（管理知识的专业工具）相当于一个加工设备，可以说成一个面包机，观念是一种面粉识别器，信息代表各种粮食。面包机有老旧的、精良的、全自动的，它们有效率的差别和加工质量的差别，但是都可以生产面包。面包机只有用面粉才可以加工成面包，如果没有粮食，或者有粮食，但是只有大米或者玉米，没有面粉，再好的面包机也不能加工出面包。经营者需要优良的面包机，也要给面包机提供丰富的面粉。从这个角度讲，企业的历史数据对于管理者相当重要。

中国的民营企业家热衷于聘请高素质人才，但是由于社会潜规则的存在，大多数民营企业不喜欢留存历史记录，也不希望职业经理人了解企业真实的财务数据、销售数据、生产数据。这样，职业经理人只能雾里看花地提出些方案，而不是踏踏实实地分析问题，解决问题。因此，职业经理人的作用并没有得到充分的发挥。

从这一点上讲，企业的原始数据就像医院的病历本一样，对企业的诊断非常重要。

（2）归纳分析原则。

一堆无序的数据相当于信息垃圾，但如果整理成有序的数据就可以说明问题、反映问题。坚持数据归纳分析原则，一般有以下几种方法。

① 考核期数字合并。在一定时间周期内，我们要检查业绩，需要累加各个期间内的工作成果，这就是考核期合并。比如 2005 年春季江西省某产品的销售额是多少。

② 同类项数字合并。设定要考察对象的标准，以此标准细分对象，统计各个对象的合计量。例如各种产品的销量、各个片区的销量、各个业务员的业绩等。

③ 时间轴曲线。以时间运动为横坐标，以统计对象为纵坐标，画出统计对象的运动规律，以便预测趋势。

④ 二维坐标比较。以分类对象为横坐标，以分类对象统计数字为纵坐标，做出类项之间的比较图。如各种产品的销量对比图。

(3) 链接分析原则。

孤立地看待某一项数据，会得到盲人摸象的结论，也会得出杞人忧天的判断；全方位地观察数据，虽然可以对事物有一个整体的认识，但是可能陷于只知其表不知其里的困境；全方位地解剖分析数据才能够知其然亦知其所以然，才能够驾驭事物的发展。这就需要把相关数据放到一起来分析，即链接数据分析。链接分析原则有三步：建立链接分析表，分析链接项的符合关系，找出问题。

四、精细管理信息化

20 世纪 90 年代中期，联想集团生产电脑时采用的是大计划、大采购、大推销的企业推动模式，年库存周转率只有 1.7 次，非材料成本的费用高达 20%以上，积压损失高达 5%。

1998 年财务结算时发现全年少计入 2 700 万元的辅料成本，主要原因是这部分辅料成本计入到了在线存货，而没有计入到当期的各个生产成品上去，不断积累的辅料库存，在年终时才被发现。

为了提高管理效率，联想加强信息化管理，加大信息化建设方面的投入，花 1.5 亿元上了 ERP(企业资源管理)系统，花 1 亿元上了 SCM(现代物流与供应链管理)系统……同时，通过深入贯彻在个性化服务的基础上实现全程精细化管理的策略，提高管理效率，库存周转周期、应收及应付账周转周期等经营数据明显缩短。

联想集团与IBM合作前，全球有44个独立核算单位，每个月有2万个订单、20多亿元的营业额、4 000多笔采购、4 000多笔费用，70多人加班加点做核算，30天才能出来一份并不十分准确的财务报表。而今179个利润中心、32个职能部门、1 400多个成本中心的统计合并报表，在月末结算后的第5天就可以出来。

联想集团2000年库存周转周期为20天，而1995年库存周转周期为72天，以2000年库存资金平均余额9.63亿元计算，相当于资金成本降低1.26亿元。按照2000年收入200亿元计算，产品积压损失由1995年的2%降低到0.19%，估算节省成本3.62亿元；应收款周转天数由1995年的28天降低为2000年的14天，相当于成本降低4 700万元；应收款坏账占总收入的比例由1995年的0.3%降低到2000年的0.05%，相当于成本降低5 000万元。

由此可见，信息化在企业管理中的重要作用，实施精细化管理更是离不开信息化。

信息化来源于计算机技术与现代通信技术，它在企业管理中的应用解决了决策与调度的高效化、沟通与控制的实时化、存储与检索的条理化等问题。

计算机不但在信息记录与处理能力方面优越于人类，而且有一个刻板执行的特点，人类因为观念、情感、疲劳、沟通衰减会大大降低信息传播的准确度，也会使执行的准确度、力度降低。心理学上有一个试验，一句话由第一个人传播到第10个人，原义或概念就会走样，准确率低于50%，原因是人类的表达与解读会错位，两个人概念系统、表述系统有差距，一个人理解的概念与表述的词语是一样，另一个人又是另一样，所以造成传播失误。计算机就不存在此类问题，一个命令从一台计算机传播到另一台计算机，依次传送到第100台、1 000台计算机上，命令都不会走样，命令还是那个命令，所有接到命令的计算机都会执行同一动作，比任何军人都准确。

现代通信技术包含网络技术与卫星通信技术，它实现了多点沟通与即时沟通。多点沟通是指我们可以同时调用任何地点的信息；即时沟通是指不管何时何地何人都可以与任何一个地点上的人沟通。公路、铁路交通的监控系统就是多点沟通的方式；互联网是多点与即时沟通的方式。

1. 决策与调度的高效化

决策者往往会碰到这样的决策困境:“要么干,要么不干,否则机会就过去了。”什么原因呢? 大多数是信息掌握不全和信息归纳分析太慢造成的,决策者没有看透事物的本质,所以举棋不定。我们知道,一个正确的决策来源于决策者的观念、逻辑分析能力、信息掌握数量、专业分析工具这四个方面的素质。决策者从观念上来讲一般都是先进的、客观的,从逻辑分析能力上来讲思辨能力都很强。决策者有时患得患失、盲目冒进,一是因为信息掌握不全,产生了盲人摸象的心理;二是信息掌握较全面,但是没有快速加工成有用的决策依据,面对海量信息如坠云里雾里,因此,决策者此时会产生一种哈姆雷特式的呻吟:“干还是不干,这是一个问题。”

那么,怎样把信息加工成有用的决策依据呢?

从哲学的角度讲,事物的运动规律都可以用数学模型来表示,只是因为人类认知不足,所以有些领域可以用数学模型来建立因果关系,有些领域还没有建立起客观、准确的数学模型。但是,即使有数学模型的经济规律,在处理大量信息时,人工计算量是很大的,有时得不到即时的结果,往往会错过机会。比如,天气预报的数学模型很早以前就建立起来了,但是在计算机应用之前,这些数学模型应用得很少。为什么? 因为当数学家们计算出结果后,时间可能已经过三四天了,对于第二天的预报已经没有意义了,但是计算机的应用解决了这个问题。中央电视台的《天气预报》栏目中云层的运动图就是计算机模拟运算的结果。所以计算机可以从庞杂无序的信息中,迅速提炼出决策依据的数据,提高决策效率,让决策者抓住身边的每一个机会。而且决策者不必学习或懂得数学模型的原理,一个现成的软件就可搞定所有的计算,只要输入数据,计算机就会给出结果。

(1) 用信息化进行决策。经理信息系统(EIS)改变决策效率。高管人员原来80%的时间用于收集信息,20%的时间用于决策。使用EIS后,两项工作调转过来,20%的时间用于收集信息,80%的时间用于决策,决策的正确性大大地提高了。

在实施EIS之前,布鲁克斯公司的高层管理人员几乎完全依靠个人计算机打出的报告。这种多重报告来源导致了数据的不一致。为了消除这种不一致，总经理希望有一个单一的、集中的、广泛的数据库，从这个数据库中，经理们可以得到他们想要的各种数据。EIS 可以做到这一点。比如负责销售的高级副总裁可以查看库存数据，商品总经理可以查看产品数据。

最后安装完毕的系统包括 220 个不同变量类型的数据库，比如可以随时得到：销售量、标的价格、库存转移、退货、不同级别的收据和成本等信息。这些数据中的销售量也可按式样和颜色进行划分。将扫描器连接在计算机化的登记器上，利用商品条码，经理们可以迅速获得信息。这种信息以彩色和图形方式输出，很容易使用而且便于理解。比如，总经理使用 EIS 来完成他每周的"最畅销商品报告""最滞销商品报告"和"颜色分析报告"。他可以将这些报告做成他希望的形式，能够迅速区分出哪些是要再订货的，哪些是要降价销售的。

（2）用信息化进行调度控制。沃尔玛的快速扩展，得益于全球联网的库存统计系统与销售系统的应用。沃尔玛可以即刻了解全球每一个店面中每一种产品的销售情况，及时调度货物到指定地点，提高了货物配送效率。

案例 4-10

20 世纪 80 年代初期，沃尔玛公司跟随凯马特商业中心（Kmart）进入折扣商业市场。由于巨大的购买能力，凯马特商业中心能够谈成很低的批发价格。但最终沃尔玛公司靠投资信息技术而成为世界上最大的零售商，它的计算机化的销售系统现在仍是零售业中的标准。1987—1991 年，沃尔玛公司投资 6 亿美元用于库存管理设备和其他计算机技术。一个卫星通信系统使它能够跟踪库存变化和处理会计及付款问题，它也可以向各供货商下达电子采购单。它的 1 500 家零售商店能够进入沃尔玛公司的销售终端来检查其商品的销售情况，并且在商品售罄之前重新供货。另外 3 800 家商店能够直接从沃尔玛公司获得每天的各种销售数据。这个系统是沃尔玛公司在行业中保持低成本运作的重要因素。

日本有一个公司,利用全球卫星定位系统及其计算机处理系统进行物流管理,有一个环节是这样做的:运送生产配件的卡车来到工厂控制位置时,会向调度控制中心发送自己运送的配件种类与数量。调度控制中心会根据计划与生产需求,规划出运送配件的卡车路线图,发送给汽车司机。司机根据路线图将配件送到各个生产车间中,这样就可以实现零库存,提高资金周转率。

美国航空公司在 1960 年开发了一个称为萨伯里(Sabre)的订票系统。当时的技术水平使它在旅行社中建立了早期的立足点。今天,14 000 家旅行社通过萨伯里系统保持着在美国航空公司的 281 条航线预订大约 4 500 万种机票的纪录。这个系统不仅为公司带来将近 5 亿美元的年收入,还使美国航空公司拥有在旅行社显示航班信息的控制权。许多年来,这个系统显示的美国航空公司的航班信息,比其他竞争对手的要多得多。

2. 沟通与监控的实时化

(1) 对过程状态的实时掌控。沟通与监控的实时化中所说的控制不是监视员工行为的意思,而是过程控制,状态调查。控制的实时化就是对过程状态的实时掌控,以便于及时了解异常情况。实时进行处理,避免酿成错误。即时沟通可以提高事务处理的效率。

(2) 控制实时化案例。身在日本的索尼公司的总经理对加拿大的索尼 Watchman 微型电视的库存量非常关心,公司在温哥华和多伦多的仓库中的存货是否能满足零售商未来 3 个月的需求? 15 年前,这种类型的问题可能需要两天和六七个电话才能解决。现在,总经理在键盘上敲几下,立刻就可以看到在加拿大的两个仓库中的库存记录。

(3) 沟通实时化案例。在达拉斯的一位埃克森公司的总经理想指挥公司一艘远在波斯湾某地的油轮。15 年前只能通过电话来完成,但今天则可以通过网络计算机来完成,用不着离开他的办公桌。这位在达拉斯的总经理可以直接与那艘船的船长通信并立刻得到答复,他甚至还可以做一个通讯记录的备份以备将来出问题时使用。

3. 存储与检索的条理化

企业有各种文件，包括规定、标准、流程、作业指导书、计划、统计报告、绩效考核表等，文件繁杂，有时甚至相互冲突。这种情况让使用者有时感觉凌乱，有时感觉迷茫。第一，我们寻找数据与条款支持是有针对性的，面对分散在各种文件中的数据与规定，靠手工检索，一时很难全面、准确地找到。第二，若有相互冲突的数据或者规定，又让我们不知所以，陷入两难境地。第一种情况，企业在岗前培训中常常见到；第二种情况，我们在总结会上常常见到。这二者都会影响企业的运转效率与决策准确性。面对这种问题，利用信息化与计算机技术就可以很好地解决。

解决步骤：①建立分类标准，把规定、标准、流程、作业指导书、计划、统计报告、绩效考核表内部规定与数据按岗位需求与作业需求分成不同的检索单元；②在每一个条款或者是数据块后面注明适用对象、作业类别，类似于索引目录；③建立计算机数据库及其检索项；④建立检索链接。

第六节　精细化管理的实施措施

一、员工精细化管理

1. 用正确的人做正确的事

加利福尼亚大学的学者曾做过这样一个实验：把六只猴子分别关在三间空房子里，每间两只，房子里分别放置一定数量的食物，但放的位置和高度不一样。第一间房子里的食物放在地上；第二间房子里的食物分别从易到难悬挂在不同的高度上；第三间房子里的食物悬挂在屋顶。数日后，他们发现第一间房子里的猴子一死一伤，第三间房子里的两只猴子都死了，只有第二间房子里的两只猴子活得好好的。原来，第一间房子里的猴子一进房子就看到了地上的食物，为了争夺唾手可得的食物大动干戈，结果一死一伤。第三间房子的猴子虽做了努力，但因食物太高，够不着，活活饿死了。只有第二间房子的两只猴子先按各自的本事取食，最后随着悬挂食物高度的增加，一只猴子托起另一只猴子跳起取食。这样，每天依旧取得足够的食物。

这个故事在一定程度上反映出了人才与岗位的关系。在企业中，如何实现人力资源的最佳组合，一直是管理者十分关注的问题。岗位难度过低，人人能干，体现不出能力与水平，反倒促进内耗甚至残杀，如同第一间房子里的两只猴子。而岗位的难度太大，虽努力却不能及，最后人才也被埋没抹杀，就像第三间房子里的两只猴子。只有岗位难易适当，并循序渐进，犹如第二间房子里的食物，才能真正体现出人的能力与水平，发挥人的能动性和智慧。

人才具有不同的层次，要用不同层次的人去做不同层次的事。人才大致有以下六种不同的层次。

(1) 单一技术人才。即只掌握一种技术的人才，这种人很容易被取代。

(2) 浅度通才。就是什么都了解一点，但是什么都不精通。

(3) 多功能型人才。这种人才掌握了两种以上的技术，可以一个人同时做几种工作。

(4) 深度通才。比起多功能型人才，深度通才具有丰富的经验、良好的沟通协调能力。但是当企业做大的时候，他们就无法凭借人格魅力来影响那些无法兼顾到的地方。他们最大的弱势是无法使企业变得系统化。

(5) 结构性管理人才。这种人才能够建设和领导一个团队，能够使部门运作程序化、标准化、合理化，能够有效地激励与培训下属。企业应培养出一批标准化、程序化运作的管理者，才能使企业的运作变得更加顺畅。

(6) 整合型经营者。一个整合型的经营者能够带领企业朝着正确的方向发展，他们应当具备描绘企业愿景与建立共识的能力、制定战略与组织的能力、汇集与分配资源的能力、创建企业文化的能力、协调和组织的能力。

我国企业传统的人才结构从最上层的领导者到核心部门的主管都是深度通才型。这就是没有用正确的人做事，这样的组织体系存在着一定的缺陷。事实上，一个组织的核心，领导者必须是整合型经营者，供、产、销、人、财、物每个部门的领导者必须是结构型的管理者。企业必须把传统的人才结构改造成以“整合型”为核心，以“结构型”为架构，在“结构型”的底下是“深度通才型”的金牌人才结构。只有采取这样的结构才能使员工从单一功能进化到多职能，再进化到深度通才型人才，只有这样，企业才能有获胜的坚实基础。

如何才能选对人、用对人？对此，管理学大师彼得·德鲁克有如下总结。

(1) 着眼于一定数目的候选人并扬长避短。

(2) 与几个曾和候选人一起工作过的人讨论每一位候选人。

(3) 确保被任命者了解职位。

(4) 仔细推敲任命，尤其要把握好任命的核心和性质。

(5) 不要冒险给新来的员工安排新的重要工作。

(6) 及时纠错。

2. “学力”比“学历”更重要

学历代表过去，只有学习力才能代表将来。而很多企业往往重“学历”轻“学力”，习惯性地、想当然地把机会留给学历高的人，而对学习能力强的人重视不够。

学习力是购买不到、复制不了、消除不掉的，竞争对手可以获得其他资源，如资本、人力、原材料乃至技术和知识，即使挖走你的人，但没有人能够购买、复制或消灭一个组织的学习力。企业核心竞争力的形成与发展源于学习力的提升，企业核心竞争力的成长过程就是学习力转化为竞争力的过程。学习力是组织的生命力之根、竞争力之本、创造力之源。

3. 要“管”更要“训”

某天，某企业的一位副总突然发现垃圾桶里有本公司生产的优良产品，他怀疑有人故意搞破坏，于是展开层层调查，结果大大出乎他的意料。本来优良产品和不良产品是用不同颜色的篮子盛装的：不良品用红色篮子，优良品用蓝色篮子。但是，这一天，一位负责包装产品的员工不小心用红色的篮子装了优良产品；接下来第二个人随手把一张报纸丢在红色篮子上面；接着，第三个人把垃圾倒在里面；最后，来打扫卫生的第四个人一看是垃圾，就把它倒在垃圾桶里。

很多员工甚至很多管理者认为自己犯一点错误不会造成什么大问题。但是，如果将 99%连乘 10 次，就达不到 90%了；如果一个公司有 100 个人同时犯 1%的错误，这个公司就无法正常运转。

实施精细化管理对员工的心态、技能和知识提出了更高的要求。其实，精细化管理的本质更多的是对员工的职业化要求，把对员工的工作要求更多地通过提高职业素质、职业技能固化到每个人的工作习惯之中。因此，要真正实现管理的精细化，必须培养出一大批合格的职业人，通过人才的职业化实现管理流程的职业化、精细化、标准化。

现代社会知识更新的速度加快，员工不仅要具有扎实的基础知识，还要不断地更新专业知识以保证在自己的专业领域中时时处于领先地位。员工所要掌握的能力也不仅仅是指技术性专业能力，它还包括人际技能，如沟通能力、协调能力、独立解决问题的能力等。所以，企业要想实施精细化管理，必须培养一批高素质的员工队伍，必须加大对员工培育的投资，使员工持续学习、终身学习。

由于员工培育的投入容易计算，而产出回报较难计算，并且有些培育较难确定是长期收益还是短期收益，因而许多人认为学习得不到或得到很少经济上的回报，从而不重视员工的培育。其实，教育的价值是一种长期的回报。精心设计、进行顺利的训练能使员工提高工作质量与效率，创造极为可观的回报。据国外有关资料统计表明，对员工进行培训的组织比没有培训的组织劳动生产率有明显的提高，对员工培训投资 1 美元可以创造 50 美元的收益，它们的投入产出比是 1∶50。

有的公司不对员工进行培训是因为该公司的管理者认为，一旦他们学到这种技能后，他们会投向竞争者的怀抱。事实并非如此，解决这个问题的真正方案不是限制员工的学习，而是要创造一种使员工能充满热情和责任感的环境。员工一般会强烈地希望公司能分享他们的智力资本，能全力地为公司贡献他们的聪明才智。事实上，大多数跳槽者，离职的重要原因之一是在这个组织中所期望的学习和成长的机会变得不可预测或没有。

目前，我国大多数企业对员工的管理还是劳动人事管理，重视对员工的管制，忽视对员工的培训。时至今日，许多企业对员工的教育培训依然没有提到议事日程上。这些企业或是对员工培训教育的急迫性、重要性认识不足，或是急功近利，只看眼前，不顾及长远。殊不知当今时代的经济发展是靠科学技术来拉动的，而科学技术归根结底是靠人力资本投资、人力资源的教育开发来拉动的。着眼于未来，开展多形式、多途径、多层次的员工教育培训，谋求预期计划期内投入产出的最佳值和最佳方式，是谋求企业发展潜力进行的投资，是企业发展的后劲所在，是企业持续发展的保证。

有的企业开展培训，但只对普通员工进行培训，却忽略了对企业高层人才的开发和培养。这些企业往往沿袭以往的习惯，把员工管理交给人事部门，而把干部的管理、提拔、培养又归为组织部门负责。这种“归口管理”导致了企业人力资源管理无法系统地开展，也与现代企业所面临的竞争环境极不协调。因此，企业必须迅速进行调整和改变，形成系统化的组织管理模式，不仅对员工进行有效管理培训，而且要注重对高级管理人才的选拔、培养和储备。

社会发展速度越来越快，员工工作中所需的技能和知识更新速度也在加快。因此，培训已成为企业提高员工工作效率、增强竞争力的必要手段。从员工的角度来看，自身的发展已经成为他们衡量自己工作生活质量的一个重要指标。所以，培训也是员工选择企业的一个优先的指标。国内的企业要走向精细化管理，本身需要做大量的培训工作，人力资源部门必须同高层管理团队的其他成员一起工作，以确定培训要求，并保证高质量。

4. 注重培养员工的精细意识

细节虽小，但它的力量是难以估量的。有细节，却无小节。

今后的竞争更是细节的竞争，企业只有注意细节，在每一个细节上做足功夫，建立“细节优势”，才能保证基业常青。因为一个公司在产品或服务上有某种细节上的改进，也许只给用户增加了 1%的方便，然而在市场占有的比例上，这 1%的细节会引出几倍的市场差异。因此，企业应首先从员工的心智模式入手，培养员工的精细意识。

在《挑战职场》的一期节目中，一位硕士毕业生应聘企业培训师，在为他设计的情景面试中，规定 15 分钟内用各种方法让幼儿园小朋友理解什么叫“时间管理”。他一进教室就蹲下身子，让小孩子能平视他，并且自我介绍说自己叫“小马叔叔”而不是“老师”。他的做法不仅赢得了小孩子的喜欢，也赢得了企业的认可。

习惯决定性格，性格决定命运。对大多数人来说，在细节上的表现更多的是种习惯，它全赖于我们的性格和平时的修养，因为性格往往会表现在许多不经意的细节上。注意细节，其实应该把功夫用在平时，不断完善我们的性格，养成良好的习惯，关键的时候才能水到渠成地“本色”流露，而不至于让人感觉到虚伪、做作。

你也许会说，做这样简单的事情也会积攒出成功吗？我们来看一下身边同龄人的故事。

【小故事】

大学时读经济管理专业的赵小姐来公司已经半年了，她的职位是财务助理，实际上更类似于一个打杂的。赵小姐每天面对的是形形色色的报表，而她只需要把这一摞报表复印、装订成册即可。在财务人员忙得不可开交时，她会去凑个手。面对这样凌乱而且不太可能有发展机会的工作，你是不是得过且过，然后寻找一个机会跳槽？我们来看一下赵小姐的做法。

在她复印并装订报表的时候，先仔细地过目各种报表的填写方法，逐步地用经济学分析公司的开销，并结合公司一些正在实施的项目，揣度公司的经济管理。工作第八个月的时候，赵小姐书面汇报了公司内部一些不合理的经济策略，并提出相应的整改意见。现在的她，已经是公司的高层决策人。

勿以善小而不为，培养员工的精细意识要从工作中的点点滴滴做起。对细节的重视体现了一个人的能动力和在简单琐碎的工作中本身具有的内涵。一个人要能够在很基础很凌乱的事情中保持冷静的分析、思考，这样才会把自己所做的工作升华为成功。否则，就算你再持续，日复一日只是单纯的重复，甚至越来越疲惫，问题越来越多。

细节是一种耐力，这一点在海尔的 OEC 管理中体现得十分明显。很多企业正是从这些不起眼的小事做起，而且十几年如一日，才规范了内部管理，使企业的整体竞争力得到加强。

在 OEC 管理中，海尔坚持以下三个原则。

（1）不断优化的原则。这种原则就是对明天的目标提出更高的要求或改进措施。海尔认为，企业的发展是管理层理念改变程度的直接体现。针对管理层，海尔采取 80/20 原则。他们认为，管理人员是少数，但是关键的；基层员工虽然众多，但是处于从属地位。从管理角度来说，关键的少数制约着次要的多数。因此，每当发现问题，相关的管理者要承担 80%的责任，员工承担 20%的责任。

（2）比较分析原则。这种原则就是对所做的事情进行比较，分析现状与目标计划的偏差（偏差概念取自日本松下公司的管理法）。

（3）闭环原则。这种原则就是事事都要善始善终，都必须遵循 PDCA 循环原则，而且要螺旋上升。PDCA 是指计划（plan）、实施（do）、检查（check）和处理（action）。

海尔这种基于细节运作的管理模式取得了巨大的成功，也引起了国内外人士的广泛关注，很多企业纷纷效仿海尔的管理模式。但实际上，并不是每一个企业都能把这一套模式拿来用，很多企业反映“海尔的管理模式在我们企业根本就落实不下去，员工受不了如此严格的管理”。

一个企业要做到重视细节管理，将细节管理真正执行下去并不难，难就难在一如既往地坚持。很多企业的领导在到一个管理优秀的公司“取回经”后，总要大张旗鼓地搞一阵子“向××学习，开展××活动”。但要么是“雷声大雨点小”，要么是一两天的新鲜，根本没有取得什么实质性的效果。细节运作也是这样，很多企业在发现问题，或者受到一些启发后，准备开始重点抓细节管理，但是没过几天就不了了之，一些预期的效果也没有实现。之所以有这样的问题出现，说到底就是没有一定的耐力。

俗话说：“做事先做人。”一个企业是否对细节的执行有耐力关键看两点：其一，管理者是否有持之以恒的精神；其二，企业是否有持之以恒的作风。

海尔十几年如一日地把细节管理执行到位，能做到这一点的企业少之又少。这一方面是因为管理大师张瑞敏管理有方，有持之以恒的精神；另一方面是因为长期以来，海尔在张瑞敏的领导下已经形成了持之以恒的作风，员工主动参与到细节管理中，无论是生产环节、服务环节，还是营销环节，都主动从小事做起，这些成就了海尔的成功。

5. 信任、尊重员工，帮助他们成功

在某家知名的科技公司，有一位名叫李明的项目经理。他以其独特的领导风格和对员工的高度信任与尊重而闻名。

李明深知团队的成功离不开每一个成员的贡献，因此他始终坚信并实践着“以人为本”的管理理念。他尊重每一位员工的个性和专长，鼓励他们充分发挥自己的潜力，并给予充分的信任和支持。

有一次，公司接手了一个复杂且紧迫的项目，需要在短时间内完成大量的研发工作。面对这个挑战，李明没有选择加班加点或强压员工，而是召集团队成员进行了一次深入的讨论。他鼓励大家提出自己的想法和建议，并认真倾听每一位员工的意见。

在讨论中，有一位年轻工程师小王提出了一个创新性的解决方案，但这个方案风险较大，且需要投入大量的时间和精力进行验证。面对这个方案，李明没有立即否定或提出质疑，而是给予了小王充分的信任和支持。他鼓励小王深入研究并验证这个方案，并为他提供了必要的资源和支持。

经过几周的艰苦努力，小王成功验证了方案的可行性，并帮助团队顺利完成了项目。这个项目的成功不仅为公司带来了可观的收益，更让团队成员们感受到了尊重和信任的力量。

李明的领导风格和对员工的信任与尊重，在公司内部产生了深远的影响。员工们纷纷表示，在李明的带领下，他们不仅获得了工作上的成功，更收获了成长和自信。他们愿意为公司付出更多的努力，也愿意与李明一起面对未来的挑战。

这个故事案例告诉我们，信任和尊重员工是建立高效团队的关键。通过给予员工充分的信任和支持，激发他们的潜力和创造力，我们不仅能够实现团队的共同目标，更能够培养出一支忠诚、积极、富有创新精神的团队。

6. 使员工从满意变为忠诚

天黑了，张姓牧羊人和李姓牧羊人在把羊群往家赶的时候，惊喜地发现每家的羊群头数都多了十几只，原来一群野山羊跟着家羊跑回来了。张姓牧羊人想：到嘴的肥肉不能丢了呀。于是扎紧了篱笆，牢牢地把野山羊围了起来。李姓牧羊人则想：待这些野山羊好点，或许能引来更多的野山羊。于是给这群野山羊提供了更多更好的草料。

第二天，张姓牧羊人怕野山羊跑了，只把家羊赶进了茫茫大草原。李姓牧羊人则把家羊和野山羊一起赶进了茫茫大草原。到了夜晚，李姓牧羊人的家羊又带回了十几只野山羊，而张姓牧羊人的家羊连一只野山羊也没带回来。张姓牧羊人非常愤怒，大骂家羊无能。一只老家羊怯怯地说："这也不能全怪我们，那帮野山羊都知道一到我们家就被圈起来，失去了自由，谁还敢到我们家来呀！"

这个故事告诉我们，很多企业在留住人才的时候，采取了与张姓牧羊人同样的方法——通过硬性措施囚禁人才。其结果是留住了人，却没能留住心，到头来依旧是竹篮打水一场空。其实，留住人才的关键是要创造出使员工更加忠诚于企业的内部环境，提高员工的满意度，建立员工的忠诚感。

我们常说"没有满意的员工就没有满意的客户"，员工是企业利润的创造者，员工对企业的忠诚度是关系到企业能否顺利发展的大事，也是企业管理好坏的重要指标。如果员工对企业满意度高，他们就会努力工作，为企业创造更多价值；如果员工对企业不满意，就会失去积极工作的意愿，这是企业所不愿看到的。所以，一个追求成功的企业应当重视提高员工的满意度。

现在，我们的企业员工流动率很高，如何认识员工的忠诚感，如何使员工更加忠诚于企业，是不少企业领导者希望解决而又不得要领的一个问题。

目前，企业员工忠诚度的降低主要表现在：①跳槽频繁，流动加剧；②缺乏主动，责任心差；③多种兼职，副业为主；④出卖情报，收受回扣。

企业员工忠诚度滑坡的原因是多方面的，有些企业经营状况不佳，员工看不到美好的前景；有些企业老总急功近利，使员工得不到应有的报酬；有的企业盲目套用国外的企业管理办法，使员工感觉不到应有的尊重，心理上产生极大的反感；有的企业内部管理体系不够严密，给员工造成了一些容易犯错甚至于犯罪的机会。诸如此类，无一不是导致员工不忠的消极因素。企业领导者对此应当有充分的认识，要理解员工、反省自己，要创造出使员工更加忠诚于企业的内部环境。

在人的一生当中，工作这段时间是成熟独立以后，真正实现自我生命意义的重要时期。因此，员工自然对企业有了一种期望以及对企业评判的权利。从这方面说，企业也应当重视提高员工的满意度，使员工由满意逐渐变为忠诚。

7. 激发员工潜能

每个人都是一座活火山，每个人身上都隐藏着一种惊人的智慧和潜能，只要善于利用就可获得意想不到的效果。

“以人为本”就是以人为中心，把尊重人、爱护人、关心人作为企业经营活动的基本出发点。企业的一切生产经营活动都是人所从事的，企业的兴旺发达，归根到底要维系到广大员工身上。企业只有对员工尊重、关怀、理解、信任，才能充分挖掘员工的巨大潜能，调动员工的积极性，从而为企业创造更大的财富。而我国某些企业经营者误以为一个企业经营的好坏全在经营者个人，把“以人为本”变成“以我为本”，高高在上，以我为尊，长此下去，势必导致企业的发展停滞不前，甚至出现经营性亏损。

很多企业都主张“以人为本”，而我国的联想对“以人为本”的理解是：通过联想事业目标的实现来达到员工个人理想和高素质生活追求的实现。因而联想文化的核心理念是：“把员工的个人追求融入企业的长远发展之中。”这句话包含以下三层含义。

(1) 员工个人的追求只有与企业的长远发展目标相一致(对企业忠诚、为企业发展尽心尽力)，才有可能得到实现。

(2) 企业发展了势必会给员工带来更多的发展机会，为每位员工提供“没有天花板的舞台”。

(3) 联想为每位员工都提供了平等的发展机会，不唯学历重能力，不唯资历重业绩，每位联想员工都有相当的舞台，每个人都有成功机会，员工与企业相互依存，相互促进，共同成功。

传统的管理理论主张管理者对员工在情感上予以尊重和关怀，但这种尊重和关怀更多的只是工作之外的一种附加和施舍。精细化管理把人看作是一个追求自我实现、能够自我管理的社会人，给员工提供环境和条件，让员工在工作中领悟生命的意义，通过工作中的自我超越以获得精神的满足，把生命价值的取得由传统的、外在的“物”的满足转为内在的“精神”的满足，从而激发出巨大的创造力。这是精细化管理与传统管理对人精神要求的不同。

8. 要评估更要管理

绩效考核的最终目的是改善员工的工作表现，在实现企业经营目标的同时，提高员工的满意程度和未来的成就感，最终达到企业和个人发展的双赢。可是，绩效考核不做不行，做了总是出各种各样的问题，大家都不满意，问题出了到底该怎么办？

对于我国的企业来讲，从没有考核，到没有标准、随心所欲的考核，再到有标准的考核，已经是个不小的进步。但是，考核就能提高绩效吗？就像帮农民提高产量，派一个技术员隔三岔五地来测量一下，打个分数，到了年底就会收获更多的庄稼？

绩效考核的人性观是“人之初，性本懒”，考核就是“鞭策”之鞭。但人的积极性和创造性不是被强迫和控制出来的，人需要被信任、授权、激励，如果企业没有给员工这些，员工对工作就没有积极性，对企业就没有忠诚，企业就要为此付出代价。

既然绩效考核不很灵，拿什么取而代之呢？是绩效管理。与绩效考核不同的是，绩效管理以人为核心，不仅重视结果目标，也重视行为目标。两者的区别如表 4.6 所示。

表 4.6　绩效评估与绩效管理的区别

绩效评估	绩效管理
上对下的评估	员工参与并反馈工作和改进讨论
只关注工作目标	关注工作目标和员工技能发展两个方面

（续表）

绩效评估	绩效管理
单一的考核，给予评判	通过持续反馈的结果认定
上级对下级的考核	绩效伙伴
工作验收，只关注目标完成与否，秋后算账，经理人是判官	关注为什么完成或未完成，评估者和被评估者双赢，经理人是教练
只关注结果	既关注结果，也关注引发结果的工作过程辅导，是建立在工作辅导、工作论断基础上的评估
人事管理程序	业绩管理程序
关注过去，关注已完成的工作	更关注将来，关注工作中的问题解决与绩效改善情况
只用于奖惩	重点是绩效改进计划与员工发展情况
年度、季度、月度评估	不仅有年度、季度、月度评估，还有与目标和评估相关的工作辅导，工作辅导与绩效改善是持续的

通过比较，不难看出绩效评估出现种种问题有两个重要原因。

（1）没有真正认识到绩效评估的目的。绩效评估不是用来评级和发奖金的，更不是监视员工，而是通过评估认识当前存在的问题，扬长避短，进一步改进绩效。

（2）没有认清绩效评估和绩效管理的区别，误把绩效评估当成绩效管理。

企业要想真正发挥绩效评估的作用，必须建立起一个绩效管理系统。绩效管理也是管理和开发人的过程。在绩效管理中，沟通、辅导和教练处于中心位置。也就是说，管理者既要通过沟通和教练来提高员工的"资质"，这不仅是知识和技能，那只是"冰山"露出水面的部分，还有态度、个性、人格、内驱力、社会动机等这些水面下的部分，还要通过考核、奖励、处罚等手段引导、培育、推进精细化管理。如果只是一味地要求大家管理精细化，但在辅导方面、激励方面没有先行一步，与精细化接轨，就必然导致精细化落不到实处。不管绩效管理难与不难，但把绩效考核转变为绩效管理，恐怕是许多聪明的管理者可以做到的，也是员工们所期待的。

9. 员工走了，知识要留下

虽然已处在知识经济时代，但我们的企业对知识管理重视得还很不够，没有很好地甚至根本就没有对知识进行管理。因此，由员工跳槽、辞职、合同终止或者退休带来的知识流失给企业带来了严重威胁。如果企业的知识不能连续，出现了流失、断层、真空，还谈什么知识创新和创造？还谈什么团队整体的搭配和智商？企业未来可持续发展又从何谈起？因此，如何将知识由即将离职的员工转移至他们的接任者身上？如何拥有一个动态的体系来保持员工连续工作能力？如何更好地实现知识更新和创造，以促进企业竞争力的提升？这些是企业必须面对的现实问题，也是迫切需要解决的问题。

如何解决这些问题呢？以往更多的是讨论如何留住员工从而留住企业的知识，然而，如果流动已成为必然，强行留住员工代价过高或者员工必须离开（如退休）时，该怎么办？这是实施精细化管理必须面对和解决的问题。企业如何留住员工头脑中的知识，并将之传递给新一代的员工，这是问题的关键所在。我在这里抛砖引玉，只抛出这个问题，让我们共同关注和解决它。

有一个企业家曾这样说："一个企业得有冰一样冷酷的制度，就是怀疑每个人都是坏人，同时要有火一样热情的人文文化，这样才能够构建一个企业。"然后，他补充说："但是我说是这么说，这是我的一个理念，我也是觉得要做到这一点还是相当难的。"

二、工作精细化

1. 精细化的核心是做事做到位

精细化是组织大家将大目标分解到每个人身上，把上级要求的事项做到位，在规定的数量、质量、时间域值内完成。精是水平高，细是做事具体、到位。精细化的核心是把事情做到位，而且持续下去变成日常习惯。

精细化有着一套系统的理论，把精细化理论运用到实际工作中，就是让人们把应该做的事情做到位。每个人都有自己的职位，每个人都有自己的做事准则。医生的职责是救死扶伤，军人的职责是保卫祖国，教师的职责是培育人才，工人的职责是生产合格的产品……社会上每个人的职位不同，职责也有所差异，但不同的职位对每个人却有一个最起码的做事要求，那就是做事做到位。

做事做到位应是每个员工最起码的工作准则，也是做人的基本要求。只有做事做到位，才能提高工作效率，才能获得更多的发展机会。

各行各业，无不在呼唤做事做到位的员工。现代职场中，有些人凡事都得过且过，做事不到位，这绝对不是个别现象，而是存在于广大企业的一个普遍问题。

案例 4-11

在 2000 年第 10 期的《南风窗》杂志上有东方集团董事长刘永行写的一篇文章《昂贵的中国人力资源》，在这篇文章里，我们看到了这位企业家对"中国人做事不到位"的当头棒喝。

"这几年，因为希望集团规模逐渐增大，员工也多了起来，学习同行的管理经验，是提高自己管理水平的一条有效之路，所以我经常出国去看别的国家的同类企业。最近一次到韩国的一家面粉企业参观，让我感触很深，回来后整个晚上都睡不好觉。

"那是希杰集团下面的一个面粉厂，它每天处理小麦的能力是 1 500 吨，雇用了 66 个员工。那里的员工工作效率之高令我惊叹。我是干这一行的，我知道中国同样的企业一般生产能力是每天几百吨，雇用员工一般要超过 100 人。我们希望集团效率要比国内同类企业高一些，每天 250 吨处理能力的工厂一般雇用 70～80 人，但也已经是希杰集团那家工厂的 6 倍了。

"可是更令人惊讶的是，后来和这家工厂的管理层交谈的时候，他们说，他们也在中国内蒙古的呼和浩特办过工厂，每天 250 吨的处理能力，他们雇用了 155 人，效率与韩国企业相比居然有 10 倍的差距。经过一段时间的经营以后，他们觉得效益太差，就把这家工厂给关闭了。这是什么原因呢？是设备的先进程度不如韩国吗？不是。韩国的这家工厂是 20 世纪 80 年代投入生产的，而内蒙古的那家工厂是在 20 世纪 90 年代建起来的，设备全套进口，比韩国那家工厂还先进。管理者同样是韩国人。我们后来还碰到了内蒙古那家工厂的厂长，我专门就这件事问过那位厂长，为什么同样的设备，同样的管理层，中国那家工厂就要雇那么多人。那位厂长很含蓄地回答我：'做事不到位！'就是这句话，让我回来以后几个晚上睡不好。"

回国后，刘永行琢磨了好几个晚上，他终于明白了："那位厂长的一句'做事不到位'，确实是把我们的毛病指到了根子上。由此，我得出了一个很惊人的结论：中国的人力资源成本其实是非常高的。不要只看我们每个人的薪水很低，我们做事情的效率也比人家低，而每个人低那么一点点，体现在一个企业、一个社会，就是非常大的差距。"

也许，员工与员工之间在工作时间上差不了多少，但是，每个人都相差一点点，积累起来，就会形成企业效益之间的巨大差距；每个企业都相差一点点，积累起来，就会形成国家生产力之间的差距。这些差距，正是由于我们每个人一点点的差距造成的，要想弥补这种差距，就必须要求我们每个人做事做到位。

刘永行最后在文章中说："如果我们每个人不是把事情只做到 9 分，而是做足 10 分；如果整个企业都这样，我相信我们的员工就能拿 10 倍于现在的工资。如果我们每个人的工作都再改进一点，做足 11 分，尽到 12 分的责任，我们不就能赶上欧美国家了吗?"

刘永行的这篇文章，通过自己的反思和分析，给众多的中国人以当头棒喝，并由此得出"昂贵的中国人力资源成本"的惊人结论。

（1）只有"做到位"，才能创造价值。在很多公司中，令老板最头疼的就是员工对布置的工作不积极、不努力地去做，不按质、按量地去完成，而只做一些表面文章。这些员工不重视日常事务，基础工作不踏实、不完善，审核前实行突击战略，只做表面文章，敷衍了事，对于这种工作作风，实际效果可想而知。

许多人外出，总要带上一只旅行杯。旅行杯的盖子一定要盖好、拧到位，否则，杯里的水就会洒出来。旅行杯的盖子如果拧不到位，就等于没盖盖子。由此想到，任何一项工作如果不做到位，就难以收到预期的效果，甚至等于没做工作。

案例 4-12

美国肯德基公司为何能顺利地进入中国市场，很重要的一条就在于它对中国市场进行了充分的预测。通过预测，广泛地收集了信息，在此基础上，进行了科学决策。

起初，肯德基公司派了一位执行经理来北京考察中国市场，他来到北京街头，看到川流不息的车辆、熙熙攘攘的人群，非常兴奋地向总公司汇报说：中国的市场潜力很大。当总公司向他询问具体数据资料时，他却张口结舌，说不上来。总公司对此非常恼火，以不称职为由将其降职了。

紧接着总公司又派出了一位执行经理来考察。这位经理做事很到位，他没有走马观花，而是实实在在地做了几件事，精心地进行了调查和实测。

首先，这位经理在北京的几个街道上，用秒表测出人流量，大致估算出每日每条不同街道上的客流量。他利用暑期，临时招聘了一些经济类专业的大学生做职员，在北京设置品尝点，请不同年龄、不同职业的人免费品尝肯德基炸鸡，尤其是在北海公园这座皇家园林，利用这里游人众多的特点，广泛征求各种意见。他们详细询问品尝者对炸鸡味道、价格、店堂设计方面的意见和建议。不仅如此，这位经理还对北京鸡源、油、盐、茶及北京鸡饲料进行了调查，并将样品数据带回美国，逐一做分析，经过汇总得出肯德基进入北京市场会有巨大的竞争力的结论。

做事做到位与做不到位其结果是完全不同的。只有做事做到位的员工，才能为企业创造价值，才能成为老板心目中的优秀员工。

(2) 将事情踏踏实实地做到位。越来越多的员工只管上班，不问贡献；只管接受指令，不顾结果。他们应付差事，把事情做得“差不多”成了他们的行为准则。

在当今这个日新月异的时代，作为企业和单位的一员，我们应当“做事做到位”；作为企业管理者，我们应当“管理管到位”。如果能够真正地将这“两个到位”做到位，我们的工作又何愁不能实现突破与飞跃呢？

2. 把小事做细，把细节做透

我们常说要追求卓越，其实卓越就是苛求精细化的具体表现，卓越并非高不可攀，只要我们认真从自己做起，从日常的每一件小事做起，并把它做细，就可以达到卓越的境界。

然而，在现实生活中，想做大事者比比皆是，但愿意把小事做细、把细节做透的人却少之又少。把小事做细、把细节做透，是一种认真的态度和科学的精神。精细化时代已经到来，那些考虑细节、注重细节的人，将小事做细、将细节做透的人，往往能够从细节中找到机会，将工作做得更好。

做事粗糙，满足于“差不多”，是管理不善的企业的痼疾，也是我们产品质量和服务质量上不去的重要原因之一。与“差不多”“大概是”等观念相对应的，是人们都想做大事，而不愿意或者不屑于做小事。但事实上，芸芸众生能做大事的人实在太少，多数人的多数情况是只能做一些具体的事、琐碎的事、单调的事，也许过于平淡，也许过于鸡毛蒜皮，但这就是工作、就是生活，同时也是成就大事的不可缺少的基础。所以，无论做人、做事，都要注意细节，从小事做起。

在工作中，没有一件事情小到不值得去做，也没有一个细节细到应该被忽略。

案例 4-13

牙刷公司的员工李明就是一个活生生的例子。有一次，李明为了赶去上班，刷牙时急急忙忙，没想到牙龈出血。他为此大为恼火，上班的路上仍是非常气愤。

回到公司，李明为了把心思集中到工作上，还是硬把心头的怒气给平息下去了。之后，他向几位要好的伙伴提及此事，并相约一同设法解决牙刷容易伤及牙龈的问题。

他们想了不少解决刷牙造成牙龈出血的办法，如把牙刷改为柔软的狸毛、刷牙前先用热水把牙刷泡软、多用些牙膏、放慢刷牙速度等，但效果均不太理想。后来他们在放大镜底下进一步检查牙刷毛，发现牙刷毛顶端并不是尖形的，而是四方形的。李明想：“把它们改成圆形的不就行了！”于是他们着手改进牙刷。

经过实验取得成效后，李明正式向公司提出改变牙刷毛形状的建议，公司领导看后，也觉得这是一个特别好的建议，欣然把全部牙刷毛的顶端改成了圆形。改进后的牙刷在广告媒介的作用下，销路极好，销量直线上升，最后占到了同类产品的40%左右，李明也由普通职员晋升为科长，十几年后成为公司的董事长。

牙刷不好用，在我们看来是司空见惯的小事，所以很少有人想办法去解决这个问题，机遇也就从身边溜走了。

将小事做好，努力把小事做细、做透，小事成就大事，细节成就完美。把小事做细、把细节做透是企业管理的基础要求，对企业有着积极的意义。如果企业的员工养成把小事做细、把细节做透的职业习惯，这样的企业一定是很有执行力和竞争力的企业。

3. 看似"差不多"，其实差很多

每个企业和组织里都可能存在这样的员工：他们每天按时打卡、准时上班，但是却没有及时完成工作；他们每天早出晚归、忙忙碌碌，却不愿精益求精，把工作做到位。越来越多的员工只管上班，不问贡献；只管接受指令，却不顾结果。他们应付差事，把事情做得"差不多"成了他们的行为准则。

究其原因，就是"差不多就行，何必太认真呢"这种工作态度在作祟。"差不多"已经成为人类各项事业的敌人，但是它们有一个共同的天敌，那就是深藏在我们内心深处，需要我们激发和唤醒的追求完美的精细化精神。

(1) 无处不在的"差不多先生"。

案例 4-14

我们的身边有很多"差不多先生"，我们自身也可能就有"差不多先生"的影子。关于这类人的性格和状态，国学大师胡适先生于1924年6月28日在当时的《申报》发表的《差不多先生传》一文中，可谓把这种人刻画得入木三分，令人叫绝。

你知道中国最有名的人是谁？提起此人可谓无人不知。他姓差，名不多，是各省各县各村人氏。你一定见过他，也一定听别人谈起过他。“差不多先生”的名字天天挂在大家的口头上。

“差不多先生”的相貌和你我都差不多。他有一双眼睛，但看得不很清楚；有两只耳朵，但听得不很分明；有鼻子和嘴巴，但他对于气味和口味都不很讲究；他的脑袋也不小，但他的记性却不很精明，他的思想也不很缜密。

他常常说：“凡事只要差不多就好了，何必太精明呢？”

他小的时候，妈妈叫他去买红糖，他却买了白糖回来。妈妈骂他，他摇摇头道：“红糖和白糖不是差不多吗？”

他在学堂的时候，先生问他：“直隶省的西边是哪一个省？”“是陕西。”先生说：“错了，是山西，不是陕西。”他说：“陕西同山西不是差不多吗？”

后来他在一个钱铺里做伙计，他也会写，也会算，只是总不精细，“十”字常常写成“千”字，“千”字常常写成“十”字。掌柜的生气了，常常骂他，他只是笑嘻嘻地说：“‘千’字比‘十’字只多一小撇，不是差不多吗？”

有一天，他为了一件要紧的事，要搭火车到上海去。他从容地走到火车站，结果迟了两分钟。火车已在两分钟前开走了。他白瞪着眼，望着远去的火车上的煤烟，摇摇头道：“只好明天再走了，今天走同明天走，也差不多。可是火车公司未免也太认真了，8点30分开同8点32分开，不是差不多吗？”他一面说，一面慢慢地走回家，心里却不明白为什么火车不肯等他两分钟。

有一天，他忽然得了一种急病，叫家人赶快去请东街的汪大夫。家人急急忙忙地跑去，一时寻不着东街的汪大夫，就把西街的牛医王大夫请来了。“差不多先生”病在床上，知道寻错了人，但病急了，身上痛苦，心里焦急，等不得了，心里想道：“好在王大夫同汪大夫也差不多，让他试试看吧。”于是这位牛医王大夫走近床前，用医牛的法子给“差不多先生”治病。不一会儿，“差不多先生”就一命呜呼了。

“差不多先生”差不多要死的时候，断断续续地说道：“活人同死人也差……差……差不多……凡事只要……差……差……不多……就……好了，何……何……必……太……太认真呢？”他说完这句话，方才气绝。

他死后，大家都称赞“差不多先生”样样事情看得破，想得通，大家都说他一生不肯认真，不肯算账，不肯计较，真是一位有德行的人，于是大家给他取个法号，叫作“圆通大师”。

他的名誉越传越远，越久越大，无数的人都以他为榜样。于是人人都成了一个“差不多先生”。

看了胡适先生的这篇《差不多先生传》，再对照一下当今社会人们的心态，不禁令人汗颜。80 多年过去了，现在看看我们周围，“差不多”心态并没有随着时间的流逝而消失，而是依然普遍存在。今天职场上的中国人仍然有这种大而化之、马马虎虎的毛病，以至于企业和组织中“差不多先生”比比皆是，“基本”“好像”“几乎”“大约”“估计”“大致”“大概”等成了“差不多先生”的常用词。

在企业、组织机构里，“差不多先生”可以说是无处不在，无时不有：打包不方正，差不多就行了；检验瑕疵点没标识，差不多就行了；管理人员检查考核不认真，差不多就行了；不肯算细账，质量差点、成本高点、价格低点、利润少点，差不多就行了；遇事不肯斤斤计较，不求过硬，只求过得去，对人对己差不多就行了。其结果是工作马马虎虎，敷衍了事，产品送到客户手上，不是退货，就是索赔，使工厂失去客户，丢掉市场。由此可见，“差不多先生”给我们的工作带来了极大的危害。“差不多”现象的存在和蔓延，既害了他人，更害了自己。因此，绝不能任其滋生蔓延，必须想办法努力克服，彻底根除！

(2) “差不多”其实差很多。做事情如果有“差不多”“大概过得去”“还行吧”“凑合”等这样的心态，那是很要命的，殊不知“差不多”其实是差很多。

正是因为我们有这种心态，工作中才漏洞百出，产品才缺乏竞争力。因为“差不多”，我们的许多企业被拒之门外，我们的产品总是被打上二等货色的标签，看似与一等品只差一点，其实是差很多。

凡事最怕“认真”二字。当你讲“差不多”时，请你考虑一下，你完全可以更进一步，不用讲“差不多”的。如果一直“差不多”，最后就会差很多！

(3) 彻底告别“差不多先生”。也许在生活中，“差不多先生”对样样事情都看得破、想得开、不计较，能算作是一个“老好人”。不过在职场上，“差不多”的心态却是必须要杜绝的，因为每位员工都是团队的一分子，如果每个人都是“差不多先生”，不仅会导致组织难以获得利润，甚至还会因不慎而造成重大事故。

4. 做任何工作都追求精益求精

“精益求精”是一种品质、一种能力、一种素养、一种要求。成功的人生源于对“精”的追求，一个人有了“精”的理念，就会有“精”的追求、“精”的目标、“精”的行动，就一定会出成果、出精品，脱颖而出，就一定会出类拔萃成人才，赢得成功人生。

作为员工，我们无论做任何工作，都应该追求精益求精。在企业里，许多员工做事不讲精益求精，只求差不多。尽管从表面来看，他们也很努力，也付出了很多，但结果却总是无法令人满意。

追求精益求精，就要避免敷衍了事的态度。敷衍了事是一些员工常犯的毛病，他们做一天和尚撞一天钟，对于组织布置的工作，从不认真去做，而是敷衍塞责，做一些表面文章来应付。

无论做什么工作，都应精益求精，把工作做到位，这样才能提高工作效率和工作质量，才能获得晋升和加薪的机会。

现实中常有这样一些人，他们往往不肯把事情做得尽善尽美，只用“足够了”“差不多了”等来搪塞了事。由于没有把根基打牢，没有注重细节，所以过不了多久，他们的工作便会像一所不牢固的房屋一样倒塌。其实，很多时候轻率和疏忽所造成的祸患不相上下。以精益求精的精神去做事，可以使你的才能迅速提高，学识日渐充实，而且可以逐步胜任其他更重要的工作。

追求至善，精益求精，做什么工作都要做到最好，正是今日中国人最缺乏的基本工作精神之一。

身在职场，要把任何事情都做得精益求精，不然你就一定会被淘汰。成功往往与精确的行动有关，那些粗糙的行为只能导致很高的错误率。凡成功者，在工作中，都有追求精确的精神。

5. 不断追求完美的工作表现

“不断追求完美的工作表现”，这是老托马斯·沃森在1914年创办IBM公司时，为公司的所有员工，包括管理层的人，设立的“行为准则”。这个“行为准则”被其受益者称为“沃森哲学”。

IBM公司希望所有的人对任何事情都以追求最理想状态的观念去对待，无论是产品质量，还是服务品质，都要永远追求完美无缺。老托马斯·沃森经常告诫自己的员工们：“在工作中追求完美，就算没有做到也会比按照一般的标准做要好得多。”

小托马斯·沃森对于IBM公司的这一行为准则也曾表示：“这个信念能够如变魔术一般引起人们对尽善尽美的狂热追求，当然，一个求全责备的完美主义者，几乎不可能成为一个让人感到舒服的人；一个要求人们达到完美的环境，也不会是一个舒适安逸的‘乐居’。但是，追求完美的工作表现，一直是我们不断发展进步的一种驱动力。”

“追求完美”已经成为许多公司的工作准则。其实，它更应是我们为人处世的一种态度、一种精神、一种境界。“天下大事，必作于细。”把每一件小事做好了就是不简单，把每一个细节做好了就会不断趋向完美的境界。

在实际工作中，很多人都认为自己的工作已经做得很好了。但是，你真的已经发挥了自己最大的潜能而把事情做得尽善尽美了吗？每一个人都拥有自己难以估量的巨大潜能，如果能够以尽职尽责的态度工作，就能够把自己身上的潜能最大限度地发挥出来，从而把事情做得尽善尽美。

6. “用心”才能实现精细化

精细化的核心就是：在每一个岗位上都尽职尽责，把每一项具体的工作都用心做好。有人是这样给成功下定义的：成功就是把每一项具体的工作都做好，成功永远属于用心做事的人。

“全国劳动模范”“全国杰出青年岗位能手”李素丽说：“认真只能把工作做对，用心才能把工作做好。”人与人之间的智力差别很小，根本的差别在于人的努力程度，在于用心程度，而是否重视细节，则表明了你的用心程度。

（1）随处可见的做事不用心、敷衍了事。在一些企业和组织机关里，一些人做事总是不用心，对工作能敷衍就敷衍、能应付就应付、能逃避就逃避。“粗心、懒散、草率”等字眼就是他们工作状态的生动写照。以这样的态度去工作，其结果可想而知。

（2）养成用心做事的好习惯。老板评价优秀员工时常说的一句话就是“他做事很用心”。可见，“用心”是对一个人工作和事业的最佳褒奖。用心做事才能把事情做对，才能把事情做好。

在现代职场中，该如何用心做事，以取得人生的成功呢？建民集团董事长黄建民说：“要养成用心做事的好习惯！”

用心做事，把事情做得尽善尽美，谁都可以成功。

7. 精细化重在善始善终

精细化体现在日常生活和具体工作之中，它作为一种理念，是在做事过程中体现出来的。精细化是一种工作习惯，就是人人、事事、时时、处处做好精细化，自觉进行精细化工作。通过“有意识”的引导并强力推行，使精细化逐步转变为我们“潜意识”的行为，彻底改变过去粗放式管理的行为习惯，彻底改变粗枝大叶、草率马虎现象，形成一种追求精细、持续改进、力求完美的工作习惯和工作作风。

精细化在工作中表现为做事有始有终，一次就把事情做好。然而，在现实中，有些人做事虎头蛇尾，给人留下一种有始无终、只重开始不管结果的印象。在工作中，我们常常遇到这种有头无尾或者虎头蛇尾的情况。

往往就是这样，已布置的工作，如果没有督促就不会有积极的反馈。譬如许多单位年初列出一系列计划目标，并且细分到每一个部门、每一个单位甚至每个人，所做的事情也计划了，但是到了年底，这些计划、任务完成得如何？哪些已经完成了？哪些还没有完成？离目标值还有多少距离？无法完成计划的原因何在？要么统统没有下文了，要么只有包含着大量“大约”“可能”等含混不清词汇的总结。

对于做事有头无尾、有始无终的人，有一幅很形象的漫画，画中人挖了无数的水井，但都没挖到头，他也永远喝不到水。这样做事总是半途而废的人，人们是不敢把重要的任务交给他的。

（1）做事切忌有始无终，半途而废。

许多人之所以无法取得成功，不是因为他们能力不够、热情不足，而是因为他们缺乏一种坚持不懈的精神。他们工作时往往虎头蛇尾、有始无终，做事东拼西凑、草草了事，对自己的目标容易产生怀疑，行动也始终处于犹豫不决之中。比如他们看准了一项工作，充满热情地开始去做，可常常在刚做到一半时又会觉得另一份工作更有前途。他们时而信心百倍，时而又低落沮丧。可以说，这种人也许能够在短时间内取得一些成就，但是，从长远来看，最终一定会是一个失败者。因为在这个世界上，没有哪一个做事虎头蛇尾、迟疑不决、优柔寡断的人能够获得真正的成功。

对一位积极进取的员工来说，有始无终的工作恶习最具破坏性，也最具危险性。它会吞噬你的进取之心，使你与成功失之交臂，使你永远不可能出色地完成任何任务。古人云："行百里者，半于九十"就是这个道理。

（2）做事善始善终，力求彻底。

案例 4-15

从前有一位地毯商人，看到美丽的地毯中央隆起了一块，便把它弄平了。但是在不远处，地毯又隆起了一块，他再把隆起的地方弄平。不一会儿，在一个新地方又再次隆起了一块，如此一而再，再而三，他试图弄平地毯，直到最后他拉起地毯的一角，看到一条蛇溜了出去。

很多人解决问题，只是把问题从系统的一个部分推移到另一个部分，或者只是完成一个大问题里面的一小部分，并没有从实质上去解决问题。比如，工厂的某台机器坏了，负责维修的师傅只是做一下最简单的检查，只要机器能正常运转了，他们就停止清查，只有当机器完全不能运转了，才会引起人们的警觉。这种只满足于小修小补的态度如果不转变，将会给公司和个人带来巨大的损失。

无论做什么职业，做多久，我们都应该以一种善始善终的专注心态做好自己应该做的事情，这不仅仅是我们的职业道德所要求的，也是我们人格魅力的体现。

许多人有一种把工作做了一会儿就放在一边的习惯，而且他们充分相信，他们似乎已经完成了什么。事实果真如此吗？这样做，犹如足球运动员在临门一脚的刹那间收回了脚，前功尽弃，白费力气。

做事不求彻底、有始无终、半途而废、不能善始善终地做完一件事的人，最易失去信任。他们的工作最不可靠，一定是拖泥带水，纠缠不清。

善始善终地工作，不仅是一种责任，更是一种良好的品质。只有这样，我们才有可能将精细化进行到底。

8. 把复杂的问题简单化

精细化管理的根本核心就是把复杂的工作简单化，简单的工作流程化，流程的工作定量化，从做好最简单的小事开始累积，对每个细节都精益求精。

这个世界上永远有两种人：一种人总希望把复杂的问题简单化；另一种人则总喜欢把简单的问题复杂化。

把复杂的问题简单化的人一般是做事的人。因为要干活的人没有谁愿意把简单的问题复杂化；相反，总是想着把复杂的问题抽丝剥茧，提纲挈领，这样才能事半功倍。

在一些机关和企业里，很多员工的工作总结和一年的工作计划以及各种汇报材料、文件报告，总是长得不行，洋洋洒洒，没有十几页恐怕不叫“总结”或“材料”。你若能耐着性子从头到尾看到底，就会发现这些材料和报告很多是照抄、照搬、照转别人的东西，套话连篇，空话连篇。这样的总结、计划，除了写材料和读材料的人看一看，其他人根本不会关心。你说，这样的材料有多大用途、多大效果呢？

世界知名企业宝洁公司规定备忘录的长度为一页纸以内，要求尽量精简公司所有的报告文件，以尽可能简练的语言来描述公司的现状和未来的发展措施。一份冗长的报告也许写起来不会太难，但是如果要把这份冗长的报告缩减成一页纸，那么难度就很大了。

案例 4-16

一次，宝洁公司的一位经理向总裁理查德·德普雷递交了一份厚厚的备忘录。这份备忘录上详细介绍了他对公司问题的处理意见。没想到，理查德·德普雷看到后连翻都没翻，而是非常生气地在备忘录上面加上了这样一条命令："把它简化成我所要的东西！"然后将这份备忘录退回。

还有一次，一位主管递上来的报告非常复杂，理查德·德普雷在报告后面批示道："我不理解复杂的问题，我只理解简单明了的！"

对此，理查德·德普雷曾这样解释道："我工作的一部分就是教会他人如何把一个复杂的问题简化为一系列简单的问题，只有这样，我们才能更好地进行下面的工作。"

此后，宝洁公司要求员工要不遗余力地将报告的精华浓缩到一页，把问题搞清楚，把事情搞透彻。

一般来说，传统的报告大约 15 页。因此，有人质疑，如果说报告只有一页长，宝洁公司是如何将其处理得如此切中要害、一目了然的呢？有人经过调查，揭开了这个谜底。宝洁公司是在大量的支持性数据以及事实依据的分析基础上，不惜耗费精力与时间而将报告尽量缩减，目的是尽量减少领导者或其他人在阅读报告时所需的时间。这种处理问题的方法非常精细，并且趋于完美。宝洁公司的总裁经常鼓励他的员工及时与自己沟通，并对提交报告的员工说："公司的大部分效益建立在这一页报告上，这也是宝洁公司高效率的工作水准、高效益的营业收入的秘密所在。"

一页报告的威力在于，它的要点鲜明集中，比主旨散布在十多页的分散式、复杂式的报告要简洁清楚、效率更高。

首先，因有少量的问题有待讨论，审核的速度加快了，工作效率也提高了；其次，节省了大量的时间；最后，这种精练的文章形式，使报告的含金量大大提高了。

化复杂为简单，一份精简的报告节约了阅读者与执行者的宝贵时间，无形中提高了企业效率。一页纸报告是实现部门与部门、员工与员工、员工与领导之间顺畅交流的最佳办法之一。

精细化管理提倡不要把事情人为地复杂化，要崇尚简洁。管理精细化，其实也就是越来越简单化，将复杂的事情简化到既可以节省时间，又可以提高效率的水平上来。

9. 对细节问题要有追根究底的精神

在工作中，我们所面对的问题复杂程度不一。对于简单的问题，可能不费吹灰之力就能找到答案；但对于较为复杂的问题，就没有那么容易。这时，要想把问题弄个水落石出，必须抓住已有线索不放，追根究底、顺藤摸瓜、坚持不懈，直到问题得到解答。

三、服务精细化管理

“为顾客提供尽善尽美的服务”是市场经济中每一个成功企业的信条。微软公司总裁比尔·盖茨说，他的公司 80%的利润来自产品销售后的各种升级、换代、维修、咨询等服务，而只有 20%的利润来自产品销售本身。以策略管理闻名的麦会希顾问公司面向 21 世纪提出了崭新的世界经济发展观：我们应该从过度重视制造业转到同时注重制造业与服务业，在经济全球化的过程中，加强服务管理可能是掌握正确策略的第一步。因此，服务的品质将决定企业未来的命运。如何学会服务，用好的服务产生更大的价值，是每一个中国企业都面临的重大课题。

1. 细节上的服务是关键

任何企业生产的产品和提供的服务，归根到底还是为人服务的，是为了让人的生活过得更加方便、更加舒服、更加美好。对顾客无微不至的关怀，在产品和服务中充分体现出人性化，是每一家企业在生产产品和提供服务时，都应该首先考虑的一个问题。

如果生产产品和提供服务不是首先考虑顾客用了是否会更好，那么，即使你生产了自认为是世界上最好的产品，也只能积压在仓库。正如海尔集团总裁张瑞敏所说：“企业如果在市场上被淘汰出局，并不是被你的竞争对手淘汰的，一定是被你的用户所抛弃的。”因此，任何有眼光、有远见的经营者，都必然会把每一位顾客看成是“最重要的顾客”，并为其提供最为细致周到的服务。

任何企业成功的经营之道，都必定首先在于它细节上的卓越，无论它是规模多大或多小的企业。企业在处理事情时如能懂得经营到细节处，竭尽全力地赢得每一位顾客的信赖，那它必定无往不胜。

在以顾客为导向的买方市场里，市场无贵贱之分，顾客亦无等级差别。随着人们对生活质量的要求越来越高，对产品和服务质量的要求也一定会越来越高。

任何企业要想在经营中胜出，都必须在实践中落实好对细节的完美追求。无论是企业经营还是个人经营，只要想成功，都一定要不遗余力地重视起细节的改进、改进、再改进。细节改进的方向，则是经营者努力满足人们对生活日益精致化的要求，也就是人性化的要求。企业要把服务落到实处，落到细处，让顾客非常乐意地接受，并对提供这种产品和服务的经营者心存感激。

2. 服务上多走一步

客户服务的概念强调的是永远把客户服务看作工作的一个重点。例如，思科注重搜集市场消息，把自己的客户分类，然后再分别针对每一种客户设计出相应的不同的产品，提供不同的服务。

很多公司都在做客户服务，但在竞争中能不能比别人多走一步是最重要的。这里包含以下两个含义。

(1) 将你和你的竞争对手的服务品质做一个对比，然后多走一步。即你的服务品质要比你的竞争对手的服务品质更高。

(2) 将你和你的顾客希望的服务水准做一个对比，然后多走一步。即你的服务品质要比你的客户所希望达到的程度还要多一点儿。

案例 4-17

宝洁和联合利华都是制造洗衣粉的公司。在美国的洗衣粉市场里，增加一个百分点的市场份额意味着增加的收入就是 6 000 万美元，所以双方竞争得异常残酷。双方都宣称自己的洗衣粉可以把衣服洗得很白，但是这个标准双方都具备以后，接下来的竞争是：他们的洗衣粉不但把衣服洗得很白，而且非常亮丽，就像新的一样。后来他们又宣称自己的洗衣粉可以洗净衣服上的污点，包括打球时溅到身上的泥巴和腋下的汗渍。但是这一特征双方也都具备。

那么，还有什么招数能想出来呢？最后，联合利华想出了一招。它把洗衣粉做成像方糖一样，并且标注洗衬衣时需用一块，洗牛仔裤用两块，洗棉大衣用三块。我们知道，以前的洗衣粉都是粉末状，在倒洗衣粉时往往一下子倒出太多。现在用联合利华的洗衣粉像丢方糖一样，而且它同样能够迅速溶解。联合丽华这种方块洗衣粉一推向市场，它的市场份额就马上升起来了。而美国宝洁也迅速行动，三个月以后就推出了宝洁"台词片"，也开始像丢糖一样一块块地丢下去。这就叫作多走一步。

凡事都要做到比别人多想一点儿。宝洁跟联合利华在互相比拼中都是努力想比对手多走一步。这也说明，谁能比企业的客户多走一步，谁就能比竞争对手多走一步，谁就能拥有市场。多走一步固然重要，然而我们却不怕做不到，就怕想不到。在世界各地旅行时，有人或许会不小心弄丢了行李，但美国航空公司却有个规定，凡是在飞机上把行李弄丢的，航空公司要先在机场里向旅客道歉，然后派专人把丢失的行李送到旅客的家中。另外，让旅客在飞机上吃到家乡的风味餐点，在机场看电影等，都是不怕做不到就怕想不到的事情。

案例 4-18

一家汽车修理厂有这样的规定，客人的车子在路上出了故障，如果是在晚上，而且是在很远的山路上，修理厂的人通常要开两辆汽车过去：一辆工作人员自己用，另一辆是让客户开。等车修好之后再马上到客户家里去换。洗衣机坏了，看样子一时修不好，经销商来时开着他的小货卡，装着好的洗衣机，他会对客户说，您的洗衣机看样子一时修不好，我们要带回去修，这台洗衣机您先用一下。这也叫作多走一步，但这也不是人人都能想到的。

如果公司在出现问题以前就先告诉客户可能出现什么问题，客户会有什么样的想法呢？其结果是可想而知的。然而，大部分的公司不是这样的，他们多半是等客户发现问题，打电话过来后，才在电话里一直道歉。

早知今日，为什么当初不多走一步呢？很多公司对于产品的延误交货没有反应，等到客人来催了才说对不起，还会讲一大堆莫名其妙的理由，这样的公司有几个客户能对他们满意呢？

再如客人住酒店，离开大堂时，有哪个大堂经理会跟客人说一声："先生，这个酒店您住得还习惯吗？这两天还舒服吗？睡得还好吧？真希望下次再看到您。"试想，若真有这样的服务，谁还会不再来呢？实际的情况是"欢迎再来"这四个字有时大堂经理们提都没提。

3. 永远追求超出客户满意的服务

客户的满意度是服务管理当中一个非常重要的概念，服务人员也必须知道客户的满意度是如何形成的。客户满意度的形成一般有以下几点。

(1) 客户对服务的预期。我们知道，对于服务，客户都存在一定的期望值。期望值就是客户对于服务的预期，就是客户预期或想象中可能得到的服务。

(2) 客户对服务的感知。这与对服务的预期相对应，是客户实际感受到的服务。

(3) 客户的满意度衡量标准。客户的满意度是通过什么来衡量的呢？通过客户预期的服务和实际感知的服务的差值。二者的关系类似于理想和现实的关系。这种比较给客户带来的满意度可以用下面的公式来表示：

感知的服务>预期的服务——超出满意；

感知的服务=预期的服务——满足期望；

感知的服务<预期的服务——不满意。

第一种情况，当客户实际感受到的服务大于他的预期，我们叫作超出满意。这时客户会感到非常满意，就像平常我们说的"物超所值"。比如你在一个餐厅就餐，吃完饭结账时，服务员跟你说："先生，今天是我们店庆两周年，您很幸运。

我们可以给您打八折。”你一定会说：“啊，这么好！”因为你来吃饭时并不知道这件事情，结果只需要付80%的费用就可以享受100%的服务。

第二种情况，预期的服务等于感知的服务，客户想要的和实际得到的是一致的，这叫作满足期望。

第三种情况，预期的服务大于感知的服务，客户想要得到的大于他实际得到的，这种情况下就会不满意。

那么，对于企业来讲，它需要永远去追求以上情况中的哪一种呢？是追求满意还是追求超出满意？答案当然是追求超出满意。很多做客户服务的人都觉得只要能够做到满足期望就可以了，因为做到满足期望，即提供的服务和客户想要得到的服务一致，客户就不会投诉了。而实际上，如果一个企业仅仅追求感知等于期望，那么它将处于非常危险的境地。

回忆一下，你是否曾经主动向你的朋友或同事推荐过某一个企业或者某一个产品？想一想，当时这个企业或产品给你的满意度是属于上述情况中的哪一种呢？

你是否向朋友推荐过哪个餐厅的饭特别好吃，价格又便宜？如果它给你的感受仅是满足期望的话，你会不会主动向别人推荐呢？肯定不会。因为你的感受仅仅是“还行”“一般吧”“不好不坏”。那么，如果你的朋友问你：“哎，你家附近有什么好吃的地方？”你很可能会回答他：“也没有什么特别好吃的地方，也就那样吧。”

买东西也一样。比如你去买空调，问导购员哪种空调最好，她回答“都差不多，质量都还可以”，这个时候你就只能凭自己的感觉去进行选择。但如果她告诉你“我建议您买这款空调，这款空调品质非常好，客户反馈都很好，而且返修率很低”，那么你肯定会优先考虑这一款，而导购员之所以会向你主动推荐，很多时候是因为她对这款产品的实际感知超过了预期的感受。

因此，作为企业，为了长远发展，需要不断地追求超越客户满意的服务。

案例 4-19

在加拿大多伦多市附近，有一家以疝气手术闻名的医院叫修迪斯医院(Shouldice Hospital)。其实，它最出名的不是手术，而是系统化的客户服务方式。

这家医院的出院病人，每一年都会回院聚会，而且每年的聚会都会吸引上千名出院病人参加。修迪斯医院不做广告，也不靠私人诊所介绍，但业绩却蒸蒸日上。

修迪斯医院的成功秘诀很简单，集中服务业特定的目标市场——疝气患者。根据病人的情况，将每一个环节，不论是麻醉的方式或是术后的康复，都经过仔细的计划，给病人以这样的感觉：到修迪斯，最快痊愈。

由于修迪斯医院的医疗服务、术前准备和术后康复都经过系统的筹划，因此，从住院时的接待工作，到院方的医疗能力，甚至与病人的个人私交，都令患者印象深刻，终生难忘。所以，每个出院的病人都是它的宣传员，将他们的满意感受告诉亲朋好友。

虽然修迪斯医院在最初的规划设计和运作中所花的成本要比其他医院高，但从长远角度看，这种做法却给医院带来了莫大的收益。相信从这个案例中，读者可以领会到为什么要进行“服务管理”的道理。

4. 力求满意，更重忠诚

很多人都在讲客户的满意度而忽略了客户的忠诚度。其实，满意和忠诚是两码事。中国民航公司曾做过一个调查，发一张调查表让客户填写，但根本就没有几个人愿意填写，为什么呢？原因有三：其一，填了也不知道有没有用；其二，填了也不知道有没有人看；其三，填了也不知道有没有效果。结果，大多数旅客不愿填写。

客户满不满意，是由客户决定的。

案例 4-20

对于百事可乐和可口可乐，很少有人真的能够喝出它们的不同。小崔在读大学的时候，同班有个叫小周的同学，说他能分辨出百事可乐与可口可乐。小崔趁他不注意就把买到的可口可乐倒入十个小杯子，让他分辨哪些是可口可乐，哪些是百事可乐。他真的一杯杯地喝下，并告诉小崔哪几杯是百事可乐，哪几杯是可口可乐，而小崔告诉他这些全部都是可口可乐，一杯百事可乐都没有。小周却说："我不管你怎么实验，我就是喝百事可乐。"可见，小周就是百事可乐的忠诚客户。

你的产品跟别人的明明一样，顾客却说不一样，那么你的产品就成功了。如果产品明明跟别人的不一样，顾客却说是一样的，也许你的产品是失败的。记住：产品的差异应是由客户决定的。

很多人一听到客户投诉就头疼，他们把投诉看作灾难。根据行销管理专家的研究，67%的客户投诉以后都会是回头客。所以你有67%的机会还会让投诉的顾客回头，为什么？这是因为：他暂时不想放弃你；他暂时找不到替代品；他以为你会补偿。

如果他对你失望或者他有了替代品，你又什么补偿都没做，客户便只有一去不回头了。所以会抱怨的客户其实是好客户。

有的人一天到晚开发新客户，却忘了老客户。有句话说得好：结识新朋友，不忘老朋友。记住：不要忘了老客户。某公司有个纸品部，纸品部的经理有一天对总经理说"好消息，业绩增长了17%"。这的确是个好消息。总经理让他查查公司最大的四个客户所使用新闻纸的用量情况。结果他们发现老客户的用量减少了，新客户都是一些小报社。看来，这个公司的情况有些不妙。做生意不应该这样，而应该把老客户抓住，然后像同心圆一样地放大。老客户就是企业的口碑，他不断地替企业抓到新客户，一圈一圈地放大，这才是做生意的真正道理。一圈圈地放大，而不是增加新客户，丢掉老客户。

有位王先生有一次到上海出差住进某家酒店，这家酒店很不错，餐厅很漂亮。正在吃饭时，来了一位服务员说："先生，请您替我们填一下客户意见调查表吧。"王先生欣然同意，餐厅的装潢、价格、服务态度，他填的都是满意。王先生没有讲假话，他真的非常满意。但是那家酒店他从此再没有去过，那是他的第一次去，说不定也是最后一次去了。

为什么填了满意却没有再去呢？因为满意不等于忠诚，要让满意的客户变成一个忠诚的客户是非常困难的。

老赵曾在上海的一家西餐厅吃牛排。老赵要求的是要七分熟的牛排。牛排端上来，可是一刀切下去，像牛肉干一样。老赵就跟服务员说："服务员，这个好像不是七分。"服务员二话没说，用刀一切，然后说了声"对不起"，就把牛排收走了，又拿了小菜让老赵先吃着。过了一段时间，新的牛排出来了，符合老赵的要求。后来，这个西餐厅，老赵不但去了第二次，又去了第三次、第四次，还带了一些朋友，甚至还给他带来了几个新顾客。可见，老赵就是忠诚客户。如果服务员当初说："这就是七分。"也许，老赵从此不再去了，老赵就成了不满意的顾客，更不要说是什么忠诚顾客了，所以满意跟忠诚不一样。

5. 学会制定优质服务标准

制定优质服务标准是一个不断循环的过程，它有四个步骤，具体包括：分解服务过程；找出每个细节的关键因素；把关键因素转化为服务标准；根据客户的需求对标准再重新评估和修改。下面就具体介绍一下这四个步骤。

（1）分解服务过程。

制定优质服务标准的第一步就是要分解你的服务过程，也就是把顾客在你公司所经历的服务过程细化、再细化；放大、再放大，从而找出会影响顾客服务体验的每一个要素。

服务圈就是一个分解服务过程的工具。一个服务圈就是一张顾客经历某种服务的各个步骤图，每当顾客光顾一次，服务圈就运转一次。不同的行业、不同的岗位，服务圈肯定有所不同，所以画服务圈时要结合行业、岗位的特点。你甚至可以画出每个岗位、每个人的服务圈，从而让每个人都知道自己或自己的岗位所提供的服务过程是一个什么样的过程，有没有遗漏，关键步骤在哪里。

（2）确立可衡量的标准。

可衡量的标准在上一节已经阐述，这里强调：在你开始确定服务标准时，该考虑下面三个因素。

第一,你的竞争对手是怎么做的。不是说你的竞争对手做什么,你就做什么,但你应该知道他们的做法,以及他们的做法是否已在客户中构成了影响,为了与对手竞争,你应该做些什么。

第二,观察客户的行为。客户在调查表中也许并没有抱怨你的干洗店的环境,但当他进来等着拿衣服的时候,皱着眉头,这你就应该注意了。客户也许并没有抱怨菜的味道不好,但是 4 个客户中有 3 个点了某道菜而你的饭店却没有,这时你也应该注意了。

第三,你的行业以外的其他公司的好的做法。你应该了解当时社会的总的服务水平,你并不是总是要达到那种水平,但是你应该尽可能地接近那个水平,以便使你的服务能被客户接受。另外,革新通常来自你的行业以外的其他行业的通常做法。

(3) 定期对服务标准进行检查。

只有变化才是永恒不变的。定期检查可以使你的服务标准紧跟市场的变化,紧跟客户的要求,否则,优质服务标准很快就变成一般服务标准。你的标准制定出来后,这个标准是否合理、按照这个标准是否能提供优质服务,不是由你说了算,也不是由你的老板说了算,最有发言权的是你的客户。所以,我们要根据客户的需求来对标准重新评估和修改。另外,顾客的需求也是在不断变化着的。

这方面有很多例子。比如以前看房子要自己搭车去,后来有一家房产公司提供了看楼专线巴士,引起了轰动,也引来了同行的竞相学习,结果“看楼专线巴士”这一服务变成了房地产业的基本服务标准。又如“小区楼巴士”这一服务,在开始推出的时候,受到了业主的高度赞赏,在这一服务被普遍推广之后,就变成了基础服务标准。也就是说,如果没有这一项服务的话,业主就不会感到满意,或者说,这个小区给人的感觉是档次不够高。

(4) 制定新的优质服务标准。

根据检查结果,定期修改或制定新的优质服务标准,不要拘泥于一套标准,要保持标准应有的活力。以旅店业为例,拉斯迪宾馆的服务标准是以下几点。

① 顾客就座 2 分钟之内侍从和顾客说话。

② 顾客点饮料后 4 分钟之内饮料送到。

③ 第一杯酒送上去 5 分钟之内，看看是否再来一杯，观察顾客的满意情况。

④ 饮料上好后 4 分钟之内询问顾客是否想点菜（如果不上饮料，在就座后 4 分钟之内询问）。

⑤ 可口小吃、凉拌菜或酒 5 分钟内送到。

⑥ 在顾客点菜后 10 分钟内上主菜。

⑦ 盘子收拾完后 5 分钟之内上甜点、咖啡和酒后饮料。

⑧ 甜点上好后（如果没有甜点，在盘子收拾后）4 分钟之内出示账单。

⑨ 顾客把现金或信用卡放在布台上后 2 分钟之内，服务员把它拿走。

第五章 精细化管理的实施事项

第一节　精细化管理的前提

一、坚持与市场相链接

1. 骆驼和兔子需要不同的管理方式

骆驼在沙漠中行走，四平八稳，几天不喝水渴不死，为什么？骆驼大，还有两个驼峰，能储水；把兔子放沙漠里就惨了，兔子再快也不可能在短期内活着跑出茫茫沙海。

有些企业像骆驼，比如 GE、沃尔玛、IBM、可口可乐、百事可乐、宝洁等。他们首先谈企业的战略管理，动不动兼并、扩张，那是因为它们的规模摆在那里，是只典型的大骆驼。表 5.1、表 5.2 列出了一些“骆驼企业”的相关数据。

表 5.1　2003 年世界 500 强与中国 500 强营业收入前十名比较(亿美元)

序号	世界 500 强			中国 500 强	
	企业名称	国家	营业收入	企业名称	营业收入
1	沃尔玛	美国	2 465	中国石油天然气	458
2	通用汽车	美国	1 868	中国石油化工	457
3	埃克森美孚	美国	1 825	中国移动	198

（续表）

序号	世界 500 强			中国 500 强	
	企业名称	国家	营业收入	企业名称	营业收入
4	皇家壳牌	英/荷	1 794	中国工商银行	195
5	英国石油	英国	1 787	中国化工进出口	188
6	福特汽车	美国	1 639	中国电信	180
7	戴克公司	德国	1 414	中国一汽	154
8	丰田汽车	日本	1 318	中国人寿保险	153
9	通用电气	美国	1 317	中国银行	152
10	日本三菱	日本	1 094	中国建设银行	135

表 5.2　2003 年世界 500 强与中国 500 强十个行业首位资产规模比较(亿美元)

行业	世界 500 强			中国 500 强		中国/世界
零售	沃尔玛	美国	947	华联集团	8	0.008
汽车	通用汽车	美国	3 708	中国一汽集团	152	0.041
石化	埃克森美孚	美国	1 526	中国石油化工	889	0.58
电器	西门子	德国	770	海尔集团	42	0.055
电信	日本电报电话	日本	1 668	中国移动通信	445	0.267
贸易	三菱商事	日本	683	中国化工进出口	51	0.075
银行	花旗	美国	10 972	中国工商银行	5 769	0.526
食品	雀巢	瑞士	632	宜宾五粮液集团	17	0.027
电力	苏兹	法国	883	中国华能	151	0.171
钢铁	日本钢铁	日本	317	宝钢集团	189	0.596

“骆驼企业”的这些数据显示了他们的市场占有规模。他们有很多成功的管理模式和管理方法，可这些模式和方法用在“兔子企业”身上就不一定适用了，最主要的原因是各自的市场基础不一样，我们必须基于市场来考虑管理，不能与市场脱节。

2001 年，学习型组织的概念进入中国，并在中华大地迅速发展，连学习型城市、学习型社区、学习型社会都应运而生。

同年，美国第二大软件生产商、世界500强企业中居第45位的甲骨文公司(Oracle)，开始在全公司范围内学习彼得·圣吉的《第五项修炼：学习型组织的艺术与实务》，并努力打造一种无所不在的“团队学习之轮”的学习型组织，并获得成功。在甲骨文公司，一种叫“深度会谈”的活动蔚然成风，该公司亚太地区每隔一段时间，就会邀请各地区总经理聚集在一个酒店里，穿着随意的衣服，谈论未来经营的模式，那时完全没有自我，只能挑战问题，不能批评他人。通过这种脑力激荡，打破地区、建制的限制，主管“引诱”属下讲出心里真实的想法，以求达到“改变主管心智模式”，乃至和员工“共享愿景”，协助属下“自我超越”。

同样的管理模式应用在两个不同的企业身上，会产生两种截然不同的效果。因为圣吉提出的五项修炼(包括系统思考、共同愿景、团队学习、自我超越和改变心智模式)是建立在西方企业管理特点之上的，而西方企业与中国企业生存和发展的市场“土壤”不一样，人员素质和管理水平差别也很大。西方企业管理规范、制度严格、人员素质较高，管理体系一般都比较规范化，而目前中国的很多企业管理水平和人员素质都不高，还没有建立起系统、规范的管理体系。因此，如果还没有理解学习型组织的真正含义，一味地生搬硬套，是不可能取得成功的。

2. 市场通吃导致管理粗糙

其实，“兔子企业”更需要的是精细化，包括管理的精细化和市场的精细化，两者是相辅相成的。市场盲目可能导致管理的盲目，市场通吃可能导致管理的粗糙。

有一家企业的销售管理一片混乱主要体现以下几方面。

(1) 公司人员变动较大，特别是销售人员的变动对经销商影响较大。

(2) 库存量大，资金运转困难。

(3) 供货速度慢，处理问题周期长。

(4) 随意性的口头承诺常常造成承诺不能兑现，经销商信心受挫。

通过初步调研，发现导致问题的三个原因。

一是价格乱。同一产品有不同型号、不同规格、不同价格，导致销售管理混乱。

二是渠道乱。销售政策各不相同导致绝大部分客户产生逆反心理，占了便宜还说吃了亏。

三是品牌乱。资源平均分散，犹如打水漂，不能有效集中拉升品牌。

再进一步分析“三乱”的原因，结论是问题源于盲目的“三迎合”。

一是盲目迎合客户的需求，把阴谋当圣旨。我们经常说，可以满足市场需求，但不等于刻意迎合每个客户的需要。有的公司经常把个别客户的无理要求扩大化，鸡毛当令箭，阴谋当圣旨，换个名称可以，改个批号也行，非标准包装也能够接受，独立型号未尝不可等。几年下来，产品大类就有几十个，系列百余种，品种已过万，一个年销售额不到一亿元的企业，如此多而杂乱的产品体系，怎么管？能不乱吗？

二是盲目迎合渠道开发的需要，把牌子当品牌。一个地区有了一个总经销商，再来一个不一样的品牌，就立马再上，说是为了最大限度利用资源，几年下来，所谓的牌子竟达十余个，别说品牌投入没到位，就连养活都难，何谈管理！

三是盲目迎合市场的响应速度，不顾企业的基础。一个非标准化、非自动化的制造企业，生产效率本就不高，为了快速发货，就只有增加库存，再加上牌子多、品种杂，管理的难度可想而知。

市场部门是企业赢利的龙头，但也可能是管理问题产生的源头。企业如果不注重市场细分，目标市场定位不准确，那么再优秀的管理者、再好的管理模式都救不了企业。

企业是个系统，企业营销绝不只是营销部门的事情，企业管理也绝不只是管理部门的事情。市场不做专业，不做精细，管理何来专业和精细？

3．市场利润趋零，管理行为转变

进入 21 世纪，市场利润越来越趋近于零的现实是无法改变的，唯一能把握在自己手里的是向内，向内部管理挖掘，再挖掘。一些先行的企业管理实践者开始改变自己企业的管理方向，以求得最大限度的管理效能，提高整个企业的赢利能力。

单从营销管理的角度来说，有五个方面的转变。

(1) 从高成本单一的市场炒作到系统的营销管理。一场轰轰烈烈的价格大战和促销大战过后,很快培养了中国消费者的价格敏感性。价格过低,营销成本过高,使企业不得不开始修炼内功,将注意力转向渠道和终端竞争。绝大多数企业已经意识到,以一种手段为主导,集中一点发力,兼顾其余的营销且还能取得显著成效的时代已经结束了。

(2) 营销管理工作重心下移。早期的业务员工作,主要任务是负责厂家与经销商之间的简单协调服务,如发展新客户、取得订单、督促发货、催收货款等,工作重心落在营销者身上。现在,营销工作到位的企业,其销售工作重心已下移到二级批发商。与此同时,一些企业已着手取消地市级经销商,由厂家设立物流配送中心或将地市级经销商改造为物流配送中心,直接在县级市场设置经销商,以减少流通环节,便于把市场做深、做细、做透。

(3) 目标管理,有效激励,提高营销队伍的整体质量。随着营销队伍的日渐扩大,终端工作的要求越来越高,销售管理问题日益突出。如何提高执行力、如何操作到位等问题,长期困扰着企业高层领导。在这种背景下,机制、团队文化建设、报表管理、短时检查、远程市场巡回督导、财务监察等管理手段应运而生,这是营销管理由粗放到精细的大进步。另外,日益加强的企业培训,普遍提升了业务员的素质。跨国公司培养的掌握了精细化运作的人才,开始被国内企业高薪争聘。所有这些,使国内企业营销队伍的整体质量有了明显的提升。市场利润的总体下降,也迫使我们抛弃过去简单的员工激励方式,转而采取更科学、更具可操作性的考核和激励模式,我们称之为立体式考核模式。

(4) 土枪换洋炮,加强信息管理的手段。重视信息和情报是管理精细化的重要方面。准确的市场情报是市场细分、目标市场锁定、产品和价格定位以及传播选择的前提,没有准确的情报就没有精确的市场目标。20 世纪 90 年代,不做市场调查就盲目上项目、开发新产品、制定营销策略的企业比比皆是。现在大不相同了,找调查公司的企业多起来了,一些企业内部甚至设立了专门的调查机构和人员,最重要的是企业开始高度重视市场情报的准确性,淘汰和排斥那些泛泛而论的、形式主义的调研公司和调研方法,强调市场调研的方法和过程,学会了用常识和经验来检验信息的准确性。

(5) 引进咨询,利用“外脑”。中国企业从不重视专业咨询到迷信“点子”,从策划的困惑到理性地利用外来专业力量,几经周折后,一些成熟的企业已经学会了如何鉴别及使用各种专业顾问机构,所有这些转变,都属于管理理念和行为对市场变化的呼应。工业化带来的生产规模化和社会分工专业化,必然导致市场竞争的白热化,也就必然使得市场利润大幅度降低并趋近于零。当我们都明白微利时代已经来临时,其实微利时代早就来临,利润早就接近于零。

沃尔玛 2004 年超过 2 500 亿美元的营业收入中净利润只有不到 4%,人家可是动用了几乎全球最好的管理模式和管理技术,都“武装”到天上了:有五个专用的卫星频道和一个专用卫星,没别的,就是最大限度地提高管理效能,向管理要效益。即便如此,利润仍然很薄。由此可见,国内的企业面临的提升管理水平的压力有多大了。

4. 基于市场规模的组织架构设置

某日闲暇时突然发现,世界 500 强的国外企业几乎没有叫“某某集团公司”的,而在中国正好相反,绝大多数所谓规模企业都一律冠以“集团”的名称,笔者见过的最小的集团公司是 15 个人。世界最大的零售企业沃尔玛公司的全称还是沃尔玛公司,而中国 2004 年最大的零售企业是华联集团。沃尔玛公司 2004 年营业收入已经超过 2 500 亿美元,而华联集团还在努力打破 100 亿美元年营业收入的神话。

这些年中国企业界一直为组织架构的设计煞费苦心,从分公司到事业部制,再到委员会下几大中心等,最后也没找到一个统一的模式。其实,哪有什么统一的模式,有的仅仅是适合自己企业市场规模的模式。

二、 立足于财务报告

马克思认为,一种科学只有在成功地运用数学时,才算达到了真正完善的地步。同样,精细化管理必须有效运用财务的数据系统。时至今日,我们还有不少老板看不懂“资产负债表”,仍然有大批总经理不要求出“现金流量表”,这样一来,相当于管理者自己就没有了判断的标准。

1. 财务是经营成果的科学反映

万科房地产在总结自己的行业地位时，也是用具体的财务数据做出分析：参照美国和日本市场的数据，各个行业中的前五位在市场份额中基本上应该占到 16%～20%，也就是说，前五位的企业平均最低的市场占有率是 3%。万科 2003 年的市场占有率是 0.99%，即便是万科达到了 3%的市场占有率，规模也只不过和海尔相当。王石也喜欢用数字说话，他说："有人问我登山难还是做企业难时，我还是毫不犹豫地告诉他做企业难。登上珠穆朗玛峰前，我用了 5 年的时间去准备，做企业我做了 19 年。如果把登上珠穆朗玛峰看作是做企业，万科充其量还在 6 500 米的高度上。"

2. 财务是具体管理活动的重要组成部分

海信向来以"保守"的财务管理著称。海信认为：财务是一个企业的血液，如果血液不畅通，企业就会休克乃至死亡；企业无力偿还到期债务，才是破产的真正标准；在发展速度与财务健康的选择上，宁要健康不要速度；"做大先要做强""要面子不如要肚子"。海信对财务上的"保守"主要表现在以下三个方面。

(1) 集团内各子公司的一把手必须懂财务，并将其列为任职的首要条件。在海信的整个考核体系中，财务指标与子公司总经理的年薪挂钩，比如子公司未收账款超过销售收入的 5%，就否决年薪。海信还在总部及各子公司设立监察部，巡回检查、核实子公司及其下属办事处上报的财务数据，以全面掌握人、财、物等各方面的信息。海信自 1998 年以来，从未发生业务人员卷款潜逃的情况。

(2) 对财务的考核列为考核要素的第一位。海信股份公司的考核指标体系为：回款占 30%；市场管理如占有率、信息、促销执行、宣传等占 25%；服务如网点管理、顾客满意度等占 25%；业务管理如周转次数、库存水平、资产安全、商家业务确认等占 10%；财务管理本身占 8%；子公司内部管理占 2%。

(3) 牢牢地控制资产负债率，提高资金的周转速度。通过有效地控制，近年来，海信的规模、净资产、收入超速增长，但资产负债率却连年下降，取得了良好的效果。

2003 年，红豆集团以 60.54 亿元销售额位居中国服装企业销售排行榜亚军。为了改变粗放式管理，它在车间管理中规定，工人加工衣服时，两件连着的衣服拷边线不能超过 1 厘米。财务数据显示，通过科学合理拼版、裁床使原来采购预计制作 8 000 件服装的面料节省了 416 米，仅此一项就可节约成本 5%。

3. 财务是为管理者提供决策数据分析的系统

中国电信检讨自身存在的粗放式管理现象时，就更多地从财务的角度来思考。中国电信北京研究院院长肖学金在《精确管理是什么？看中国电信》一文中指出：企业的计划性不强，往往是上半年多上项目多花钱，下半年需要上项目时投入资金紧张；企业的收入、成本和客户信息数据不准确；企业全面预算缺乏刚性，主要原因是“心中无数”；企业的基础工作不到位，信息存在严重的不对称，管理人员以各种理由质疑预算指标；企业管理人员缺乏职业素质的训练，习惯于定性分析，往往是理念超前，实施落后。

当前，很多企业的高层管理者，比较喜欢探讨《孙子兵法》和《易经》，想从其中获取管理的灵感，精力过度集中于空泛、高深的理论上，缺乏对具体管理方法的研究，缺乏行之有效、可操作性强的管理思路。在具体管理活动中，不免经常出现形式主义的倾向，企业抓质量时“质量重于泰山”，抓安全时“安全重于泰山”。企业领导层热衷于哲学层次上的管理思路和经营战略的思考，不从财务分析入手，不具体研究管理中的细节问题，决策简单，规则空泛，所有这些正是粗放型管理的一个重要特征。中国电信的肖学金认为，一种高效、节约的企业管理方式应具有四个特征，其中明确提出：关注企业的财务状况，强调数量化、精确性。

三、立足于素质训练

1. 管理源于素质，素质源于训练

任何先进的管理理念、优秀的管理模式和方法、完善的规则（程序和制度），落脚点都在训练——有效的、持续的素质训练。训练养成习惯，习惯体现素质。“才者因傲而败，常人因惰而庸。”我们常常讲训练有素，是从军队作风中延伸过来的。一个刚参军入伍的人不太可能天生具有军人气质，也就是军人的素质，只有经过从立正、齐步走、正步走等严格的、长期的训练后，形成习惯，才有可能具备军人的气质，才能养成把被子叠成“豆腐块”，把东西收拾得规规矩矩的好习惯，这种好习惯不亚于“5S”的要求。所谓军令如山，军人有服从的好习惯，这种好习惯能形成强大的战斗力，保证执行的不折不扣。如果我们的企业员工都具备军人的素质，再加上专业知识和专业技能，企业制度可能就成为多余的了。

1993 年比尔·盖茨就在《未来之路》这本书上做过预测：未来一半以上的社会劳动力是不需要参加工作的；即使参加工作，工作的时间也不会超过学习的时间；即使这样，工作的人有一半时间也是在休息。也就是说大多数人不工作，工作的人大多数时间不工作，那干什么呢？在学习和训练，以便获得工作机会。如果现在不对员工进行专业化的训练，就等于完全地放弃了他们。

曾经听说过一段悲剧式的笑话，说是老板进了员工食堂后对自己平时漠视员工生活质量感到惭愧；等进入车间则脸色转阴，后悔自己给员工吃得太好，意思是员工素质太差，干活不认真，效率太低，是员工对不起自己。这种老板挺矛盾，他既想人性化管理的味道多一些，又希望员工拼命提高效率。员工素质不能提高是企业职业化训练太弱，员工内心希望的不是一顿饭吃饱吃好，而是顿顿吃饱吃好，也就是自己工作能力的提高、职业素质的提升，才会有更好的成绩，获得更丰厚的报酬。所以，中国社会的人性化管理最重要的是加强员工的职业化训练。

记住张瑞敏曾经说过的话：“部下素质低不是你的责任，但不能够提高部下的素质，是你的责任。”

2. 工资是费用，训练是投资

工资是给劳动力买单，训练是为岗位投资。工作任务是训练的机会，工作岗位是训练的平台。事实上一个人工作无非是为获得三种东西：一是金钱，回避金钱是一种虚伪，只谈金钱是一种庸俗；二是学习和训练的机会，不断进步的机会；三是获得提升自身价值的平台。每个人都希望提升自己的核心竞争力，希望不断地获得学习的机会、训练的机会。所以，训练对个人和企业都是一种投资。

英国有些企业家认为，企业不仅要组织员工创造财富，同时也要为员工提供学习的机会，这种理念被称为“第二次哥白尼革命”。美国企业每年在培训上的花费大约在300亿美元，约占雇员平均工资收入的5%。

正因为这样，我们提出珍惜工作岗位，就是珍惜训练的平台。事实上一辈子是很短暂的，现在世界上最长寿的日本人，平均寿命为75.66岁，除去吃饭、聊天、睡觉等，真正工作的时间只有3.3年。所以，真正巨大的投资是时间和生命，如此有限的时间和如此宝贵的生命，没有理由不珍惜，更加没有理由不学习。1984年，派瑞曼说过：“到下世纪初，美国将有3/4的人成为知识工作者，他们都将意识到持续不断的职业训练不仅是你得到工作的先决条件，而且是一种主要的工作方式。”

看来，预言已经或正在应验：学习和训练，本身就是工作的一部分。

3. 训练讲究套路，套路注重细节

训练不等于学习，也不等于培训，关键的不同在于“练”，讲究方法地“练”。

比如说话，正常人都会，但在一个训练有素的组织中，说起话来就必须有章法，因为组织是要讲效率的，慢腾腾地说下去不仅耽误时间，还会使沟通不畅。曾经推行过一种说话的方法，摘要如下。

(1) 三分钟说话。说一件事之前自己先思考一下，三分钟可以说清楚，就不要啰唆。孔子的思想那么深奥，都可以用一句话“己所不欲，勿施于人”来概括，还可以用一个字“恕”来概括。孔夫子都如此惜言若金，我们更没资格为自己的啰唆找借口。

(2) 分条陈述。把一件事分成一二三条，会更容易让人听明白。

(3) 学会用三段论的方式。先告诉对方结果，再说过程，或者是先说结论，后作补充、强调、说明等。

(4) 多用数据说话。利用数据说话会更有说服力。

(5) 多用组织专用的名词。利用专用名词可以更准确地表达，避免啰唆。

第二节 精细化管理的原则

一、数据化原则

西方谚语：我们相信上帝，除此之外都必须用数据说话。

我们常说："做人要宽容，做事要严谨；宽容源于良知，严谨来自数据。"

做人要宽容，做事要严谨，这是普遍的社会法则。做事情最忌讳"大概""差不多""可能是这样"等似是而非的判断，也忌讳主观的臆想与无序的安排，懵懵懂懂的作风，容易误事、坏事。管理是做人的过程，更是做事的过程，所以，管理不仅仅要给团队一种和谐奋进的氛围，更要使团队在做事上有一种严谨态度与科学作风。管理者与团队要有数字化的观念，要学会用数字化方法来描述企业活动的目标、计划、运行状态，更要懂得运用数学工具总结、判断、预测企业各项活动的规律，以便我们更加客观地、准确地、系统地安排企业的作业活动，使企业能够高效、低耗地运行。

管理学科的发展历程也一再证明着科学化、数字化、技术化的作用。从20世纪初泰勒的科学管理实践到21世纪初的ERP、六西格玛等管理手段的推广，使科学化、数字化、技术化管理深入到了企业的各个层面，极大地提高了企业的管理效率，拓宽了企业的管理宽度，为企业的进步和社会的发展奠定了坚实的基础。

数据化原则强调的是用数据说话、用数据分析、用数据要求、用数据检验。它的作用在精细化管理中表现为八个方面。

第一，用数据明确要求，让员工知道怎样做是正确的。

第二，用数据明确标准，让员工知道做到什么程度是正确的。

第三，用数据明确目标，让团队知道任务的海拔高度，知道自己的行程距离。

第四，用数据明确计划，让团队知道应该怎样走，他们可以得到什么装备，什么供给，知道怎样分配资源，怎样使用装备。

第五，用数据扫描环境，知道企业产品与竞争者是否有差距，差距在哪里，差距多大。

第六，用数据检讨执行，查找执行与计划的差距。

第七，用数据推演数据，找到科学的结果。

第八，用数据链接数据，找到企业管理中的漏洞。

前六个方面是怎样做的问题，在企业管理实践中大家深有体会，后两个概念可能有些含混，这里重点解释一下。

1. 用数据推演数据，找到科学的结果

有一种职业叫精算师，它是世界上收入最高的职业之一。据说获得精算师资格后，不但不愁找工作，而且只要被聘任，年薪最低 100 万美金。为什么他们收入这样高呢？因为他们可以计算出一项投资或者一项新业务的盈亏概率，尤其在保险、金融等领域，新业务论证时，一般都要请国际精算师进行盈亏概率推算。

这个行业存在的本身说明企业活动有着很强的数理联系，我们可以通过数理关系找到我们想要的结论，以便用于企业决策或规划。

2. 用数据链接数据，找到企业管理中的漏洞

企业运行中所有数据都是相互关联的，销售数据、生产数据、采购数据、财务数据都是相互关联的，透过这些数据，我们可以看到企业管理中的问题。

洛克菲勒在管理自己的石油公司时，有这样一个例子：有一个矿长在公司领了 100 个油桶盖，过了一周后又来领油桶盖，洛克菲勒对他讲，上周你那个矿生产了××吨石油，这些石油只能装 40 桶，你还有 60 个桶盖没有用，现在还来领桶盖是何道理？这个例子说明企业管理中各个环节数据是相互联系的，管理者可以通过某种关系发现管理环节上的某些问题。

二、操作性原则

1997 年，沈阳飞龙集团的姜伟在闭门思过两年后，归纳出自己企业管理的

20 大失误，其中一大失误是管理规章不实不细。姜伟有一条刻骨铭心的教训：规则的制定仅仅是第一步，其后必须增加两方面的内容，即规则实施细则和实施检查细则。姜伟先生总结的教训正是规则的操作性问题。

一种表现是规则经常被孤独地挂在墙上。另一种表现是一些讲不清的“特殊情况”。“特殊情况下总经理批示”在很多企业的规则条文中经常出现。何谓特殊情况？规则以内的特殊，还是规则以外的特殊？规则以内没有特殊，因为已经在规则中规定好了；规则以外的特殊概念无法界定，也不是总经理有权批示的。解决的办法有两个：一是尽量把规则考虑得更细；二是去掉这种不能操作、又容易产生腐败的表述。

还有一种说不清道不明的“临时交代”。此类表述一般出现在岗位职责规定中，规定的末尾为了“防止漏洞”而特别加上的。“临时交代”的事到底是何种事？有多少？没说清楚。员工完成领导“临时交代的任务”是可以的，但是一般不能超过这个岗位总工作量的 5%，否则就乱套了，很容易成为某些领导随意指挥员工做这做那的借口。

三、底线原则

底线有时是红线，底线问题是规则最大容忍度的问题。平时我们所说的“到了忍无可忍的程度”便是最形象的红线表达，这种情况更多的是指触犯了制度，需要动用处罚的条款。比如某公司关于广告费的报销规定中有下列条款。

（1）超出本公司审批范围内的广告费用。

（2）实际投放与公司审批不符的广告费用。

（3）广告内容中出现与本公司或本公司产品无关内容的广告费用。

（4）多报、虚报的广告费用。

（5）不能提供公司广告费用报销必须提供的相关凭证的广告费用。

以上全是越线不予理睬的底线条款，对于有上述情况之一的不予报销或冲减广告费用，敬请见谅。

底线也有可能是上限或幅度线，这种上限更多地用在奖励性的规则中，比如“最高不超过50 000元”“最长不超过3小时”等，其中的50 000元和3小时就是底线。也有可能是一种幅度要求，比如“误差幅度要求在3.5毫米以内”“年龄要求在25～30岁”等。

还有一种底线是保障线。最典型的是关于最低库存量的描述，但零库存的概念不属此列。笔者认为零库存更多是一种理想境界，或者是在很多、很难实现的先决条件成立时才能做到的管理目标。

四、交点原则

案例5-1

民航机场指挥塔是飞机飞行的“最高指挥官”，这种指挥绝对不能出任何差错。为了保证发出的任何一道命令不出差错，管理者设计了相应的保护屏障。

（1）每个人发布的命令要写在专用卡片上，并且保存六个月。对每架飞机发布的任何一个指令都要同时速记下来，将专用的卡片保存起来。

（2）任何一道命令的发布是由两个人互相印证的。一个人发布命令，另外一个人会在图表上标记出来，一个说，一个核对，通知哪道的飞机何时起飞，或者哪架飞机飞到多高，速度多快，同时在计算机上也会体现出来。如果说错了及时纠正，保证说的和想的一致。

（3）设一个监督员，站在两个人的背后，负责监督两个人的印证关系。一系列的录音和书面记录都要保留六个月，严格执行点对点的对接，出了问题可以随时检查。

通过飞机指挥塔的小例子我们发现管理中交点问题存在于岗位与岗位、部门与部门、上下级、组织内外、相关的组织、共同利益体之间等，现代社会的分工越来越细，必然带来事与事、事与岗位、岗位与岗位之间的交叉点，我们称之为管理的交点。

管理中的交点很多时候成了管理的盲点，原因在于我们对交点的漠视，对解决交点问题的无助，把事和人变成了“孤独”的事和“孤独”的人，总之，忽略了管理的交点原则。

岗位之间的交点通常用沟通的方式解决。关于沟通的艺术、沟通的方法已经有很多的专著进行了论述，团队通过训练是可以较好地解决的。这里补充一个叫口头复述的方法，也就是主管在布置下属工作事项时把要点讲清楚，然后请下属口头复述一遍，无非是起到强调和重视的作用，主要用在日常工作中不需要或来不及行文的情况。

多个岗位共同完成一项工作时，仅靠单对单的沟通就不够了，我们通常采用统一格式的工作进度表来解决交点问题，比如推进一项调色系统的工作，如表 5.3 所示。

表 5.3　调色系统项目准备工作进度表

序号	项目	责任人	完成时间	跟进人	备注
1	调查问卷		2014/5/16		调查对象的要求、数量
2	基础漆		现存		3000#
3	色浆		2014/6/15		外购、重定价格和规格
4	配方软件		2014/6/15		要与千色配套
5	调色设备		2014/6/15		先购一台调式
6	色卡展示		2014/6/15		千色卡和展示台
7	附件		2014/6/15		为调试购买样板
8	内、外墙基础漆的市场价格		2014/6/20		会议讨论
9	市场推广方案		2014/6/20		会议讨论

一件事情有许多子项目，每个子项目有不同的责任人、完成时间和验收标准，一个综合性的工作拆分成了若干个工作表，人手一份，大家都按照这个表在规定的时间内完成。这样我们就能够成为一个有机的整体，而不是一群优秀

的、完成任务的人等待一个不负责任的人，这就是统一格式的工作进度表给我们带来的方便。

需要强调的是责任人必须是唯一的，第一责任人不在必须有第二责任人来完成他的任务，每个子项目只能是一个人负责，而不是两个人来负责。

唯一的事对应唯一的责任人，这样才有责任，才有人承担责任。

第三节 精细化管理的工具

工欲善其事，必先利其器。精细化管理只是一种理念，它以先进的管理工具为基础。

一、“5S”管理

1. 什么是“5S”管理

“5S”管理就是整理(seiri)、整顿(seiton)、清扫(seiso)、清洁(setketsu)和素养(shitsuke)五个项目。“5S”起源于日本，最初是指管理人员在现场生产管理中对人员、材料、机器、工艺方法等生产要素进行有效的管理，是日本企业一种独特的生产管理办法，因为日语中这几个词的罗马拼音均以“S”开头，故称为“5S”管理。

(1) 五个“S”的意义。

整理——以效率为准则。目的：将空间腾出来灵活使用。

整顿——以效能为方向。目的：不浪费时间找东西，提高工作效率。

清扫——以改善为目的。目的：消除污垢，保持现场干净、明亮。

清洁——以形象为基础。目的：通过制度来维持成果，并显现“异常”的所在。

素养——以育人为根本。目的：提升人的品质，培养对任何工作都讲究认真的人。

“5S”的根本目的是通过提高人的素质，使员工把工作想到位、做到位，尽心、尽力、尽职、尽责。通过改变人的行动方法，训练每个人树立标准意识，严格按照标准工作，创造一个标准化的现场；通过彻底清理各种污垢，使设备和现场焕然一新；通过一切都有程序，人人都按程序办事，创造一个程序化的现场；通过把管理变得简单易行，将复杂专业的知识转化成具体的操作，帮助每个人完成好工作，创造一个目视管理的现场。

(2) “5S”的关系。

“5S”之间是相辅相成、缺一不可的关系。整理是整顿的基础，整顿又是整理的巩固，清扫显现整理、整顿的效果，而通过清洁和素养使企业形成一个整体的改善气氛。

“5S”以素养为核心。素养即教养，努力提高人员的素养，养成严格遵守规章制度的习惯，没有人员素质的提高，各项活动就不能顺利开展，即使开展了也坚持不了很长时间。

2. 为什么要推行“5S”管理

推行“5S”管理的主要好处有提高品质、减低成本、提高效率、减少安全事故的发生、提升员工素质、提高顾客满意度。

3. 推行“5S”的路径和方法

(1) 明确推行“5S”的意义和目标。通过学习、宣传、鼓励，让员工明白为什么做，如何做，形成共同的愿景目标。这一步实际就是培养共同的价值观，先统一思想，再统一行动。

(2) 拟订工作计划，纳入日常管理活动。分解目标并做出详细的工作计划(制定工作方案，选择最佳的工作方案)，为实现愿景目标而设计路线、方针、步骤、关键措施等。这一步实质就是制定实施方案，实施方案应有两个以上，从中选优。

(3) 组织资源(人力资源和物质资源)，调动骨干。班(组)长运用沟通艺术将愿景目标首先转化为骨干成员的共识，培养他们，使他们成为一支落实愿景的骨干力量。合理配置关键资源是实现目标的基础，它要求班(组)长必须审时度势，在关键时期、关键环节、关键部位配置关键资源。

(4)“5S”活动的实施与执行。一是要协调好员工之间的关系，激励群体行为。班(组)长要运用物质和精神刺激调动全体员工的积极性和创造性，明确告诉员工做好的益处，做不好对个人和班组的坏处，以提高员工的主观能动性和工作积极性。二是要建立协作网络。为贯彻实施目标、获得组织和相关人士的支持与协作，班(组)长要建立起正式或非正式的协作系统。

(5) 监督和评价。监督工作的全过程，对工作结果进行评估，在执行的过程中不断地检查和评价，评价后公布结果并进行相应的奖惩。

(6) 反馈和调整。在执行的过程中不断地根据反馈信息进行调整和控制。控制进度，不断地鼓舞士气，不断地化解矛盾，不断地排除障碍。

(7) 反思和改进。一是通过反思找出亮点，营造文化。任何目标的实现都需要一种文化的支持，班(组)长为推进“5S”管理、实现目标，要创建一套理念系统，营造一种良好的文化氛围。这一步的实质是总结经验、提炼文化、提高班组整体素质的过程。二是通过反思找出不足，提出改进措施，提升班组的执行效果。

作为一个有效的领导过程，就是要通过履行以上七项工作，引导、借势、借力，推进变革，以实现愿景目标。简单说，“5S”就是以生动的可视化管理，辅助现场管理的推进；以目标管理分层次、分阶段落实推进过程；以项目管理技巧，组织各项难题攻关；以企业形象法则，塑造完美生产现场，建立教育型团队；运用企业教练法则，让员工和企业共同成长；以简洁公正的绩效评估体系和员工激励，引导组织进步。

4. 推行“5S”管理的要领

(1) 整理。整理应该做到三个要点：将需要和不需要的东西分类；丢弃或处理不需要的东西；管理需要的东西。整理后，我们会发现可以使用的空间远比想象的要大很多，所以整理是“5S”的基础，也是“讲效率、保安全”的第一步。

整理推行要领：对所在的工作场所(范围)进行全面检查，包括看到的和看不到的；制定“需要”和“不需要”的判断基准；清除不需要的物品；调查需要物品的使用频度，决定日常用量；制定废弃物处理方法；每日自我检查。

（2）整顿。整顿是将物品归类后定位，要求能在30秒内找到要找的东西，将寻找必需品的时间减少为零，即需要的物品能迅速取出，需要的物品能立即使用，需要的物品处于节约的状态。

整顿的三要素：场所、方法、标识。经过整顿，工作场所一目了然，工作环境整整齐齐，减少了寻找物品的时间。生产现场物品的合理摆放，不仅有利于提高工作效率和产品质量，还有利于保障生产安全。

整顿推行要领：要落实前一步整理工作；布置流程，确定放置场所；规定放置方法；画线定位；标识物品。

（3）清扫。清扫是将生产区域或岗位作业区域保持在无垃圾、无灰尘、干净整洁的状态。

清扫的对象：脏污的工作场所、工作设备、工具等。

清扫工作必须做到责任到人，互相帮助，规定例行清扫的时间、时段及内容。对设备的清扫应着眼于设备的维护与保养；对工作场所的清扫要从根本上清扫，即杜绝或隔离污染源。有效清扫的程序如表5.4所示。

表5.4　有效清扫的程序

清扫	将清扫作为工作的一项程序（业务）来做。工作结束先扫后擦，直至有光亮	日常清扫
检查	在清扫过程中对设备、机械进行检查，感知设备、机器发生的变化和异常	感知清扫
维修	发现的细微损坏要立即进行复原，不能复原的挂上“维修卡片”，通知维修人员	维修清扫

清扫推行要领：建立清扫责任区（室内外）；执行例行扫除，清理脏物；调查污染源，予以杜绝；建立清扫基准，作为规范。

清扫推行的重点：使场所达到没有垃圾、没有脏物的状态；使工具等能正常使用；杜绝因环境造成的废品；清扫要用心来做。

（4）清洁。清洁是使日常活动及检查工作成为制度，将整理、整顿、清扫内容进行到底，并且使各项生产管理工作公开透明。如果前三个“S”的实施半途而废，那么原先设定的工作场所又会成为新的污染源，从而造成困扰。所以，清洁必须制度化，定期检查，制定考评方法，实行奖惩制度。

(5) 素养。素养是对所有现场管理者和工作人员的要求，是将前面的四个“S”步骤标准化，从而使活动维持和推行。凡是已经规定了的事，每个员工都要认真地遵守执行，并养成严格执行各种规章制度、工作程序和作业标准的良好工作习惯和作风。

依规定行事，养成好习惯。每位成员都要保持良好的习惯，遵章做事，树立积极主动的工作作风，如培养遵守规则的习惯，营造文明高效的工作氛围，倡导集体主义和团队精神。

素养推行要领：持续推动前“4S”至习惯化；制定共同遵守的有关规则、规定；制定礼仪守则；教育训练（新进人员应加强这个训练）；推动各种精神提升活动。

二、目视管理

1. 什么是目视管理

目视管理是通过视觉引导人的意识变化的一种管理方法，它利用形象直观、色彩适宜的各种视觉感知信息来组织现场生产活动。它以视觉信号为基本手段，以公开化为基本原则，尽可能地将管理者的要求和意图让大家都看得见，借以推动看得见的管理、自主管理、自我控制，从而达到提高劳动生产率的目的。

“5S”管理和目视管理是现场管理的两大工具，两者相辅相成，虽是两个不同的系统，但都是推行精益生产的基础，也是企业降低管理成本、提高管理效率、改善现场的最直接、最有效的方法。

“5S”管理是创建和保持组织化、整洁和高效工作场地的过程和方法，可以教育、启发和养成良好的“人性”习惯。目视管理可以在瞬间识别正常和异常状态，又能快速、正确地传递信息，使各种管理状态、管理方法清楚明了，达到“一目了然”的效果，容易明白、易于遵守，从而让员工自主地理解、接受、执行各项工作，给现场管理带来极大的好处。

2. 目视管理的主要工具

(1) 红牌。红牌适用于"5S"中的整理,是改善的基础起点,用来区分日常生产活动中的必需品和非必需品,这种挂红牌的活动又称为红牌作战。

(2) 看板。用在"5S"的看板作战中,是所使用的物品放置场所等基本状况的表示板。它能表明所使用物品的具体位置在哪里、做什么用、数量多少、谁负责,甚至谁来管理等重要的项目,让人一看就明白,强调的是透明化、公开化。

(3) 信号灯或者异常信号灯。在生产现场,第一线的管理人员必须随时知道作业员或机器是否在正常地作业,是否在正常开动,也就是说,信号灯是工序内发生异常时用于通知管理人员的工具。

(4) 操作流程图。操作流程图本身是描述工序重点和作业顺序的简明指示书,也称为步骤图,用于指导生产作业。在一般的车间内,特别是工序比较复杂的车间,在看板管理上一定要有操作流程图,如原材料进来后,第一个流程可能是签收,第二个工序可能是点料,第三个工序可能是转换或者转制,这就是操作流程图。

(5) 反面教材。一般是结合实物和图片等形式,展示现场作业人员的不当行为及后果。一般放在人多的显著位置,让人一看就明白,提醒员工不能违规操作。

(6) 提醒板。提醒板用于防止遗漏。健忘是人的本性,很难杜绝,只有通过一些自主管理的方法来最大限度地减少,比如有的车间进出口处有一块板子,上面写着今天有多少产品要在何时送到何处,或者什么产品一定要在何时生产完毕,再或者是下午两点有一个什么检查。

一般来说,提醒板上用纵轴表示时间,横轴表示日期,纵轴的时间间隔通常为一个小时,一天用八个小时来区分,每一个时间段记录一次正常、不良或者次品的情况,必须由作业者自己完成。

提醒板还有另一个作用就是一个月统计一次,在每个月的例会中总结,与上个月进行比较,看是否有进步,并确定下个月的目标。

(7) 区域线。区域线是用线条画出半成品放置的场所或通道等区域,主要用于表示整理与整顿、异常原因(停线故障)等。

(8) 警示线。警示线是在仓库或其他物品放置处，用来表示最大或最小库存量的、涂在地面上的漆线。

(9) 告示板。告示板是一种及时管理的工具，也就是公告，是一种让大家都知道的公示工具，比如今天下午两点开会，就在告示板上书写这些内容。

(10) 生产管理板。生产管理板是揭示生产线的生产状况、进度的表示板，记录生产实绩、设备开动率、异常原因(停线故障)等。

3. 目视管理的内容

(1) 规章制度与工作标准的公开化。为了维护组织纪律，实现安全生产和文明生产，凡是与现场工人密切相关的规章制度、标准、定额等，都需要公之于众；凡是与岗位工人直接有关的，都应分别展示在岗位上，如岗位责任制、操作程序图、工艺卡片等，并要始终保持完整、正确和干净。

(2) 生产任务与完成情况的图表化。凡是需要大家共同完成的任务都应公布于众，包括生产计划指标、实际完成情况、出现的问题、发展的趋势等，用作图法、列表法张贴在墙上，按期公布，以促使集体和个人都能按质、按量、按期完成各自的任务。

(3) 与定置管理相结合，实现视觉显示资讯的标准化。在定置管理中，为了消除物品混放和误置，必须有完善而准确的资讯显示，包括标志线、标志牌和标志色，因此，目视管理在这里便自然而然地与定置管理融为一体。定置管理要求采用清晰的、标准化的资讯显示符号，将各种区域、通道、辅助工具(如料架、工具箱、器具、生活柜等)均运用标准颜色标记，同时不得任意涂抹。

(4) 生产作业控制手段的形象直观化与使用方便化。为了有效地进行生产作业控制，使每个生产环节、每道工序都能严格按照标准进行生产，杜绝过量生产、过量储备，要采用与现场工作状况相适应的、简便实用的资讯传导信号，以便在后道工序发生故障或由于其他原因造成生产停止时，前道工序不再供应在制品，操作人员看到信号，能及时停止投入，比如“广告牌”就是一种能起到这种作用的资讯传导手段。

(5) 物品的码放和运送的数量标准化。物品码放和运送实行标准化，可以充分发挥目视管理的长处，比如各种物品实行“五五码放”，各类器具包括箱、盒、盘、小车等，均应按规定的标准数量盛装，只有这样，操作、搬运和检验人员点数时才能既方便又准确。

(6) 现场人员着装的统一化与实行挂牌制度。现场人员的着装不仅起劳动保护的作用，在机器生产的条件下，也是正规化、标准化的内容之一。它可以体现员工队伍的优良素养，显示企业内部不同单位、工种和职务之间的区别，同时还具有一定的心理作用，使人产生归属感、荣誉感、责任心等，对于组织指挥生产也可创造一定的便利条件。

挂牌制度包括单位挂牌和个人佩戴标志。

(7) 色彩的标准化管理。色彩是现场管理中常用的一种视觉信号，目视管理要求科学、合理、巧妙地运用色彩，实现统一的标准化管理，不允许随意涂抹。

4. 为什么要推行目视管理

推行目视管理的原因：传播文化，鼓舞士气；提醒规则，监督行为；发现问题，显现问题；重点提醒，预防隐患；指挥生产，反映水准；信息共享，人人皆知；简单清晰，人人会用；提高质量，提高效率。

据统计，人的行动60%是从“视觉”感知开始的。因此，在企业管理中，要求各种管理状态、管理方法清楚明了，达到“一目了然”的效果，容易明白、易于遵守，从而可以让员工自主地理解、接受、执行各项工作。

5. 实行目视管理的原则

实行目视管理包括四条原则。

(1) 无论是谁都能判断是好是坏(异常)。

(2) 能迅速判断，精度高。

(3) 判断结果不会因人而异。

(4) 推行目视管理的基本要求。

推行目视管理，要防止搞形式主义，一定要从企业实际出发，有重点、有计划地逐步展开。在这个过程中，应做到的基本要求是统一、简约、鲜明、实用、严格。

① 统一。目视管理要实行标准化，消除五花八门的杂乱现象。

② 简约。各种视觉显示信号应明白易懂，一目了然。

③ 鲜明。各种视觉显示信号要清晰，位置适宜，现场人员都能看得见、看得清。

④ 实用。不摆花架子，少花钱、多办事，讲究实效。

⑤ 严格。现场所有人员都必须严格遵守和执行有关规定，有错必纠，赏罚分明。

6. 目视管理的类别及其要点和方法

（1）目视管理的物品管理。物品管理是指在日常工作中对工具夹、计量仪器、设备的备用零件、消耗品、材料、在制品、完成品等各种各样物品进行的管理。目视管理的物品管理要点如下几方面。

① 明确物品的名称及用途。方法：分类标识及用颜色区分。

② 决定物品的放置场所，使不同的场所容易判断。方法：采用有颜色的区域线及标识加以区分。

③ 物品的放置方法要得当，保证其顺利地进出。方法：先入先出。

④ 决定合理的数量，尽量只保管必要的最小数量，且要防止断货。方法：标识出最大在库线、安全在库线、下单线，明确下单数量。

（2）目视管理的作业管理。作业管理是指现场工作是通过各种各样的工序及人组合而成的。作业管理针对各工序的作业是否按计划进行、是否按决策实施等进行管理。在作业管理中，能很容易地看到各作业及各工序的进行状况以及是否有异常发生。目视管理的作业管理要点如下几方面。

① 明确作业计划及事前需准备的内容，核查实际进度与计划是否一致。方法：用日历、生产管理板、各类看板等。

② 作业按要求实施，能够清楚地判定是否在正确实施。方法：重点事项上用正反面教材（事例）、欠缺品（误用品）、警报灯。

③ 在提早发现状况异常上下功夫。方法：使用异常警报灯。

（3）目视管理的设备管理。设备管理是指以能够正确、高效地实施清扫、点检、加油、紧固等日常保养工作为目的的管理。目视管理的设备管理要点如下几方面。

① 清楚明了地表示出应该进行维护保养的重要部位。方法：管道、阀门的

颜色分别管理。

② 能迅速发现发热异常。方法:在马达、泵上使用温度感应标贴或温度感应油漆。

③ 正常供给、运转要清楚明了。方法:在旁边放置玻璃管、小飘带、小风车等。

④ 在各类盖板的极小化、透明化上下功夫。方法:特别是驱动部分,下功夫使其容易“看见”。

⑤ 标识出计量仪器的正常范围、异常范围。方法:用颜色表示出范围,如绿色表示正常范围,红色表示异常范围。

⑥ 设备是否按要求的性能、速度在运转。方法:揭示出应有周期、速度。

(4) 目视管理的品质管理。品质管理是指为了有效防止“人的失误”的产生,减少品质问题的发生而进行的管理。目视管理的品质管理要点如下几方面。

① 防止因“人的失误”导致的品质问题。方法:合格品与不合格品分开放置,用颜色加以区分,类似品用颜色区分。

② 设备异常的“显露化”。方法:重要部位贴“品质要点”标贴,明确点检线路,防止点检遗漏。

③ 能正确地实施点检。方法:计量仪器按点检表逐项实施,定期点检。

(5) 目视管理的安全管理。安全管理是指将危险的事、物予以“显露化”,刺激人的“视觉”,唤醒人们的安全意识,防止事故、灾难的发生。目视管理的安全管理要点如下几方面。

① 注意有高差、突起之处。方法:使用油漆或荧光色,刺激视觉。

② 注意车间、仓库内的交叉之处。方法:设置凸面镜或“临时停止脚印”图案。

③ 危险品的保管与使用严格按照法律规定实施。方法:将有关规定醒目地标识出来。

④ 设置设备的紧急停止按钮。方法:设置在容易触及的地方,且有醒目标识。

三、管理看板

1. 什么是管理看板

管理看板是把希望管理的项目(如文件上、脑袋里或现场等隐藏的情报)通过各类管理板用数据、图表揭示出来,以便任何人都可以及时掌握管理现状和必要的情报,从而能够快速制定并实施应对措施。按照责任主管的不同,管理看板的分类如表5.5所示。

表5.5 管理看板分类

区分	公司管理看板	部门车间管理看板	班组管理看板
责任主管	高层管理者	中层管理干部	基层班(组)长
常用形式	大型标语、镜框、匾、现况板、移动看板	标语、现况板、移动看板、图表、电子屏	现况板、移动看板、活动日志、活动板、图表
项目内容	企业愿景或口号 企业经营方针、战略 质量和环境方针 核心目标指标 目标分解体系图 部门竞赛评比 企业名人榜 企业成长历史 大型活动展示 员工才艺展示 总经理日程表 生产销售计划	部门车间口号 部门方针、战略 公司分解目标指标 费用分解体系图 设备状态 改善提案活性化 班组评比 目标考核管理 质量工序基准 部门优秀员工 部门日程表 进度管理板 员工去向板 部门生产计划 安全现况板	区域分担图、清扫责任表 小组活动现况板 活动日志 设备日常检查表 变更点管理 工艺条件确认表 作业指导书或基准 个人目标考核管理 每日趋势管理 主题活动 个人生产计划 班组管理现况 物品状况板

2. 为什么要推行管理看板

管理看板具有五大作用:一是传递情报,统一认识,明确管理状况,营造有形无形的压力,以利于工作的推进;二是帮助管理,防微杜渐;三是强势宣传,形成改善意识,展示改善过程,让大家都能学到好的方法及技巧,同时展示改善成绩，让参与者有成就感、自豪感；四是褒优贬劣，营造竞争的氛围；五是加强客户印象，树立良好的企业形象。

管理看板使管理活动透明化，是发现问题、解决问题的有效且直观的手段，是优秀现场管理必不可少的工具之一。

3. 日常管理看板

在日常工作中，我们常运用的管理看板有以下几种。

(1) 设备计划保全日历。即设备预防保全计划。它将定期检查、定期加油及大修的日程，以日历的形式预先制定好，并按日程实施。其优点是像查看日历一样方便，而且日历上已经记载了必须做的事项，等完成后在上面做标记即可。

(2) 区域分担图。即责任看板。它是将部门所在的区域（包括设备等）划分给不同的班组，由其负责相应的清扫、点检等日常管理工作。其优点是从全局考虑，不会遗漏某区域或设备，是彻底落实责任制的有效方法。

(3) 安全无灾害展示板。它是为了预防安全事故的发生而开展的每日提醒活动，包括安全无灾害持续天数、安全每日一句、安全教育资料与信息，一般设置在大门口或员工集中的地方。

(4) 班组管理现况板。它集中部门目标、出勤管理、业务联络、通讯联络、资料、合理化建议、信箱等内容，是班组的日常管理看板，一般设置在休息室或早会的地方。

总之，管理看板的使用范围非常广，企业可以根据需要选用适当的看板形式。管理看板是一种高效的管理方法，对于管理者来说，有效地加以应用可以获得管理上的大解放。

四、 定置管理

1. 什么是定置管理

定置管理是对留用的物品做好标识，对其放置进行管理。定置管理的重点是放置场所、方法、标识。它要求物品的放置场所原则上要 100%设定，物品的保管要定点、定容、定量，生产线附近只能放置真正需要的物品。在整理工作被认真推行后开始整顿工作，经过整顿后，有用的物品定位、定量地整齐摆放，有明确的标识，每个人都能知道要用的物品在哪里。

2. 为什么要推行定置管理

定置管理可以达到的效果：一是不再浪费时间寻找物品，工作场所井然有序；二是优化空间。它是生产现场中的人、物、场所三者之间达到最佳结合状态的管理方法，是“5S”管理的一项基本内容。

3. 实行定置管理的步骤

（1）进行工艺研究。具体操作是先进行现场调查，详细记录现行方法；接着分析事实，寻找存在的问题；最后拟定改进方案。

（2）对人与物结合的状态分析。人与物的结合有两种形式，即直接结合和间接结合。直接结合是指需要的东西能立即拿到手，间接结合是指人与物呈分离状态。

（3）开展对信息流的分析。人与物的结合有四个信息媒介物：位置台账、平面布置图、场所标志、物品标示。

（4）定置管理设计。这一步包括两大设计。

① 定置图设计。定置图是对生产现场所有物品进行定置，并通过调整物品来改善场所中人与物、人与场所、物与场所相互关系的综合反映图。定置图绘制的原则：现场中的所有物品均应绘制在图上；定置图绘制以简明、扼要、完整为原则，物形为大概轮廓，尺寸应按比例绘制，相对位置要准确，区域划分清晰；生产现场暂时没有，但已确定并决定制作的物品，也应在图上表示出来；定置物可用标准信息符号进行标注，并在图上加以说明；定置图应按定置管理标准的要求进行绘制。

② 信息媒介物设计。它包括信息符号设计和示板图、标牌设计。

（5）实施。一是清除与生产无关之物；二是按定置图实施定置；三是放置标准信息铭牌。放置标准信息铭牌要做到牌、物、图相符，设专人管理，不得随意挪动。

总之，定置实施必须做到：有图必有物，有物必有区，有区必挂牌，有牌必分类，按图定置，按类存放，账（图）物一致。

(6) 定置检查与考核。一是定置后的验收检查；二是定期对定置管理进行检查与考核。定置考核的基本指标是定置率，它表明生产现场中必须定置的物品已经实现定置的程度。其计算公式是：

定置率＝实际定置的物品个数（种数）/定置图规定的定置物品个数（种数）×100%

五、标杆管理

1. 什么是标杆管理

标杆就是学习目标，标杆管理是企业将自己的产品、服务、生产流程、管理模式等与行业内外的领袖企业（员工）进行对比，以行业内外的领袖企业（员工）作为标杆，通过资料收集、分析比较、跟踪学习等借鉴他人的先进经验，重新思考和改进经营实践，改善自身不足，创造自己的最佳实践，从而提高竞争力，追赶或超越标杆企业的一种良性循环的管理方法。其过程是通过比较找差距、模仿学优点、创新求改进、追赶为超越。

中国有句古训："以铜为鉴，可正衣冠；以史为鉴，可知兴替；以人为鉴，可明得失。"标杆管理就是将这句话运用到现代的企业管理中。

标杆的主要种类包括四种。

(1) 内部标杆。确立公司内部最佳职能、实践、绩效标杆，然后推广到其他部门。

(2) 竞争标杆。以同行业内某些单位的先进做法为标杆进行学习。

(3) 职能标杆。以某些企业（行业）的优秀职能操作为学习标杆。

(4) 流程标杆。以最佳工作流程为学习标杆，如丰田的精益生产方式。

2. 为什么要推行标杆管理

实行标杆管理可以学习先进，提升管理水平，提升工作能力，实现超越；可以比照选择的标杆，确定企业中期、长期发展战略和战略实施计划，并选择相应的策略与措施；可以通过追赶标杆，提升能力和业绩。

3．实施标杆管理的步骤

（1）选择标杆。选择标杆的“五因”原则：因行业而异、因企业而异、因地域而异、因时间而异、因文化而异。

全信息原则：深入了解标杆的信息及其管理成功的深层次原因，学习标杆不能只学习表面上的东西。在收集标杆企业的信息时，要注意鉴别真假，因为同行是竞争对手，合作是暂时的，利益竞争是永远的，要避免拿到虚假信息。

全面比较分析原则：对照标杆找出优点，提炼精髓，发扬长处，检讨不足，找出差距，分析原因，确定目标，发扬光大。

（2）提出缩小差距的具体行动计划与方案。把目标细化成无数个小目标，让每一步都容易实现，比如个人的目标既需要有大目标，更需要有近在眼前的小目标。再如目标应细到每一天，让每天都有一个提升的小目标。总之，无论目标多么远大，都必须从脚下一点一点地做起。

（3）组织资源。这其中要注意考虑谁主管、谁负责、谁考核、谁落实等。

（4）执行与协调。在实施计划之前，企业应当培训全体员工，让员工了解企业的优势和不足，并尽量让员工参与具体行动计划的制订，只有这样才能保证计划的切实实施。而且，标杆管理往往涉及业务和流程的再造，需要改变一些旧的行为方式，甚至涉及个人的利益。因此，企业方面需要解除思想上的阻力，同时更要创建一组最佳的实践和实现方法，以赶超标杆对象。

（5）监督与评价。在执行的过程中监督，在执行的过程中不断评价。

（6）反馈与调整。一切都在变化中，标杆企业要不断升级更新，通过反馈与调整，使现行工作更符合实际，不断前进。

（7）评估（反思）与提高（改进）。实施标杆管理是一个长期的渐进过程，在每一轮学习完成后，都需要重新检查和审视对标杆研究的假设、标杆管理的目标等，以不断提升实施效果。标杆管理只有起点没有终点，企业应当在持续学习中不断把握机遇、提升水平、避免危机、发挥优势。

第四节　精细化管理的方法

一、精细化管理的方法论体系

企业组织对精细化管理的意识早于公共机构，许多企业的领导多年前就意识到了要精细化管理（二次创业、练管理内功，就是基于这样的认识），但苦于缺少办法，缺少切实可行的、可操作的具体办法。

中国的多数企业在今后的十年乃至二十年将逐步走上精细化管理的道路。因此，对于精细化管理的共性、规则等方法论的探讨，成为当务之急。

我们初步推介的方法论体系，着重强调带有共性的、规律性的方法，它适用于各类组织的各个方面，而不用于列举成千上万个具体的、可能碰到的、具体事项的具体方法上（如果这样的话仍是无从着手、无法掌握、无法运用）。当然，企业在生产管理方面已相对精细化，而非生产领域的精细化管理则相对困难和落后，因此，我们把重心放在非生产领域上。

精细化管理的方法，从理念到应用，我们可以把它分为四个层次。

（1）理念层次。精细化管理的核心思想是精、准、细、严，是管理人员对做精、做细的认识、决心、意志和态度。

（2）基本方法层次。精细化管理带有规律性的方法、范畴，主要有细化、量化、流程化、标准化、链接化、法治化（或严格化）、实证化、精益化。这几个方法是最基本的、具有普遍意义的、共性的方法，它是最高层级的起着提纲挈领作用的方法，也可称之为总体方法。

（3）具体的操作方法与技巧。这是第二层次中的几种方法的延伸和具体化，是基本方法的具体操作技巧、技术。比如标准化是基本的方法，统一化、格式化、表格化则是标准化的具体操作方法和技巧。又比如精益化是基本方法，专业化则是它的具体方法。再比如，细化是基本的、总体的方法，横向细化、纵向细化、责任细化、衔接细化就是它的具体操作方法、技巧。

(4) 方法的综合应用。这是将基本方法和具体操作方法综合地运用于具体问题、具体业务、具体部门的工作，形成更具体的工作方法和技巧。如精细化决策与计划、精细化执行管理、精细化人力资源管理、精细化营销管理、精细化生产管理、精细化物流管理、精细化质量管理。细节管理的方法主要在第三、第四层次，尤其是第四层次，存在大量的细节管理方法。

二、细化——大功成于精细

1. 需要细化管理的不是执行者，而是管理者

案例 5-2

20 世纪 90 年代，是中国步入市场经济最令人难忘的也是最辉煌的一页。其中最让人振奋的行业，当属保健品行业，铺天盖地的广告，大幅度的销量增长，一个又一个一夜暴富的神话，让业内外人士眼花缭乱。

依靠延生护宝产品发财的沈阳飞龙，在 1990 年创业时，注册资金只有 75 万元；第二年就挣得利润 400 万元；1992 年利润又增长 15 倍，达到 6 000 万元；1993 年、1994 年又连续两年利润超过两亿元。但是，在 1995 年后，飞龙便开始一蹶不振。1996 年总裁姜伟在报上公布：沈阳飞龙集团进入休整期，从此不见踪迹。

两年后，姜伟又突然出现，他对新闻界说，他这两年近乎与世隔绝，主要是闭门思过。他给自己总结出 20 个失误和教训，其中一大失误就是管理规章制度不实不细，六年中制定了无数的规章和纪律，但大部分没有严密的具体细则，没有落实到具体的责任人，导致有规难依，有制度难实行。惊变之后，姜伟得出一条刻骨铭心的教训：法规的制定仅仅是第一步，其后必须增加两方面的内容，即法规的实施细则和实施检查细则。

姜伟的总结和教训很有普遍的意义。

很多企业都有这样的深切体会，规章制度定得很多（有的企业堆起来有一人高），但收效甚微，执行不到位，制度成了一纸空文，企业领导为实现不了细化管理的意图、为执行力薄弱倍感焦虑。

责任在谁呢？主要责任不在员工，不在下属，而在各级上司、各级管理者。

其一，细化管理是使下属的工作做细、做好，使之不能偷懒，使之提高效率，使企业的疏漏减少，这就使下属的工作量陡增，职业舒适度降低，灰色收入减少，作为经济人的下属、执行者、员工，他能不消极对待和巧妙抵制吗？

其二，各级管理者、各级上司，把细化的重点放在下属、执行者身上，而不是自己的管理工作上，一旦下属执行不到位，又没有相应有效的细化管理措施来控制，这样的细化管理能不失败吗？

细化管理的重心应该放在上司、管理者身上。细化，是上司、管理者将自己的管理工作细化，只有上司的管理工作细化了，才有可能推动下属的工作细化。作为执行者的下属，在多数企业中是被动适应上司的管理方法的。上司管理粗放，执行者也会做得粗放；上司管理精细，执行者也会做得精细。

比如企业以前没有要求业务员写市场调研报告，实行细化管理后，要求业务员每月要写调研报告。业务员可能先是拖，后是马虎写一篇，应付了事，还有些人最后干脆不交。责任在谁呢？责任不在下属，而在上司。调研报告的内容、结构、质量、关键指标和数据，上司没对下属做详细明确的规定，是上司管理工作不到位；报告上交没有规定时限，也是上司的责任。上司安排任务，如果没有规定最后时限，等于没有安排任务，下属可做也可不做。有的人始终没有递交调研报告，责任在谁呢？上司的责任。上司没有严格检查，没有对拒不执行任务的人进行处罚，任其不了了之，难道不是上司的责任吗？

因此，我们一开始就要明确强调我们的观点，细化乃至全方位的精细化管理，都是各级上司、管理者的事，不是下属、执行者的事。

精细化管理是上司的精细化，是各级上司、管理者将自己的管理工作的精细化，而不是下属执行的精细化。下属工作不细，是因为上司管理不细；下属执行不到位，是因为上司管理不到位。

2. 细化的方法

对执行的管理细化，一些常用而又行之有效的方法有：横向细化、纵向细化、衔接细化、责任细化等。

（1）横向细化。横向细化是将一项工作或任务或一个部门的工作按合理的逻辑结构分解为若干个组成部分，每个部分又可继续分解为若干个更小的部分，直到不能再分或不必再分为止。分解出来的每一个部分，就是一个工作单元。

海尔目标管理法的目标分解就近似于横向细化。首先，将公司的总目标以管理工作总账的形式分解为产量、质量、经济效益、生产率管理、市场产品、发展等经济指标。其次，再用管理分类账的形式将总目标分解为各部门的子目标。最后，再用管理工作明细账的方式将子目标分解为各个员工的具体目标。

又比如，公司总部从财务指标分析中发现营销费用比上年度增加较多，责令营销部门控制费用，减少浪费。营销总监可将控制费用这一任务分解为广告费、促销费、人员工资奖金费用、办公费、差旅费等项目进行逐一分析。其中，差旅费又可分解为住宿费、交通费、出差补贴等费用。经过逐一分解，就能找出是哪一项费用增长较大，浪费较多，哪个片区的费用增加较大，然后采取针对性的措施来降低费用，并将任务层层分解到最基层。

通过横向细化，至少能达到以下三点好处。

① 使各级管理者对管理工作既能通盘考虑，又能掌握每个局部事项，做到管理不漏项。

② 有利于科学地安排下属工作，合理配置人力等各项资源，下达指令明确而又详细，并能随时关注下属工作的各个局部细节，有利于细化指导和考核。

③ 有利于下属明确自己的任务全貌和具体要求事项。

（2）纵向细化。这是从纵向的方向按时间顺序将工作任务分解为若干个组成部分，并且也是一直分解到不能再分或不必再分为止。比如要组织一次市场调查，这项工作用纵向分析方法可分解成调研计划、实施调查、资料整理、分析报告四个阶段的工作。实施调查阶段又可分解为试验性调查、修改调整、调查方法、人员培训、正式调查五个小阶段。

海尔的电冰箱生产过程被分解成156个工序，也是使用纵向细化的方法。

纵向细化有利于工作流程的建立和管理，也有利于工作时间控制和对下属执行时限的确定。

(3) 衔接细化。企业里每个人、每个部门的工作，很少是独立进行的，大多需要与别人、别的部门衔接配合。而企业效率不高的重要原因之一，就是各工作单元之间的衔接不好，造成结构性效率损耗。

丰田的精益生产方式以终端工序（总装车间）为起点，逐一向前道工序按必要的东西、必要的数量、必要的时间进行订货，使工作衔接配合大为改善，成本显著降低。

各工作单元的衔接细化，有利于改善协作，提高整体效率。衔接细化的内容由于不同工作、不同部门有所差异，但一些重要的细化因素在各部门均有普遍性，如实物或事务衔接、数量、质量、时间、服务方式与质量、衔接双方责任人、衔接的记录与信息流程等，都可作为衔接细化的内容。

(4) 责任细化。责任不细是国内企业的一大毛病，尤其在计划经济年代和公共组织中更是如此。责任不细导致个人不负责任，组织也难以追究责任，由此，必然产生执行不到位的现象频繁发生。

案例 5-3

新员工小李在参加一次销售会议后，接到一份令他大开眼界的会议纪要。纪要开头简短地说明本次会议的目的和过程，下面接着是一张满满的表格，详细列了一长串会上布置的工作内容和对应的责任人、完成日期、评审人、评审时间等项目，再加上转发人和电脑监控考核人，共七大要素。小李的名字也在责任人一栏，规定他必须在两天内完成全部数据的统计汇总，并形成书面报告，然后，经主管部门的评审人审核合格并签字确认后，交监控考核人处，作为完成工作的依据。

有了这样的责任细化，在执行过程中谁敢掉以轻心。小李说："经过这件事，我深切地体会到，一项工作任务如果明确了七要素，责任落实到具体的人，狠抓落实，没有理由不完成得又快又好。"

经常抱怨下属执行不到位的企业领导，是否可以从中得到启发呢？

各种任务的责任细化内容可能不尽相同，一般来说，责任细化的内容需要考虑的因素为工作任务的内容，数量要求，质量要求，重点、难点、关键环节（细节），容易出问题之处，责任人，完成时限，检查人，检查时限，交接考核程序。

如果各级管理人员都能在安排下属工作时进行这样的责任细化，那么还会出现执行不到位吗？如果还会，那就是奖惩机制有问题了。

细化的分析方法不止这些，还有 5W1H 法、检查表法、问题分析法、缺点列举法等，以上只是列举主要的四种。

3. 细节管理如何操作

有关细节的书出版了不少，但到底什么是细节呢？从常识上来理解，细节就是细小的环节、细小的情节、细小的事情。

这样的理解固然没错，但对于企业运营工作来说，对于领导几千人甚至几万人、管理几十亿资产的企业领导来说，怎么来理解细节这个概念呢？

如果我们从细化分析的角度来理解，可以认为细节是经过横向、纵向细化分析后，不能再分或不必再分的、最小的基本工作单元或环节。所有细节的集合构成了企业的全部工作或一项任务。

显然，对于管理人员，特别是高管人员来说，这样的基本工作单元或环节，又何止万千，可能要以百万、千万来计算。要注重细节，对每一个细节都表示关注，管好每一个细节，事实上太难了，根本无从着手。

强调细节管理的重要性是正确的，但如何解决细节繁多且无从着手的问题呢？

我们可以先对所有细节按不同的性质、功能进行分析、分类。

从重要性的程度上，我们可以把众多的细节分为重要细节、次要细节。

从细节的性质上，我们可以把它分为核心细节、一般细节。

从细节对整体的影响上，我们可以把它分为关键的少数细节、无关紧要的细节、可忽略的细节。

从可能出现问题的角度上，我们可以把它分为容易操作、不易出错的细节与容易出差错的细节。

细节管理不宜全面出击，并不是指面对庞大的细节集合茫然失措，而是先通过分析，找出最重要、最核心的细节，在此基础上进行科学的、有选择的细节管理。

细化管理不是要鼓动管得越细越好，搞烦琐管理，而是要管理人员抓住核心细节，管好重点的、关键的少数细节，密切监控易出问题的细节，不管一般细节，简化或忽略无关紧要的细节。

依据二八定律，一般的、次要的细节占多数，而重要的、关键的细节只是少数，管理者只要抓住这些少数细节管好就行了，而占大多数的一般细节、次要细节，可以放心让下属做，但要通过培训使下属把这些细节做好。

比如某一段时间，企业的中心工作是提高产品质量。有关质量管理工作方面的细节就是重要细节，而其中对产品质量影响最大的环节，就是核心细节，领导要亲自抓。如果产品的零部件大多来自外包配套厂家，那对配套件的质量监控就是关键细节。如果问题主要出在一两个配套厂家的零配件上，那就是容易出差错的细节所在，必须对这一两个配套厂家生产环节的关键点设置若干质量监控点，而其他工作事项，其他大量的、一般的细节，则可放手让下属去做。

对于下属执行不到位的问题来说，上司安排工作细化是重要细节，责任落实到具体个人是关键细节。

三、量化——没有量化就没有精细化

1. 精细化离不开量化

量化是精细化管理的一个重要方面，它具有以下多种作用。

(1) 量化是实行科学管理的重要手段。科学发展越成熟，对定量分析的依赖也越高，由定性研究到定量研究，标志着科学研究由初级水平向高级水平发展。一个时期以来，荣获诺贝尔经济学奖的几乎全是定量研究的成果。将科学理论与方法运用于企业管理，自然也将其定量分析的方法带进企业，因此，也可以认为定量化的程度是企业科学管理水平高低的标志。

(2) 量化是细化的另一侧面，是细化的深入。通过量化可以达到更精确的细化。

（3）量化是实行严格管理的重要条件。如果没有精确量化的手段，没有严格地管理，没有有效地监控和纠偏，精细化就会缺乏有力的依据。

（4）量化是实行标准化管理的重要工作。许多质量标准、管理标准，都必须通过量化来体现。

案例 5-4

希尔顿饭店的快捷服务规定：客人等待办理入住手续的时间不得超过2分钟；客人登记入住手续的时间只限2分钟；服务员每天清扫客房16～18间；客人结账离店后25分钟，客房要可以再次入住；餐厅服务员每小时要接待20位客人。

量化的管理方法可应用于企业工作的方方面面，如目标量化、布置任务量化、市场调研量化、计划工作量化、工作衔接量化、工作检查量化、考核量化、奖惩机制量化等。

在海尔的各项工作中，各种书面材料上，各种信息交流沟通中，数据随处可见，量化现象十分明显。一切以数据说话，是海尔精细化管理的一个重要特征。

总而言之，精细化管理的精、准、细、严都离不开量化。只采用定性手段，谈不上精细化管理。

2. 量化管理的四个前提

企业管理人员都有深刻的体会，生产人员的量化管理比较容易，产品的产量、质量、工作成果比较容易测量。对职能部门的员工、干部和商业服务人员的量化管理，就比较困难了，其工作的成果、工作的数量和质量，很难直观体现和测量。很多企业都强调对职能部门考核的重要性，但往往力不从心，最后只是走走形式。

因此，我们讨论的量化管理，重点是非生产人员，难点是考核部分。对非生产人员的考核，已成为长期困扰企业管理者的一大难题，也是量化管理的重点和难点。

量化考核(对非生产人员,以下相同)在欧美企业并不十分困难,在外企工作过的管理人员会深有体会,但在我国企业却特别困难,原因何在呢?

我们来深入地分析一下中西方企业量化考核的背景差别。实行量化考核,必须具备以下四个前提条件。

(1) 各级管理者具有公正、公平、无私的责任感。中国农耕文化中,一个很重要的特征就是极其看重关系和人情。这种特征不仅表现在员工身上,也表现在管理者身上,所以,在评估考核他人时,总是受关系、人情的干扰,怕得罪人,很难做到公正、公平,考核的结果往往是大家都得高分,皆大欢喜,一团和气。这一点在美国公司就不存在,美国人对私人关系和人情看得比较淡薄,公是公,私是私,工作关系和私人关系是分开的。

(2) 各级管理者具有不懈地探究客观事实、热衷于追寻不可摇撼的真实的实证主义态度。探求客观事实真相的实证主义,中国人历来缺乏。且不说“文化大革命”期间的假大空,媒体愚弄百姓,无数的冤假错案,就从历史的角度来说,中国知识分子曾经有很多领先于西方的发现、发明,但是由于缺乏深究、实证,结果大多都未能做出自然科学和工程技术方面的成果,反而让西方人后来居上。西方人对客观事实的深究、量化、实证,以及对生产技术精益求精的态度,创造了自然科学和工程技术方面的大量成果。这种实证精神,如今也被西方人带到了企业管理领域。

(3) 各级管理者能熟练地使用各种实用的量化工具,特别是模糊数学方法、数学工具的熟练运用。这是西方人一向擅长的,而中国几千年的农耕社会一直不注重精确计量。查阅一下历史资料就知道,中国古代各地的度量衡不统一,以丈量土地为例,江南 240 步为一亩,山西则是 1 000 步为一亩。大臣上奏给皇帝的报告都是用十之一二、十之三四这样粗略的数学,而且还是主观估计的,而西方国家同样的农业报告则是用百分之多少,中国人的计量精确度只有西方国家的十分之一,甚至不到十分之一。

(4) 平时的基础资料、数据、原始凭证积累充分。中国多数企业平时就不重视个人资料和数据的积累,所以到了月底、年底的总结、考核时,就束手无策,只能凭感觉、凭印象打分。平时不烧香,临时抱佛脚,当然很难。

考核定量化，海尔在这方面就比较具有代表性。海尔对非生产人员也实行量化考核，因为海尔每天的“日清工作记录”为量化考核准备了充分的基础资料和数据，各级领导公正无私的责任感和实证主义态度也为定量考核创造了良好的条件。海尔甚至对与之合作的广告公司也实行量化考核（这对许多广告人、策划人来说，实为罕见），招标邀请书上应邀广告公司的工作内容和要求是量化的，对广告公司的资质审核标准也是量化的。与海尔有过合作经历的人都惊叹：海尔的工作真细。

总之，由于中国企业多数都不具备这四个条件，所以才会出现定量考核难的状况。

3. 量化的方法

量化的工具是数学，对于直接可用数据衡量计算的简单量化，一般企业都没困难。有困难的是对不确实性的数量和模糊数量的计量。

(1) 统计量化。企业里的许多现象都具有不确定性，因人而异、因地而异、因事而异的情况十分普遍。

案例 5-5

某企业在某区域市场投入了巨额的市场费用，两个月后，企业领导想知道市场投入的效果怎么样，便亲自到该区域进行市场考察。领导来到经销商的批发门市部，看到了好几个二级批发商和零售商正忙着要货，于是认为市场情况不错。接着，领导提出要去零售点看看铺货情况。经销商和公司在当地的业务员便领着该领导视察了一条街道，这条街共有 26 个零售点，全部都有本公司的产品，而且陈列面积大，位置突出，陈列的品种也多。领导看后很满意，决定按原计划投入市场费用。

半年过去了，市场销量还是很小，企业领导向当地办事处询问此事，当地业务员解释说，市场启动需要有个预热期，销售量的上升相对于市场投入有个滞后期。于是，公司领导又按计划继续拨款投入。直到一年过去了，该区域一年的累计回款还不到市场费用投入的零头。尽管事后处理了有关人员，但公司的损失已无法挽回。

事后有消息说，批发部里那些争先恐后要货的人都是经销商叫来的熟客，进货后压在仓库里，到时候再退货。公司领导检查的那条街道是经销商事先突击安排的，用来应付领导检查的。

责任在谁呢？应该说在领导。且不说这项市场投入的决策是否正确，单就领导检查工作这件事来说，确实被下属蒙骗了。如果该领导能认识到时间和空间不确定性现象的普遍存在（批发部里下家进货情况因时而异，零售点铺货率在不同地段的街道因地而异），就应该采用随机抽样的调查统计方法，如雇用第三方人士对批发部多次抽查，在不同的街道抽样检查铺货率情况，然后再进行统计分析，这样得出的结论一定是比较真实客观的。

概率论和统计方法是一个专门学科，这里不再细讲。我们要强调的是，管理人员应该充分认识到，企业里频繁发生的现象大都带有不确定性，而要消除这些不确定性，寻求客观性，最有力的工具就是数理统计，各级管理人员应该熟练掌握和运用，这是进行量化管理的重要一环。

（2）模糊数量的处理。在企业，模糊概念和模糊数量大量存在，如敬业、忠诚、积极、认真、自私、能力、执行力等，都是模糊数学概念。对非生产人员的定量考核之所以困难，是因为考核的指标大多是模糊数量。比如自私的人，就未必没有一点公；而大公无私的人，也未必没有一点私。

模糊数学主要是采取隶属度的方法来解决模糊数量问题。比如一个很自私的人，私的隶属度可能是 8 或者 9；一个很无私的人，私的隶属度可能是 2 或者 3。

隶属度的应用常见的有两种形式，即评分法和程度等级法。

评分法应用得比较普遍，在考核、评比、竞赛中时经常应用。如歌手、模特大赛，就常用评分法。企业里考核，对软指标的评估，也常用评分方法。

程度等级法的使用也比较多。在市场调查中，要求消费者对产品的质量、包装、性能、服务，也常用差、较差、一般、比较好、好，或者不满意、有些不满意、一般、比较满意、满意这样的程度等级。

案例 5-6

海尔对广告公司的量化考核

海尔对与之合作的广告公司的工作考核评估(这显然要比对内部员工考核更难)如表 5.6 所示。

表 5.6 海尔产品事业部广告评审标准(共计 100 分)

序号	项目		评分标准	评分
1	业务水平	平面设计(20 分)	90%以上设计品能主题突出,效果明显,画面冲击力强,消费者印象深刻	20
			大部分设计品紧扣主题,效果较好,画面设计优美	15
			少数设计品效果好,普遍质量一般,效果一般	10
			设计品无创意,效果较差	5
		调研(5 分)	每月能针对市场情况开展调研,提供有效调研资料	5
			每月无调研	0
		制作(10 分)	完成质量高,制作效果好	10
			完成质量符合要求,效果一般	5
			完成质量不符合要求,制作效果差	0
		媒介服务(5 分)	能提供媒介服务,服务质量较好	5
			未提供媒介服务	0
2	市场	促销活动(20 分)	能主动进行月度促销活动策划,效果好,有效促进品牌形象与销量	20
			配合事业部进行促销策划活动,效果较好	15
			促销活动策划较少,效果一般	10
			未进行促销活动策划或策划未通过,且无借鉴之处	0

（续表）

序号	项目		评分标准	评分
3	效果	服务效果（10分）	工作及时率100%，在紧急情况下，能迅速反应，努力配合完成工作，服务态度好	10
			基本能按时完成工作，服务态度一般	5
			出现不能完成工作项目，工作配合出现问题	0
4		最佳促销、设计提报（30分）	每月将广告合作方月度突出的作品提报，并做出评述，此项由商品广告部评分	30

从表5.7中可看到，海尔综合运用了程度等级法和评分法进行考核评估，而这种对合作单位也进行定量考核的做法，大多数企业还没有做到。这就是精细化管理与粗放式管理的差别。

对于统计方法和模糊数学方法，许多管理人员并不是不懂，只是不能有意识地、熟练地、随时随地地加以运用。

许多企业的报告、文件，对任务的安排，对工作的计划，对下级的要求，总是大而空，笼统而粗略，不敢量化，回避完成时限，逃避具体步骤。结果总是说得好，做得少，会上振奋人心，会后还是老样子，工作无从着手，无法考核。说到底是个观念、意识、习惯的问题。不会定量分析，就不懂精细化管理。

四、 流程化——高效来自流程改进

1．流程化才能精细化

流程化是精细化管理的一个重要方面。

流程化管理是将任务或工作事项，沿纵向细分为若干个前后相连的工序单元，将作业过程细化为工序流程，然后进行分析、简化、改进、整合、优化。比如冰箱生产过程，被分解为156个连续工序，对应这些工序有545项操作要求。

不少企业也有流程分析，但仅止于工序分解，操作要求及方法不细、不严。

海尔不仅在生产上开展流程化管理，而且还将流程分析方法延伸应用到职能部门、销售部门等其他非生产部门。比如“国际星级一条龙服务”流程，被分解为研发、制造、售前、售中、售后、回访六个服务环节，各个环节都有规范化、制度化的操作要求。又比如售后服务过程，被分解为以下五个动作和服务质量规定。

(1) 一副鞋套——进门时套上自带的鞋套。

(2) 一块垫布——干活时先在地上铺一块自带的垫布，以免弄脏用户的地板。

(3) 一块抹布——安装维修完毕后，用自带抹布把电器擦干净。

(4) 一张服务卡——填写服务卡，作为用户档案管理的数据库资料。

(5) 一件小礼物——送给用户一个广告小礼品。

与服务流程五步骤相关的操作规定还有三个 24 小时(即 24 小时登门服务、24 小时热线服务、24 小时电话回访)，五个不许(即在上门服务中不许抽烟、喝酒、吃饭、喝自带的或用户的水、收用户礼物)。

流程对许多管理人员来说，并不陌生。在生产车间里，我们能直观地看到生产工艺流程，看到流水线作业。但是，在非生产领域的流程管理，还存在着种种问题。

许多企业只有少量的工作进行流程化管理，如文件收发程序、费用报销程序、开支审批流程、重要干部任命程序、物料领用流程、发货流程等。但是对这些流程也缺乏有意识地分析改进，各环节之间的沟通不足，与流程有关的各方面环节并不全都清楚等。许多没有既定流程的工作，人们常按照习惯做法，或按自认为应该这样做的方法去做。在这种情况下，只有经验丰富和对企业熟悉的人，才能默契配合，而缺乏经验者则是工作效率低下。许多企业还没有指导员工的工作手册、岗位说明书，缺乏对员工进行工作流程培训。

过去许多政府机关没有向公众公示办事流程或办事指南，使许多到政府机关办事的人跑很多冤枉路，浪费很多时间和精力。现在不少政府机构都在办事大厅的显眼位置公示办事流程，民众办事的效率大大提高了。

案例 5-7

巴林银行为什么破产

里森由于工作能力突出,1992 年被派往新加坡期货与期权交易部门出任总经理,既负责主管前台交易,又负责后台的报表统计(业务流程有问题)。里森当时认为日本股市将会上升,未经批准(审批流程有问题)就利用账户上的资金进行风险很大的衍生金融商品交易。1995 年 1 月,日本阪神地震使股价一路狂跌,里森遭到惨败,损失 10 亿美元。他在办公室里留下"对不起"的字条后便逃之夭夭。次日东窗事发,具有 200 年历史的老牌大银行濒临破产,最后以 1 英镑的象征性价格卖给荷兰国际集团。

案例 5-8

海尔的流程再造培训计划

海尔自 2000 年起,开始实施流程再造培训计划。每周六中高级经理都要到场上培训课。任课教师就是集团领导张瑞敏、杨绵绵等人。在培训课上,张瑞敏先提出推进流程再造的阶段性指导思想,再与集团的 70 多名中高级经理一起互动讨论。会后,培训的内容则变成每个经理下周的作业,即在实践中验证讨论成果。通过流程再造,达到了降低成本、提高效率的效果。

2. 流程化管理的方法与步骤

流程化管理既适用于企业的总流程,也适用于各部门、各事项、各工作任务的局部流程。对于那些稳定性、重复性强的重要工作,都可实行流程化管理。流程化管理包括以下三个步骤。

(1) 流程描述。对还没系统地实行流程化管理的企业,第一步是对原有的主要流程进行描述。流程描述的方法有四种。

① 线型描述。即将工作、任务细分为若干步骤,再按流动方向用线条将各

个工作步骤按先后顺序连接起来。

线型流程描述是一种简单的描述方法。如果要在每个环节上标示出具体负责的部门或责任人，就需要用责任矩阵流程的描述方法了。

② 责任矩阵流程描述。即在每个流程环节上都标示出责任人。

③ 时间矩阵流程描述。这种描述方法不仅能看出作业的先后次序、环节、责任人，还能看出每个环节的作业时间和总的活动周期。这就为工时研究和效率增进研究提供了良好的工具。

④ 空间流程描述。这种流程描述对于公共服务机构来说，更具有特殊意义，它起到了方便群众办事、提高办事效率的作用。

(2) 分析改进。对原有的工作流程进行描述之后，第二步是着手分析、研究、改进工作流程。流程改进可以考虑以下工作。

① 去除不必要的、可有可无的环节，简化流程。如不必要的移动、不必要的作业、不必要的文件、不必要的库存、不必要的重复、不必要的会议、不必要的程序、不必要的检验、不必要的半成品库等。

② 流程各环节的顺序是否需要调整，以使流程更加合理化。如年度计划流程，是先做公司的总计划，还是各部门各单位先分头做，然后再汇总。

③ 流程的某些环节是否还有潜力，操作方法是否要调整改进。如是否产出过量，是否有等待时间，是否达到最大的产能等。

④ 流程的空间布局是否合理，是否有利于提高效率，需要做哪些改变。如原材料库与成品库是否离生产地最近。

⑤ 哪些环节是流程的关键环节，对其他环节的操作影响最大、最容易出差错，需要设置监控点，密切观测其运作状态，随时予以调控纠偏。如经常出故障、出废品的地方，前后工序衔接经常出问题的地方，跨部门协调不好的地方等。

经过流程分析，我们可以发现很多以前视而不见的问题，并逐一检讨产生问题的原因，提出改进的建议和改进方法，从而提高流程的质量和效率。

福特汽车公司下属的北美货款支付处原有500名员工(日本的马自达公司做同样的工作，却只有5个人)，经过了流程分析与改进，货款支付处的人员减少了75%，工作效率却比以前显著提高了。

(3) 设计、实施新流程。在分析研究的基础上，第三步是设计新流程，并通过对相关人员的有效培训，制作新的工作手册、岗位说明书，贯彻实施新的工作流程。

流程化管理可以先在局部开始，然后逐步推广。也可以先找出最重要的、关系全局的局部流程，来加以改善。也可以就企业现有各个流程中问题最突出、最集中的流程，作为切入口进行分析、研究、改进。

案例5-9

十几年前，康师傅在我国台湾只是一家小企业，与台湾食品业的老大"统一"相比，根本不能相提并论。当时，大陆市场上卖的方便面，都是袋装的，每袋几毛钱到一元多不等。据说，有一次在火车上，康师傅的老板正吃着从台湾带来的大碗装方便面，引起许多邻座旅客的一阵好奇，问他哪儿卖这种面。康师傅老板由此萌发在大陆推广碗面的想法。

如今，康师傅在大陆已发展成为饮料、食品等多种产品线的特大型企业，年销售额超百亿元。仅方便面一项，2002年就达65亿元，占全国方便面市场的1/3。康师傅的品牌更是家喻户晓，老少皆知。

那么，康师傅在大陆是如何获得成功的呢？其中，终端拜访的流程化管控，就是其成功的一个重要因素。

康师傅的终端拜访流程管控，是个精细严格的管理体系。经过十几年来的不断努力，康师傅已牢牢掌控了零售终端。我们从其终端工作的流程化管理，可以看出其精细化操作的精要所在。康师傅的终端拜访要点，我们可以把它归纳为：一条线路、七个拜访步骤、五个监控点。

1. 一条线路

康师傅的终端拜访，不是随意的，而是按固定路线进行拜访服务。为什么要按固定的路线拜访呢？它有三点好处：一是使拜访线路合理化，节省时间，提高工作效率；二是便于管理层对业务代表工作的检查监督；三是有利于建立良好的客情关系。

分区制定拜访线路，主要有以下操作。

(1) 利用城市大地图，按市场情况、交通条件等因素，划分为几个销售区域。

(2) 每个销售区域细分为若干条销售线路，并用数字编号。

(3) 每条销售线路再细分，把凡是人能进去的路、街、巷、社区，按一周五天或六天，分成星期一到星期五(六)的拜访路线。也就是说，凡是人能进去的销售点，都被确定拜访时间和拜访周期，星期一拜访星期一的街区，星期二拜访星期二的街区，以此类推，循环拜访。

(4) 确定拜访频率。按客户的等级，确定各类客户的拜访周期和频率，以及一个业务代表一天的拜访家数。

按固定线路拜访，一段日子过后，业务代表到达每家客户的拜访时间，就像时钟一样准时，到点了客户就会想到你，怎么还没来？有时客户外出会留下便条，写好订货明细事项，不让业务代表浪费时间、浪费电话费。日久见真情，有时候业务代表一个星期不去拜访，客户就会打电话，询问业务代表是不是生病了，还是其他什么原因。有了这样的客情关系，自然会对产品销售很有利。

2. 七个拜访步骤

康师傅的终端拜访，第一项要做的就是将拜访作业分解为以下七个最基本的动作单元。

(1) 检查户外广告。海报、贴纸如果褪色、脏乱、被覆盖，要擦拭、整理、重贴。好地点制作招牌，好位置贴新招牌。

(2) 向客户打招呼。有礼貌地叫出客户的姓名。

(3) 检查户内广告。同检查户外广告。

(4) 检查货架、冰箱及整箱陈列。转换、集中、整补、依序排列。

(5) 检查存货。整箱部分登记客户卡。

(6) 利用客户卡告诉店老板销售状况及应订货数量。上次库存＋上次订货－本次库存＝本期实销量；本期实销量×1.5＝安全库存(注：1.5

为安全系数，畅销品、旺季的安全系数应相应调高)；安全库存－本次库存＝应订货数。

(7) 收款、道谢并说明下次拜访时间。

每一客户按这七个步骤重复动作，依客户卡编制顺序逐一完成拜访。

许多企业也要求业务员要经常拜访客户，但拜访客户具体要做些什么？做到什么程度？都没有具体的方法、标准、要求和考核检查。业务员只是听从客户的召唤，客户有事情，要求业务员去一下，就去拜访客户，没电话、没要求，就不去。去到客户那里，通常也只是做两件事：一是解决客户投诉问题；二是维系客情关系。康师傅通过把作业动作分解为七个操作步骤，就使拜访操作细化、具体化了，从而也使执行方案的可操作性大大增强。

动作分解之后，就要分析研究操作方法、优化方法了。比如如何处理客户投诉问题，怎么做是最好的方法；怎样简明扼要地推介新品；怎样有效地改善客情关系等。

最后一项是制定检查考核标准。比如产品陈列，每个产品要有连续 4 盒以上的并排陈列，陈列面必须大于竞争品，陈列高度在 170 cm 与视线下 45°角之间，主导产品应占 50%以上的陈列面，同一类型包装水平陈列，同一品牌垂直陈列，上轻下重，借光，摆在强大品牌旁边……

流程分析，使细化、量化、标准化的形式要素变为可操作的具体事项，因而使精细化变得切实可行，易于落实。

3. 五个监控点

有了良好的流程设计和实施细则、步骤，还要有细密的监控措施，方能保障执行到位。

康师傅对终端拜访的检查监控系统，也是采用严密有效的、多层级、全过程、短间隔的办法，它包括五个有效的监控点。

(1) 业务代表每日填写工作报表(自查)。

(2) 组长协同拜访和巡视抽查。

(3) 上级主管审查工作日报表。

(4) 总部电话抽查。

(5) 早、晚会的汇报、指导。

通过这五个方面的严格检查监督，保证了终端拜访精细化的有效运作。

五、 标准化——有标准，才能执行到位

1. 标准化是规范化的必要条件

标准化是实行精细化管理的重要要素之一。如统一的规格标准、操作标准、质量标准、数量标准、时限标准。严格地执行标准是管理规范化的必要条件。

海尔的标准化管理不仅适用于生产作业管理中的零部件标准化、工艺流程标准化、质量检验的标准化，还可用于职务升迁、薪酬制度、服务规范、文件格式、合同文本的标准化、统一化管理，甚至员工在工厂楼道里靠右边行走，办公椅在人走后放进桌洞里等，都是标准化、统一化的。

标准化体现着严格的组织纪律性，它是克服管理随意性、无序性、粗放性的有效手段，是由人治管理走向法治管理的必然过程。海尔的许多标准被写进手册和文件，有的则在工作现场上标示。这些工作标准之高、之细、之严是其他普通企业少有的。标准化体现了海尔管理的严和细。

案例 5-10

万科像造汽车一样造房子

造汽车是标准化生产的典型。标准化的零部件通过大批量的生产，便可在流水线上组装起来。那么造房子能不能也像造汽车一样，实行标准化生产呢？

万科在南昌的四季花园，开始首次试验标准化作业。

万科通过制定《万科住宅标准》《室外工程、环境工程标准化设计体系》，提供了一个造房子的标准：对产品质量、建材要求、施工条件、管理流程等方面做出统一规定；对建筑结构体系、建筑构造做法、建筑平面、主面设计到底层花园、顶层阁楼利用等几十个细节进行精心设计；在此基础上，对外墙孔洞、铝合金门窗、玻璃窗无框转角以及栏杆等数以百计的细部零件进行订做，统一安装，由此实现了工厂化生产。

1. 标准化管理的应用

标准化管理不仅可以应用于企业，也可以应用于市政管理。

许多企业领导常说，要实行规范化管理。这是模糊的、粗浅的说法，企业领导想表达的意思实际上是指细化、流程化、标准化、严格化这样复杂的概念。而标准化则是规范化的一个最重要的方面。

标准化在生产领域主要是指零配件的通用性、尺寸规格的统一性。我们用来表示非生产领域的管理工作，主要表示以下三层意思。

(1) 管理工作的要求有标准。包括质和量、时限和效率、对与错，是要制定标准的，是有标准可依的。比如沃尔玛对“微笑服务”的标准是：对三米之内的顾客展露微笑，后面注解是“露出八颗牙齿”。也就是说，微笑时要露出八颗牙齿，这样才算符合标准。

(2) 格式化、规则化。许多工作流程、方法、处事方式要形成固定的格式和规则，而不能朝令夕改。

(3) 统一化。包括企业出台的各种政策、对外形象、品牌传播、规章制度的制定和执行要统一，待人待事要一视同仁。

2. 标准化管理的意义

(1) 使执行者的工作责任明细化，做到真正明确责任。

(2) 使细化、量化落到实处。

(3) 有利于检查、考核。有了明确的标准才能进行准确的检查考核，达不到标准就算没完成任务。

（4）有利于建立良好的、统一的企业形象，增强对外宣传的效果。

（5）督促员工尽力。有了明确的工作标准、要求，执行者就会尽力使工作达到既定的标准。

2. 现存的三大问题

要实行标准化管理，要解决管理人员的非标准化习惯和观念问题。

（1）无标准。说完全无标准也不符合实际，多数企业还是制定了一些工作标准。但大量的执行工作缺乏明细的、严格的标准。比如上级领导要求业务员要多跑零售终端。什么叫多跑，标准是什么，都没有明确的规定。一天跑一两家店是跑，一周跑一次也是跑，跑终端走马观花也是跑。只有明确规定每天跑两家还是三家，跑每家店要做哪几项工作，都分哪几个步骤，每个步骤要做到什么程度，这才算有标准，业务员才能按标准去执行。

还有，要做好售后服务，要多了解竞争对手和消费者的信息，要努力搞好部门协作等，都是笼统的工作要求。什么叫做好，什么叫多了解，什么叫努力搞好，都没具体标准。比如售后服务规定，24 小时内电话回访，24 小时内登门服务，五不许的安装维修服务等，这才是标准。有了标准，才有执行；有了标准，才有责任。检查考核才有据可依。

粗放的习惯导致笼统的工作要求。有些行政管理人员也许不喜欢定很多标准，喜欢笼统和模糊地制订计划和布置任务。这样领导责任也就模糊了，做得好不好，你都抓不住把柄，可以回避责任追究。以下这些措辞常见于各种工作报告：要努力提高、坚持、加大力度、抓紧抓好、严厉、大兴、加强、深入开展、全面推进、不断提高、不断加强……这些都是笼统而模糊的原则，是大而空的概念。回避了工作标准，也就回避了责任。它可能被认为是一种领导艺术，但对提高组织效率是不利的。

许多管理人员在抱怨下属执行不到位时，不知是否想过自己管理也不到位。缺少标准，就不能衡量；不能衡量，就不存在执行到不到位的问题。如果一定要说执行不到位，那是因为管理不到位在先。你没制定详细标准，却指望习惯于粗放做事的下属自觉地去做好，自由发挥，结果能操作到位吗？没有严格详细的标准，那么执行者的工作就有很大的伸缩区间，就为执行者留下了很大的余地，因而就无所谓操作到不到位的问题。

（2）格式化、规则化缺乏。格式化是使工作有序，从而提高效率的重要条件。有许多企业领导管理随意，不愿意受格式限制，决策不慎重，指令下达草率，政策多变，前后不一，缺乏稳定性和连续性，弄得下属无所适从，影响了下属的积极性。一些被证明是行之有效的工作流程和方法，没有把它形成书面文件，没有变为固定的格式，导致书面文件形式不一，缺乏统一性。不同的管理者，不同的时间，不同的地点，在处理同一类事情时，方法各异，结果也不同，完全受个人因素所左右，而不是按照固定的流程和规则办事。

越级指挥和越级汇报是个相当严重的现象。按指挥流程和汇报流程规则，应是逐级向下指挥和逐级向上汇报，但是许多领导人不喜欢这些规则，或者对层层过滤的上报信息不满足，或者是对直接下属工作不满意，总之，总忍不住要往间接下属那里插一手，结果打击了直接下属的干劲，也使间接下属要接受多头指挥，向多层汇报，带来工作的不便。

（3）统一性缺乏。缺乏统一性在许多企业中仍是一个普遍的现象，不仅政策、价格、营运操作、行动步调不统一，就连最简单的视觉形象统一都难以做到。信手拿出的名片就有好几种格式，将不同的业务员、促销员对外介绍产品的内容录下音来，会发现五花八门，各个人的说法都不相同。统一性并不是困难的问题，之所以不能做到统一性，根源在于领导不重视这些细节。

3. 实行标准化管理

实行标准化管理，仍然需要从以下三方面着手。

（1）制定标准。制定标准时，需要注意以下三个要点。

① 领导人必须树立这样的观点：有明细的标准，才有下属的执行到位。标准是执行到位的前提。

② 制定标准时要寻找一个参照物或标杆。这个参照物或标杆的选定，要根据自己企业的发展阶段和条件，不宜盲目和过高，不一定要选择最先进的、做得最好的作为标杆。标准定得太高，大家都做不到，反而会养成执行不到位的坏

习惯，也降低了员工对管理层的信任。

③ 标准尽可能量化。对不能量化的因素，也应尽可能定出定性的标准。远大集团是标准化管理的推崇者，甚至对外来参观人员也特地制定了接待的标准流程，比如参观团什么时候到哪里参观，沿什么路线，由谁领路，参观多长时间，怎么介绍，每个环节都有明确的规定。麦当劳的量化标准是做得最出色的，它对员工的头发、穿戴、指甲都有详细的规定，甚至服务员怎么拿杯子、开关机等都有明确的规定，这都是定性的标准。

在有严密检查监控的前提下，标准定得越细，执行情况也越好。但是，如果监控机制跟不上，任何再细的标准都只会成为一纸空文。

(2) 格式化、规则化。管理人员应养成按固定格式办事的习惯，带头遵守企业的游戏规则，并将这些行之有效的格式、规则以手册的形式固定下来。

案例 5-11

麦当劳手册

麦当劳手册堪称是标准化的典范。麦当劳公司通过详细的程序、规则和条例规定，使分布在世界各地的所有麦当劳分店的经营者和员工都按照标准化、规范化的要求进行作业。这些手册包括营运手册、岗位工作检查表、品质参考手册、管理发展手册、促销手册等。这些手册对员工的操作和经营管理的所有细节都有详细的标准和规则，仿佛麦当劳里的一切都格式化了。

(3) 统一化。实行统一化管理，可以由外到内分步进行。

① 先做好视觉形象统一。

② 力求对外宣传的口径统一。比如在产品宣传上，可用 Fabe 统一格式：企业基本状况与特征(F)；产品的优点(a)；产品所能给顾客带来的利益(b)；提出证据(e)。这样就能使公司全体员工用一个声音对外说话。

③ 做好文件格式的统一。

④ 使内部管理和员工操作逐步统一。

案例 5-12

麦当劳的统一化

麦当劳的连锁店扩张速度之快，令人瞠目，每年以新开近2000家分店的速度增长，平均每几个小时就有一家新店诞生，现在全球已有3万多家分店。

麦当劳如此快速的复制能力，最重要的原因之一是其高度统一化、标准化的经营管理方式：统一店名、统一装修风格和店貌、统一进货、统一配送、统一价格、统一服务标准、统一操作规程、统一质量要求、统一营运管理……其在全球3万多家分店的统一化水平，就像军队操练一样整齐划一，很难想象这众多分布在世界各地的分店，如果缺乏统一化管理，会是什么样子。

六、协同化

多年前，系统论、信息论、控制论刚引进中国时，还只是科研工作者在讨论它、研究它。

现在，系统工程的概念已经十分普及了。稍有点儿文化的人都会说企业是系统工程，城市管理是系统工程，营销是系统工程，生产管理是系统工程，产品质量与服务质量是系统工程，法制是系统工程等。然而，人们说归说，做归做。系统工程强调各部门、各环节、各个成员、各个工作单元之间，要良好地衔接配合，协同动作，从而提高系统的整体效能。可是有多少人这么做呢？有多少企事业单位这么做呢？

日本和西方国家铺设各种地下管线，都是联合施工的，自来水、热水、电线、电话、煤气等一次性铺设完毕，既省时、省钱，又减少了尘土、噪音对市民的影响。

当然，这种联合施工需要有系统工程的思想，需要在时间、材料、设计、财务、机构、人员上，有良好的衔接和协同配合，需要精细化的管理，而我们的市政管理恰恰就缺乏这种系统工程思想和精细化管理方法。

有个企业管理办公室的负责人说，系统工程和精细化管理是让他晚上经常睡不着觉的问题。因为考核是最后一个环节，而前一个环节是被考核者资料数据的记录积累。资料积累环节没做好，考核也就自然难做。而记录积累资料的前提是要将岗位职责细化，工作任务细化，工作标准细化、量化。这又涉及前一个环节，只有前面各环节都做好了，考核才能准确有效。因此，考核也是一个系统工程。

再比如营销工作，是不是所有人都把它当成系统工程来运作了呢？恐怕未必。业务员与经销商都协同配合了吗？经销商与二级批发商、零售商都协作好了吗？终端工作与促销活动、铺货工作协同动作了吗？广告与销售匹配了吗？外勤业务员与总部营销管理衔接配合好了吗？销售业务与储运物流、财务部门、生产部门、产品研发部门都协作配合好了吗？营销是个系统工程，哪个环节衔接不好，哪个方面的动作不匹配，都会极大地影响到系统的整体效能。比如说秦池酒，它的销售量与产品质量不匹配，它的广告词（绿色的秦池）与消费者需求不匹配，它的市场投入与企业的财力也不匹配，最终导致秦池酒厂陷入困境。

系统工程强调良好衔接，协同合作，提高整体效率。有些工厂的设备比其他地区同类企业还先进，但却生产不出他们那样好的产品，人均劳动效率也远没有他们那么高，就是因为不善于协同配合，缺乏系统工程的思想，缺乏精细化管理，使好的设备没能发挥出应有的效果。

衔接不佳、协同不良是当今中国企业普遍存在的一大问题。这里面埋藏着巨大的可挖掘的潜力。对企业的效率、效益来说，它还有着巨大的可提升的空间。精细化管理除了要提升个人的执行力外，另一个主攻任务就是要改善系统的各个环节之间的链接状况，通过协同配合，大幅度地提高系统的整体效果。

七、经济化——向节约成本要利润

1. 中国经济发展不“经济”

过去一些年，中国经济取得了令世界瞩目的快速增长，大批的中国企业也超高速地成长起来了。然而这种经济发展是建立在粗放式经营、掠夺式经营、不经济的经营方式基础之上的，它使生态进一步恶化，环境受到严重污染，各种生产资源被肆意浪费。

曾经，我们每创造1美元的GDP，所消耗的能源是美国的4.3倍，是德国和法国的7.7倍，是日本的11.5倍。我们对水资源的消耗，以每万元GDP的用水量算，是美国的近10倍，是日本的24倍。

粗放型的经济增长，是高投入、高消耗、低产出、低质量、低效益的增长。目前，我国在经济转型，不断发展绿色经济。一些有远见卓识的企业家、学者一针见血地指出，中国企业今后必须走精细化的道路。

2. 向节约要利润——由外扩到内敛

过去的十几年，企业的利润增长主要靠生产规模的扩大、销售额的增长、向外扩张市场来取得的。

如今，这种扩张机会在市场化的各个行业里已接近尾声，市场占有的格局已经形成。企业要继续做大，继续向外扩展，就必须打破原有的市场占有格局，夺取竞争对手的市场份额。这就使市场竞争更加惨烈，市场费用不断攀升，企业的利润越来越薄。

到了这个时候，向外扩张已经很难成为企业利润的增长点。于是，企业的发展战略也到了必须转变的时候——由外扩转向内敛，由原来的通过销售增长取得利润的增长，转到向内部管理要利润，通过内部控制和减少成本费用浪费的精细化管理，取得利润的增长。

这是大势所逼、势在必行的战略转变。过去营销一路领先，攻城略地，现在该回过头来巩固后方，精细管理向节约要利润了。

这是中国企业发展的必经之路，一些先行企业已经这么做了，而且成效显著。

案例 5-13

希望集团的精细化管理

由刘永行领导的东方希望集团是我国较早推行精细化管理的企业之一，其精细化的特点以成本节约见长。

1998 年以后，全国饲料行业进入了低利时期，从那时候起，东方希望的管理进入了精细化阶段。

“这套精细化管理体系是我和三弟（刘永好）管理新津老厂时，进行各种各样的管理试验得来的。试验表明，以希望的模式，通过节约生产过程中的每一项消耗，堵上跑、冒、滴、漏，生产成本还可以进一步降下来。”

这套精细化管理办法，1998 年在集团公司所有下属公司中推行，一年以后，取得了很好的效果。

精细化管理的结果，以上海希望厂为例，1997 年在全行业销售不景气的情况下，竞争对手（外资企业）亏损了 1 300 万元，上海希望通过内部控制，节约成本，全年盈利 500 万元。经过测算，这 500 万元盈利正好与他们控制节约下来的估计价值相等。也就是说，这年的盈利都是从精细化管理中得来的，是节省出来的利润。

“又比如说我们的另外一个厂，1998 年用水量是 17 000 吨，经过一年多的精细化管理，到 2000 年，用水量只要 1 700 吨，降到原来的 1/10。”

“而在总体上，这种管理使东方希望集团在全行业利润率降到不足 1%的时候，利润率却达到 6%～7%这样的水平。”

“节约出利润”这个精细化管理观念，在日本的优秀企业中更是被运用自如，表现得淋漓尽致。2003 年，日本丰田只销售了 678 万辆汽车，利润却达到 102 亿美元，而美国的通用（860 万辆）和福特（672 万辆）两家公司共销售了 1 532 万辆汽车，利润却只有 43 亿美元，每辆汽车的利润连丰田的 1/4 都不到。这是丰田生产方式的节约带来的丰硕成果，也说明了销量大未必取得好的盈利，内部挖潜节约更能带来丰厚的利润。

案例 5-14

美国西南航空也是以挖潜节约见长的，它被公认是美国最挣钱的航空公司。西南航空一贯信奉“飞机只有在天上飞的时候才能挣钱”。为此，他们对运营的每个细节都做了专门的成本计算。他们发现每个航班节省地面停留5分钟，每架飞机每天就能增加1小时的飞行时间。30多年来，西南航空使用了各种办法减少飞机在地面的停留时间。他们不实行“对号入座”，把飞机当公共汽车，鼓励乘客先到先坐，大大缩短了候机时间。为了节省乘客等候取行李的时间，他们将飞行员都用上了，飞行员常常满头大汗地帮乘客装卸行李。他们这种降低成本的做法，一度被同行嘲笑为“斤斤计较”。而现在，他们却与沃尔玛一样，成为全球各大公司学习的榜样。

总之，在微利时代来临之后，增加利润的途径不再是靠销售扩张，而是向节约成本要利润。

3. 低成本优势——今后十年竞争的撒手锏

在技术、产品、服务日趋同质化的今天，消费者对价格的敏感性将日益增强。在这种情况下，哪家企业若能以比竞争对手更低的价格出售产品或服务，将会获得更显著的市场竞争优势。

谁都想在市场竞争中立于不败之地，可是拿什么去同别人竞争，靠什么去取胜呢？必须具有竞争优势。

低价格是一个强大的竞争优势。要低价格必须拥有低成本的基础，没有成本节约的基础，盲目的降价竞争，只会沦为恶性价格战，最后搞垮企业。

这方面，一些优秀的企业给了我们很好的启发。

案例5-15

沃尔玛创建人山姆·沃尔顿原本是个名不见经传的大学生，1940年大学毕业后，到彭尼连锁店(零售业的龙头)工作了18个月。1941年，美国参加了第二次世界大战，山姆辞去工作参军。1945年，战争结束后，他在阿肯色州纽波特经营一家食品杂货店，一直干了5年，年营业额从接手时的7.2万美元，上升到25万美元。

在纽波特食品杂货店的经营中，山姆与哈里做了一笔生意，使他终生难忘。

“比方说我按80美分买进一件东西，我发现如果按1美元的定价出售，其销售量是按1.2美元出售的销售量的3倍以上。每件商品所挣的毛利，也许只有按1.2美元出售的一半（按1美元出售的毛利，每件20美分，按1.2美元出售的毛利，每件40美分），但由于我卖出了3倍的货物，总利润大大增加了（20美分×3>40美分）。”这个道理看似简单得很，但是这恰恰是折扣销售的实质所在。用零售业的行话来说，你可以降低标价，但赚取的钱会更多。这种思想最终被后来的沃尔玛确立为公司经营哲学的基础。

1962年沃尔玛公司成立后，一直采取低价竞争战略。节约一切可以节约的成本，使自己持续保持低成本、低价格的竞争优势。

（1）山姆自己亲自开小货车运送货物，既当采购员又当司机。

（2）山姆出差时只住中档旅馆，两个人合住一个房间。有一次，他竟和八个员工同住一间普通房。

（3）沃尔玛现在的总裁还只是开一辆大众公司的甲壳虫车，为了省钱，2003年8月出差时，他还跟下属合住一间客房。

（4）山姆的弟弟说：我和哥哥干过一切事情，我们洗橱窗，打扫地板，布置橱窗。我们也干所有储藏室要干的活，登记入库货物，干过经营商店所有的活，我们必须把开支限制在最低限度上，我们就是以降低经营成本的方式赚取利润。

（5）沃尔玛的干部员工出差采购，也是住拥挤的小旅馆，外出一律步行或坐公交车，从来不坐出租车，以便将采购费控制到最低。另外，对每天的差旅费、伙食补贴也有严格的标准。

（6）办公室狭小、拥挤、简朴，连沃尔玛国际公司首席执行官约翰·门泽尔还和下属挤在一层楼里，办公室小得可怜。

（7）在沃尔玛中国总部大厅，到处都可以看到“17909长话可省钱”的提示；在采集样品窗口，赫然写着“标签不可做他用”的提醒。

(8) 平常用的纸，员工们被告诫，记得要两面都用完再丢弃。

(9) 员工喝咖啡要付 10 美分。

(10) 在节假日商店繁忙时，行政管理人员也要去一线帮忙，做收银员、搬运工，以节省人力成本。

(11) 沃尔玛广告费用只占运营费用的 0.4%，广告模特都是自己的员工或子女。而竞争对手凯马特却高薪请名模，广告费占到 10.6%。

(12) 沃尔玛的物流费用只占营业额的 1.3%，凯马特是 3.5%。

(13) 沃尔玛整个日常开支占营业额的 15.5%，而凯马特是 21.97%。

正是沃尔玛在每一个环节上节约成本，才使得它拥有了低成本的竞争优势，它的商品平均价格比竞争对手凯马特低 3.8%。

经过 40 多年的苦心经营，沃尔玛不断成长壮大。如今的沃尔玛已成为世界最大的企业之一，2003 年销售额 2 563 亿美元，拥有 5 000 多家分布在世界各地的商场。而曾经是零售业龙头老大的竞争对手凯马特，则在 2002 年破产倒闭。

沃尔玛为什么能取得如此巨大的成功？山姆总结说：“答案很简单，因为我们珍惜每 1 美元的价值。我们的存在是为顾客提供价值，这意味着除了提供优质服务外，我们必须为他们省钱。沃尔玛公司浪费掉的每 1 美元，都是出自我们顾客的钱包。每当我们为顾客节省了 1 美元时，就使我们自己在竞争中领先了一步。”

沃尔玛真不愧是世界最大而又最“抠门”的企业，它不成功那才怪呢。那么国内的企业又是怎么样呢？有什么先进的做法值得学习呢？

案例 5-16

很多人都看过正大综艺节目，但可能还有人不知道泰国正大集团是做饲料的。20 世纪 90 年代初，正大已是中国饲料业的老大，每年要从中国业务中赚取6亿元利润。当时的希望还是刚起步的小公司，但发展很快，每年以百分之几百到一千的速度增长。

希望饲料的快速发展壮大势必要与正大饲料发生市场竞争。正大凭借自己雄厚的实力，曾经三次向希望发起降价竞争，试图打垮希望，但结果都以希望获胜而告终。

第一次价格战是发生在鹌鹑饲料上。当时成都新津已成为世界最大的鹌鹑养殖基地（由刘永行四兄弟发动起来的，刘氏集团就是由此发家的），养殖量达千万只，鹌鹑蛋产量每天几百万个，鹌鹑饲料市场十分诱人。做饲料的正大集团不可能不进入这个市场。为了与希望争夺市场，正大挑起了价格战，每次以10元钱的幅度往下降，降了几次以后，夺得了约40%的市场份额。刘氏兄弟沉着应战，也开始降价，直接把价格降到正大以下，从正大手中又夺回了10%的份额。正大成都工厂有点吃不消了，派了原料部经理与希望谈判，决定双方都提价，每吨提价70元。到了商定的日期，希望集团把价格提上去了，结果销量反而大幅度增加。通过调查，原来成都正大受到总部批评，撤出市场，不生产鹌鹑饲料了。因为他们的生产成本高，在鹌鹑饲料上始终没有挣过钱。

第二次价格战是在1991年。那时希望总部已搬到成都，希望饲料的快速发展，对正大的四川市场构成了威胁。于是正大又以降价的手段来压制希望。刘氏四兄弟讨论了一天后，最终决定应战，降低价格，降到比正大低20元的价格上。过了一个多月，正大又开始第二轮的降价，还是降20元，希望同样迅速跟进。接着是第三轮降价，希望集团考虑，这样没完没了地跟进降价是不行的，不如来个干脆的。他们算了一下成本，三次降20元下来，企业还有100多元的利润空间。要降就一次降到底，把利润全让出去。他们在养鹌鹑时已经积累了1 000多万元资金，就算把价格降到没有利润的地步，希望公司也能坚持一年，于是决定一下子每吨降价140元。这次成都正大又顶不住了，原料部经理又来找希望言和。

第三次价格战是发生在上海地区。当时上海希望刚做了人事调整，新任总经理在产品质量上做了手脚，引起了农民的大量投诉。上海正大厂抓住了希望的这个机会，又发动了大幅度的降价。希望的大量用户转向了正大，销售量直线下降，由月销售量一万吨降到了一千吨。希望这次还是选择了应战，宣布在江浙地区全面降价，每吨降价几百元，让利总价值达几千万元。这次价格战的结果还是希望赢了，上海正大亏损上千万元，上海希望还能实现盈利。

在这三次价格战中，为什么希望没有被对手打垮，反而越战越强呢？原因只有一个：希望的成本比正大低，低成本的优势使希望在竞争中一次次获胜。

正大在中国的销售代理链很长，流通费用比希望高。早期正大使用外方人员，工资成本很高。另外，早期的正大一企独大，在没有强力竞争对手的情况下，管理并不是非常严格，建厂成本和营运费用都比希望高得多。

希望的成本节约主要体现在建设成本、固定资产成本和人力成本的节约上。人员精减方面希望做得也很出色，它的行政管理人员还不到国有企业的一半，干部也不靠高薪来养，而是给予发展机会来激励。水、电、物消耗成本都在不断降低。在供销体系中推行“三直行动”（直购、直联、直销），这又比同行降低了2.5%的成本……

在微利时代，企业如何保持长期的竞争优势？美国著名的企业战略专家迈克尔·波特提出，企业长期的竞争优势只有两个：一是成本优势，二是差异化优势。沃尔玛、希望、丰田等优秀企业，之所以能在激烈的市场竞争中取胜，都是因为他们具有低成本的竞争优势。

对成本节约还没有高度重视的企业，一味不惜代价向外扩张的企业，习惯于讲排场、铺张浪费的企业，是到了认真反省、检讨总结过去的得失、调整企业发展战略的时候了。

八、实证化——精细化管理，需要求真务实

1. 信奉实证精神的海尔

实证化是一种思维方式和观念。企业管理乃至公共管理都非常需要实证化。实证化包含二层意思：第一，求真。注重事实，尊重客观规律；实事求是，追求事实真相。这是从认识论角度上说的。第二，务实。务实不务虚，实用，实践，实效，脚踏实地，工作落到实处。这是从实践的角度说的。

在改革开放初期，就有了“真理标准”的大讨论，最后达成不唯上不唯书、坚持实践是检验真理的唯一标准的共识。

海尔不仅在思想观念上推崇实证精神，在管理上也时时处处排除主观主义、唯意志论，坚持以市场效果论英雄，坚持务实精神。在选人用人上，海尔采用相马不如赛马，摒弃单凭领导印象、个人好恶的提干方法，坚持公平、公开、公正的竞争。在管理措施上，提出管事凭效果，管人凭考核。在重大决策上，坚持充分的调查研究，谨防想当然决策、凭个人主观意志决策。在海尔的每一方面，我们都强烈地感受到求真务实的作风，重实干，重实效，不图虚名，不摆花架子。

海尔对西方的管理理论采取批判式地吸收，并努力将西方管理的精华与本土实际情况相结合。张瑞敏称自己是山沟里的马列主义。他正视地域差别的客观事实，清醒地认识东西方文化环境的差异，谨慎地防止生搬硬套“国际规则”，终于创造了适合中国国情的 OEC 管理方法。

2. 假信息，真恶果

实证精神的实质是求真：追求事实真相，追求客观性。

求真体现了唯物主义的精髓，是科学认识论、方法论的基本要求。

案例 5-17

汉武帝曾为一代英主，为中国的统一和强盛建立了不朽的功勋。但晚年迷信鬼神，轻信谗言，身边最信任的大臣多被他诛杀。十几任丞相，除了

公孙弘、石庆、田千秋之外，没有一人好死。受巫蛊冤狱而死的，前后达几万人。刘屈氂、江充想除去太子，便乘机陷害太子，说太子宫中有异。那时汉武帝正卧病甘泉宫，与京城消息隔绝，病况不明，谣言很多。太子疑江充另有阴谋，兼以愤恨，便将江充捉住斩杀。又连夜派人到未央宫，请他母亲卫皇后下旨，调发士兵以自卫。有人却报告汉武帝，说太子造反。汉武帝大怒，派丞相刘屈氂率兵捉拿太子，双方在长安城混战了三天。结果太子兵败逃走，后来自缢于湖县，卫皇后也畏罪自杀。这一场大乱，史称"巫蛊之祸"。事后汉武帝发现巫蛊之狱多为诬陷，然而妻死子亡，便建造了一座思子之宫，以示悼伤。

现代社会的现代人，有些也轻信谗言，听小报告，被虚假信息所左右，就太不明智了。不幸的是，许多领导人和企业管理人员也仍然没有逃脱虚假信息的愚弄。误信虚假信息的后果是严重的，它使组织氛围恶化，令下属寒心、丧失信任和信心，滋生怨气与不平。

3. 管理者必须慧眼识真假

讲求事实真相、依据客观事实作决策是管理科学化、理性化的要求，这一点大家都会认同。可是，为什么还有那么多人会被假象、虚假信息蒙蔽呢？汉武帝从理性上也不想冤杀那么多人，也为妻子、儿子冤死而悔恨，但他还是被恶意小报告牵着鼻子走，制造了天大的冤案。

社会现象因时、因地、因人、因事而异，也是普遍情况。可是许多人就常常根据个别情况、局部事实、一两个人的意见，就匆忙得出结论。汉武帝就是听信了个别人的片面之词，匆忙下令镇压太子，结果造成了千古奇冤。

信息传递过程中的过滤作用也是造成信息失真的重要原因。在组织内，信息在由下而上的传递过程中，很可能会发生失真、歪曲、延误、丢失和阻断。组织的每一个层级相当于一个信息过滤器，它将接收到的信息经过处理、分析、筛选后，再向上一级传递。被处理过后的信息可能增加了他认为是重要的内容，或减少了他认为无关紧要或对自己不利的内容。这种逐层向上的信息过滤作用，可能是以下三个因素造成的。

(1) 利益因素。下属为了保护或增加自己的利益，有时有意歪曲上传的信息。对自己的工作失误避重就轻，把有利自己的一面有意夸大，或淡化某些事实，报喜不报忧。有时为了打压或抬高某个人，而使用贬损或美言，将诬告或赞颂的信息上报。

(2) 当事人的认知因素。不同层级、不同的人，对问题关注的侧重点不同，每个层级、每个人都可能从自己的角度，对上传的信息加以取舍、解释，或使用不同等级的形容词加以强化或淡化。

(3) 传递因素。信息在由下而上的传递过程中，可能因为说错或听错、写错或看错、漏记或多记、文件丢失、打字出错、电话设备的故障等，使信息失真、延误和丢失。据说有人做过一个实验，让 100 人排成一队，由第一个人告诉第二个人一句话，再让第二个人像传递口令一样，一个接一个传递到最后一个人。结果，最后一个人所听到的话居然没有一个字与第一个人所说的相同，信息经过 99 次传递后，已面目全非。

信息失真的原因是很复杂的，主客观因素都有，要不怎么会有那么多人被虚假信息所蒙蔽而误事呢？所以，我们要倡导实证精神，倡导客观地、全面地认识事物的真相。各层级的管理者需要认真学习唯物论，培养识别真假信息的能力。

4. 求真之法

(1) 深究求真。寻求事实真相，管理人员需要从培养求真意识、实证意识着手，逐渐养成实事求是的习惯，对所获的信息，要多问几个是什么？怎么样？这条信息真实吗？可靠吗？客观吗？全面吗？真实的情况又是什么？心存怀疑是逼近真理的重要一步，但不是止于怀疑，而是沿着疑问去寻找真实的答案。被认为是多疑的上司是不好的，但轻信的上司同样是不好的，始于怀疑，终于真实，才是企业应该推崇的。

(2) 多渠道验证。信息渠道单一、窄小，可能使管理者耳目闭塞，容易轻信轻断，容易被恶意小报告蒙蔽。多渠道获取和验证信息，才能耳聪目明，特别是来自不同渠道的信息互相矛盾时，更有利于探究事实真相。所谓兼听则明，偏听则暗。

一些有经验的领导人通常不会仅凭一面之词妄下结论。他们会听取职能部门的人员怎么评价来自一线人员上报的信息，或者指派督察人员做专案调查，利用督察员所提供的第三方资料，验证、确认最初上报消息的可靠性。他们深知，信息失真是一个较普遍、高概率的现象。要防止误信，就要舍得花时间、精力验证真实，尤其是一些事关重要决策的原始信息，不经过充分验证，不能轻易采用。部分领导之所以因为轻信谗言和假信息做出错误的判断和决策，是因为舍不得花时间、精力去验证，怕麻烦，图省事。有些领导则是因为一度成功，或是要显示权威，而过度自信和武断。汉武帝和历代的许多皇帝，若是能利用第三方消息，采取多渠道验证方法，许多冤案和悲剧本来是可以避免的。

(3) 调查统计求真。利用科学的抽样调查和统计方法开采信息，可以消除主观性、偶然性、片面性和各种不确定因素的影响，有利于得出客观、正确、全面的结论。对人的评价和对事的看法与其听信一两个人的意见，或主观臆断，不如做个抽样调查或民意测验再下结论。

科学的调查研究是精细化管理的重要方面。事前进行充分调查，决策才可能精准、正确，才能避免决策的盲目性。

中国的企业和公共组织，总的来说很不习惯事前调查研究。数以亿元计的大项目的投资，大规模的市场开发投入，可以一拍桌子就决定下来，而不需要详细的市场调查分析和慎重的可行性研究，结果屡屡失误。中国在这方面的教训是很多的。许多领导人似乎宁愿承受由于决策失误带来的巨大损失，也不愿意花很少的人力、财力进行充分的调查研究。不少较大的调查公司说："我们服务的客户大多来自外资企业，他们特别重视市场调查研究工作，很舍得在这方面花钱，来避免决策失误。而国内企业对调查工作大多是口头上认为重要，而行动上不重视，舍不得花小钱做调查，却舍得将大钱投到广告上。所以，很多决策失误并不是偶然的。他们宁肯相信自己的直觉和局部经验，也不肯相信科学。中国人什么时候能学得像美国人那样尊重客观事实，注重调查研究，中国的好多企业就有希望了。"

现在，企业和公共组织对使用科学的调查统计方法开采数据信息作用的认识，已有所进步，但与欧美国家相比，其认识水平仍有差距。所以，提倡实证精神，对我国企业推进精细化管理尤为迫切。

(4) 非常规渠道。有时，使用非常规的手段，从特殊渠道获取信息，也是很有效果的，并且所得的信息大多是真实可靠的。

麦当劳曾雇用“神秘顾客”来检查加盟店的产品、服务情况，以获取真实可靠的信息，效果十分良好。有些企业领导人，会在各部门、各层级安插自己的耳目，以求获取第三方的消息来源。有的则在企业的各部门培养和物色一批关心企业、忠诚企业的人，以便在必要时，能及时得到真实的消息。微服私访也是领导人使用的一种探明事实真相的方法，而且成效显著，只是因为领导人大多事务繁忙，难以经常使用。

5. 求实、务实、落实

求实也是目前许多企业迫切需要解决的问题。它体现在以下三个方面。

(1) 要务实。不少人乐于务虚，乐于做表面文章，搞形式主义，做外观“形象工程”“政绩工程”。满足于前卫时尚的口号、大而空的报告、恢宏的战略规划和不切实际、不解决实际问题的政策指令。推行精细化管理必须牢固树立务实精神，否则精细化就成一句空话，空谈误国，空谈误企。

(2) 要落实。有的领导人有很好的想法和计划，但太放手，没下功夫抓落实，没下功夫抓检查、抓控制，结果好的计划收不到好的效果，于是就埋怨下属执行不力。实际上光会出主意、用干部，而不抓落实，是领导的失职。

(3) 因地、因时制宜。博古、李德无视中国革命的实际情况，盲目照搬外国的革命经验和军事理论，结果把无数革命先辈千辛万苦创立起来的中央根据地白白断送了，也差点把整个中国革命和红军队伍断送了。这是无视中国革命的具体阶段和地域特殊性所付出的惨重代价。

现在的企业里，也有人无视中国国情和企业的发展阶段，盲目推崇西方先进的管理理论和方法，生搬硬套欧美经验，这是很危险的倾向，这种思潮只会把企业引入歧途。怎样把外国的先进理论与本国、本企业的具体实践相结合，是中国企业必须面对的一个重要课题。只有批判地汲取其精华，因地制宜，因时制宜，才能确保中国企业的健康成长。

案例 5-18

生活在调查氛围中的美国人

北京广播学院的柯教授，前些年曾以民意调查学者的身份，深入考察了美国的民意调查状况。他在美国的所见所闻，感受之深，震撼之大，从以下所摘要的几个标题便见一斑：

美国的调查机构多如牛毛；

调查报告和消息发布十分频繁；

调查内容无所不及；

调查设备和技术发展迅速；

调查方法日新月异；

调查研究的学术活动和出版极其活跃；

……

关于调查机构，柯惠新说，仅康(涅狄格)州的一个小镇汉顿附近，就有几百家大大小小的商业性调查公司。这些公司根据自己的专长，都有专业化分工，有的专门做访问，有的专做数据处理，有的做调查策划设计等。在美国一个地方小电视台的市场部，每年也要花 100 万美元购买尼尔森公司的调查数据。一个小镇就有几百家调查公司，这不知是国内的多少倍，中国几万个小镇加起来也还没几家调查公司。

关于调查信息的发布，柯教授说，几乎每天都可以从广播、报纸、电视上听到看到民意调查的消息和报道。报纸的头版中，民意调查的消息和报告的频率、所占的版面、所占位置等，其数字之大令人十分吃惊。一个仅 3 000 人的私立大学，每年都由学校出资进行十几个项目的民意调查。当地电视台还免费提供 30 分钟的播出时间，让该大学发布调查的结果，同时回答各方提问。这种新闻发布会，既宣传了调查的结果，也提高了该大学的知名度。

关于调查的内容，柯教授说，小到养猫养狗、喝咖啡、骑自行车、为幼儿雇保姆、中小学性教育、吸毒与饮酒，大到州政府、上月球、火星，调查内容真是五花八门，无所不有。为什么要调查保姆，因为州政府要了解保姆的工资水平，以制定对困难家庭的补助标准。为什么要调查上月球、火星，因为宇航局要了解人们对研究经费投入的态度，是过大还是过小，要不要开发火星和月球，是自己开发还是与日本等国联合开发，以制订一个符合民心的计划。看来，为了使政策符合民心，美国各级政府每出台一项重要的政策和计划，都事事要做民意调查。这一点对我国的各级政府应有所启发。

案例 5-19

ITT 追求“不可摇撼的事实”

国际电话电报公司(ITT)前首席执行官、总裁季宁的管理方式有一大特点：追求“不可摇撼的事实”。他说：“做决策非常困难，大多数公司根据许多并非事实的事实来做决策。”为了避免犯错，季宁培养出了一种特殊的能力，可以撇开“虚假的事实”，从中找出一种产品或一个部门“不可摇撼的事实”。

1965 年，季宁发出一张简单的公告：“我希望每一份报告清楚、直接、坦白，一开始就列出‘不可摇撼的事实’……最高的管理艺术，需要有能力从资料中嗅出真正的事实。同时，要有勇气、理性的好奇心、胆识和直率的态度，证明你所拥有的确实是所谓的‘不可摇撼的事实’。”

员工常常批评季宁过分注意细节，会议拖到深夜，事情经过讨论、争辩、检查、再检查，疲劳不堪是理所当然的，但人们也从中学会了如何根据“不可摇撼的事实”来做决策。

一位资深主管说：“季宁并不是不信任全人类，但是他确实不信任单一的资料来源。”他不喜欢仅凭一面之词来了解全面情况，他确信不同人有不同的观点，听信一小部分人是危险的事。季宁认为要管理 ITT 这样大规模且复杂的集团公司，最高主管应该从多种信息来源中去了解真正的内情。

一位观察家表示："其实，财务部总经理是季宁的第三只眼。你要是见过财务总经理办公室的作业，你就会了解ITT的一线经理像是住在一个装有窃听器设备的房间里，周围都是闭路电视，窃听器正对着你！"

ITT的主管越资深，越会受到牵制。在这种制度下，产生了季宁月报中的"事实"。一线主管无法轻易隐瞒任何事实，所以自己干脆主动把问题摆出来，让别人都来帮忙。

季宁很重视会议，他认为会议是观察人、听人说话的好机会。他说："从一个人的腔调上就可以听出他是不是还有问题没说出来，面对面沟通和书面报告，可以保证使我们得到坦白的答案。"一位资深人员说："这种交谈的结果显示，如果主管人员不说实话，季宁会穷追不舍，直到逐渐找出事实的真相。最后，各种事实资料被挖掘，越积越多，终于真相大白。"

九、精益化——优势源于求精

精细化强调把产品和管理都做好、做精，精益求精。

精细化要求先进企业永不满足现状，持续改进创新，挑战极限；精细化要求后进企业增强危机意识，寻找突破，死里逃生。

精细化的实现要求企业实行专业化经营，着眼于长远发展，树立积极进取的观念。

1. 做专才能做精

专业化是做精的有效途径，做专才能做精，在企业基础不牢、实力欠缺的情况下，盲目实行多元化发展的企业很少能获得成功。

中国企业大多还处于发展的初级阶段，过去一度成功，极易使企业领导人头脑发热，看见到处都是挣钱的机会，便抵挡不住诱惑。加之行业厌倦症，总觉得自己所做的行业利润太薄，总想寻找新的利润增长点，在这种思想的影响下，便产生了多元投资的冲动。结果，哪个行业都没做精，新投资的行业还不如自己原来做的行业。

东方希望饲料也搞过多元化，做房地产失败了，结果交了学费。

海尔也做了家电以外的产业，如电脑、手机、药业等，但大多都不成功。

万向集团和格兰仕是我国做专业化的典范。万向集团专业做汽车配件，从4 000元资产的小厂做到个人资产54亿元；格兰仕专业做微波炉，2003年做到105亿元销售额，占世界市场的35%，成为世界最大的微波炉生产商。

万科董事长认为，中国企业经营发展战略可以分为三类：第一类是始终专业化；第二类是初期专业化，以后多元化；第三类是多元化向专业化转变。多元化的成功，至少从美国通用电气公司（GE）看来，是需要一套强有力的制度系统和创造性的文化理念，或者说，多元化本质上是对人类能力有限性的一个挑战。由专业化而成功，是普遍，是一般；由多元化而成功，是特殊，是特例。特殊的成功，只有那些具备优异的制度结构与特殊才能的企业才能做到。

中国市场化进程已有近20年，买方市场已经形成，行业利润率在激烈竞争的作用下，已趋于平均化、微利化。在微利时代，只有保持相对竞争优势的企业，才有机会获得好的效益。要取得竞争优势，只有做专、做精，固守本行，丰富经验，才能娴熟地驾驭市场，才能不断降低成本、提高质量。过早地实行多元化，必定在哪个行业都做不精，因而也谈不上有什么竞争优势。

2. 做出品牌，立足于长期发展

粗放式经营的企业，大都不是基于长期考虑，不是着眼于企业的长久发展。粗放式经营的企业，力求短期效益，期望通过广告轰炸或其他一用就灵的绝招，使企业一夜暴富，而不屑于做长期的、耐心细致的品牌培育工作。比如“广告名酒”和一些保健品做法，就是如此。

还有一些企业把希望寄托于降价竞争，打价格战。但并不是因为企业管理改善了，产品成本大幅度降低了，才降价竞争，这些企业并无成本优势做基础，结果价格战打得自己伤痕累累，为自己制造危机，如长虹。不努力改善管理，挖掘管理潜力，没有扎实的管理基础，而企图采取单项（广告战、价格战、促销战）突破，是现如今许多粗放式管理企业的一大特点。

还有一些中小企业、民营企业，满足于过去的成功和今日的利润，没有意识到危机不久就会来临，没有为将来新的竞争格局做准备，得过且过，没有竭尽全力地为将来的发展培育自己的竞争力，打造自己的品牌优势，这就难免不被新一轮的竞争所淘汰。

做精要求企业有强烈的长效意识、品牌意识，经过长期不懈的努力，打造出具有竞争力的强势品牌。只有这样，才能在未来生产集中、市场集中、品牌集中的大格局中得以幸存。

3. 居安思危，持续改进

积极进取的企业发展观是精益化的基本要求之一。缺乏进取精神，满足于粗放经营带来的利润，离危机到来就不远了。

(1) 企业领导人要不满足现状。特别是后进企业、处于困境中的企业更需要如此。眼下大家都在喊生意难做，利润太薄，但有多少人发奋图强、寻求突破了呢？抱怨严酷的竞争现实，根本无济于事，留恋过去美好的时光，也不能给企业带来好运，于事无补。只有像海尔那样，具有永远战战兢兢，永远如履薄冰的危机意识，像万向集团早期那样置之死地而后生，像日本声宝电器那样拼死一搏，才能赢得主动，赢得机会，赢得未来。

(2) 永远比竞争对手领先一步。余明阳博士(上海交通大学管理学院教授、博士生导师)曾讲过一个猎人的故事，说有两个猎人到山上打猎，其中一个猎人A说，这地方常有熊出没，要是真碰上熊怎么办？另一个猎人B说，要是真碰上熊就跑呗。猎人A说，你跑得再快，能比得上熊吗？猎人B说，我不需要跑得比熊快，我只要比你跑得快一点就行。这个故事说明了一个道理：你只要比竞争对手快一点，做得好一点，做得精一点，你就有可能逃脱死亡，赢得生存的机会。领先一步，可以是成本低一点，质量好一点，款式新一点，劳动效率高一点，浪费少一点，等等。也许，最后的胜利就取决于那么一点点领先。美国第一大零售商凯马特，之所以被沃尔玛打垮，就是因为沃尔玛在成本控制等方面比凯马特做得好一点点，成本节约一点点。

(3) 持续改进，永无止境，挑战极限。丰田在美国肯塔基州有一个汽车总装厂，它每周日定时对感兴趣的游客开放。游客在企业公关人员的带领下，参观丰田生产的全过程。导游一边讲解,游客可以一边发问。参观丰田汽车生产的人很多,美国和世界其他地方的汽车厂商也乘此机会加入到考察队伍,期望能学些丰田的“真经”。

丰田把自己暴露在大庭广众之下、汽车业内专家面前,难道不怕泄露自己的商业秘密,被其他汽车厂商学了他们的方法而赶超吗?

丰田实际上是在人为地给自己施加压力,它大胆地让对手追自己,以使自己持续改进,不断创新,挑战极限。它要让员工意识到来自世界汽车厂商的激烈竞争,让自己歇一歇喘口气的机会都没有。丰田还在给自己设制更加苛刻、难度更大的目标。丰田说:“等到同行企业追赶到他们今天看到的水平,丰田又会有许多进步,所以总是领先。”

20 世纪 80 年代末,摩托罗拉的质量水平已达到 4 西格玛,已经领先于美国的一般公司。但是企业的领导人仍不满足现状,刻意追求高质量和低成本的同时实现。结果,经过 4 年的努力,公司的大部分领域几乎都达到 6 西格玛水平,同时节约了 22 亿美元成本。

20 世纪 90 年代中期,通用电气已是世界机电行业的老大,经营业绩显赫,管理优良。但杰克・韦尔奇仍在全公司范围内不懈地、无止境地寻找做好每一件事情的新方法。当时通用电气的许多业务都介于 3～4 西格玛,杰克・韦尔奇毅然决定,要在 2000 年使通用所有的产品和服务业务都达到 6 西格玛的质量水平。

海尔已经是国内管理最好的公司之一,但海尔领导人仍不松懈,要求全员每天都要提高 1%,日清日高,再创新高。在 OEC 管理已取得理想效果的基础上,又向市场链管理法迈进。北京一位领导人语重心长地对张瑞敏说:“你们现在很不错了,要居安思危啊!”张瑞敏回答:“不是居安思危,我们是居危思进。”

事实上,杰出企业之所以成为杰出企业,是因为他们追求持续的进步,永不停息。

案例 5-20

置之死地而后生的声宝特工队

1955—1964 年，日本家电业每年以 40%的速度增长。1965 年，日本家电业遭受二战以来最严重的危机，从这一年开始，年增长率只剩下个位数了。这对家电企业来说是个致命的打击。

面对这场生死存亡的危机，处于行业领先的松下电器，也由松下本人亲自挂帅，兼任市场总部代理部长，亲自指挥营运，由此可知此危机的严重性。

而起步稍晚的声宝公司更是苦不堪言。资料记载，当时声宝日产 1 500 台电视，而每日销量却不到 100 台，产销率不足 7%，每月净增积压 4 万多台库存，公司的股票也因此一落千丈。若情况继续恶化，公司只有坐以待毙，死路一条了。

怎样才能挽救营运颓势呢？领导层分析了产品滞销的原因，发现问题的症结就在于“产销分离制度”，即厂家负责生产，经销商负责销售。解决之道就是厂家要参与销售，促进经销店积极售卖。

经过深思熟虑，声宝决定组建一支“市场特工队”，协助经销店开拓市场，彻底改变经销店“坐等顾客上门”的老式经营法。

“市场特工队”全由没有营销经验的、学历不高的年轻小伙子组成。队员的任务主要是上门访问电视机用户，对电视机进行健康检查服务，借此发现用户的电视是否有以旧换新的必要，或顾客是否有增购的意愿，从而扩大声宝的销售。但是，第一关先要得到经销店的认同和配合。过去习惯坐等顾客上门的店主对厂家新的促销策略很难理解，以为“市场特工队”是做无意义的访问工作，却不知这种拜访能帮助他们开拓市场。

有的店主将这些年轻力壮的队员当成声宝派来帮忙自己处理店务的打杂小弟。一位队员刚到关东地区的经销店时，正好遇到店主装修店面，店主一见帮手来了，也不管当时已是晚上 8 点，立即命令该队员打扫地板。地上满是木屑和垃圾，处理完了还要用抹布沾上亮光剂，一块一块地慢慢擦，等事情都做完了，已是凌晨3点钟。更糟糕的是，店主将这位队员安排在最里面的一间小屋住，要进自己的小屋时，必须穿过睡满店员的寝室。为了不吵醒别人，他只好坐在外面地板上，睁着双眼等到天亮。

另外一名队员，到职的第一周内，只让他负责打扫仓库，有时还要帮店主运送煤气罐。这位队员回忆说："那时店主吩咐我做什么，我一定任劳任怨，全力以赴，不过有时也会自问我到底是来干什么的？"

其他队员也好不了多少，大约都要花费一个月时间才能让店主认同自己，从而配合自己进行客户访问。

开始访问用户时，经销店根本没有客户资料，队员们漫无头绪，只能误打误撞地挨家挨户访问。

队员上门访问服务时，许多人家用的是其他品牌的电视，队员们受训时只学会修本品牌的电视，结果无从着手，很是尴尬。有的队员硬着头皮拆开检修，结果闹得笑话百出。有位队员要拆下客户电视前面的玻璃，清洗内部的显像管，但怎么也卸不下来。原来那是三洋产品，卸玻璃前要向前推一下才行，而该队员不知道这个要诀，一味又拉又扯，结果把玻璃弄破了。为了表示负责到底，队员立即赶到零件店，买了一面新的玻璃还给顾客。

顾客对这位队员勇于负责的服务态度产生了极大的好感。因此，当队员建议买一台新电视时，他毫不考虑就同意了。

就是靠着这种热心、诚恳、细致、负责的工作态度，以及那份傻劲和耐力，他们终于克服了重重困难，突破了销售瓶颈。

许多原来把队员当打杂小弟的店主，开始改变态度，转而极力支持队员工作，他们都异口同声赞叹道：这些队员真能干。

在当时家电业不景气的情况下，取得这样的成就确实是个奇迹。队员的业绩可从1965年11月10日的电视新闻报道中看出："自9月8日起，声宝实施新销货促销员制度，此队伍被称为'市场特工队'。……此次的47名队员，仅在一个月，共访了8 500名客户，其中44.7%已经签约订货，成功率真是惊人。"

自从“特工队”的辉煌战果被报道后，这支队伍成了经销店的希望之神。全国各地经销店的求援信件纷纷而至，要求“特工队”尽快进驻自己的店，以挽救每况愈下的销售状况。

对比今日中国的家电业，我们今天的市场难道会比当时的日本更难做吗？我们的家电企业有声宝做得那么精细、那么努力吗？这说明中国企业还有潜力可挖，管理能力还有很大的提升空间。

十、其他方法简介

1. 清单梳理

作为一种管理工具，清单梳理广泛应用在日常的管理工作中。对个人，比如总经理每日、每周、每月、每季、每年要做的主要工作，可以列出清单；对一个工作项目，更需要用清单的方式列出全部事项，避免想到哪做到哪。

如总经理每天必须做的事，可以列单如下。

(1) 总结自己一天的任务完成情况。

(2) 考虑明天应该做的主要工作。

(3) 追踪抽查已安排事项的落实。

(4) 考虑一个公司的不足之处，并想出改善的方法。

(5) 应该批复的文件。

(6) 每天必须看的报表(如产品进销表、现金流状况)。

(7) 考虑自己一天工作失误的地方。

(8) 自己一天工作完成的质量与效率是否还能提高。

(9) 记住公司一名员工的名字及其特点。

(10) 看一张有用的报纸。

有了清单，就有对整体的把握，避免了疏漏、拖延和懈怠；有了清单，你就会看清重点和次要，有助你节省时间，提高效率。

2. 案例学习

案例学习是管理导入过程中比较实用、形象的方法，有六个方面是需要注意的。

（1）多用身边的案例。案例的时代性很重要，因为不同时代企业生存发展的市场基础、人文环境、政策背景均不同，太陈旧的案例对解决现实问题的指导意义不大。

（2）注意案例的针对性。案例必须符合论证的需要，关系不太紧密甚至唱反调的，当然不能用。

（3）案例必须印证主题。没有主题思想、不能说明问题的案例是不可取的。

（4）能够类推。就是说案例具备影射的作用，可以举一反三、依次类推。

（5）案例需要概括。摆一堆事实不提炼或概括出要求证的道理，也是徒劳。

3. 模板练习

曾经有公司的管理者说，现在各个部门报上来的东西太乱了，糊里糊涂，没法总结。某人跟他说是他的问题，他没有给别人模板，说明报告怎么写。比如财务的借条不可能乱，因为格式是一样的，只要填个数签个名就可以了。能否给基层干部一些必要的模板，让大家用时方便，汇总时也不麻烦呢？当然是可以的。比如公司发文件、通知，如果用统一模板格式，整个公司的发文操作就全规范了。

4. 规则推演

20 世纪 90 年代末，一场时尚运动在各地风行。人们争相申请所谓个性化的车牌，自己的生日、爱人的英文昵称等，一开始还挺好，偶尔有类似“粤 8007”“粤 CNO001”，也不算过分，慢慢就变味了，甚至有些离谱了，诸如“SDM（萨达姆）”“SEX001”等都贸然上市了，制定规则的相关部门急了，手足无措了。

规则执行的短路是设计者的短路，是设计时对规则推演的忽略。挂一个公路的指示牌时，自己先开着车试试，能否走得通，如果走得通，那么这个牌子就是挂对了，不通就赶紧换。同样的道理，我们制定制度、流程文件也一定要自己推理一遍，不要匆忙地往下推，决策一定要从容，方能执行迅速。其实，只要将规则认真推演，很容易发现问题并及时纠正。

5. 模拟演练

模拟演练是对管理规则的反思、实证过程，规则通过推演可能对了，但还不能确定实施畅通。有两种情况下需要我们把自己当规则的执行者来演练几次，看看能否行得通。

第一种情况是换个角色。规则制约的角色进行调换，按原来的条款再演练一次，就像做代数一样，当 $x=1$，$y=2$，$z=?$ 这就是一种演练过程。

第二种情况是换个环境。企业存在的内外部环境在不断地变化当中，预先设定好几种不同的环境，看看规则执行可能发生的结果，这样做可以使管理者心中有数，降低管理的风险。

以上是管理实施的五种方法的简要介绍。其实单个的方法应用是不够的，能够综合运用才是最高境界。精细化管理是个系统工程，选择什么样的模式是根据企业的实际情况来定的。

基于管理顾问的经验，可以介绍一种模拟顾问公司做项目顾问的形式，展开企业精细化管理的自我诊断、自我实现。

第一步，成立项目组。也可从兄弟单位借调 1～3 名管理人员协助。

第二步，展开管理诊断。这里需要运用管理诊断的五种形式：问卷调查、个别访谈、座谈会、资料查阅、顾客拜访。其中的问卷调查和资料查阅可以运用目录管理和清单梳理的方法；座谈会可用规则推演的方法。

第三步，员工参与自检。员工自检是从被管理者的角度对管理规则全面检讨的过程，又分七个步骤。

(1) 有无规则：自己所在的岗位能执行的管理规则有多少？

(2) 可否操作：执行的标准是否清晰明了，能否操作？

(3) 事前培训：实施前有没有培训和指导？

(4) 事中帮助：执行中有困难找谁？找他有没有用？

(5) 事后分析：执行后的效果有无验收和反馈、纠正？

(6) 系统协作：规则实施对系统内外的影响、意义？

(7) 个人提升：规则实施过程中对个人有无提升和帮助？

第四步，项目报告。就企业整体的管理状况进行综合分析，形成完整的书面报告。

第五节　实施精细化管理的关键因素

一、从最高领导做起

企业领导者这一特殊角色决定了他是最了解企业的人，企业领导者这一特殊地位决定了他是促使精细化管理方案得到不折不扣执行的关键。但有很多企业的领导往往不注重细节，不齿于精细化管理，认为领导就应该是做大事、干大事业，细节是小事，领导可以忽略细节。这完全是一种误解。事实上，任何大事都是由小事组成，企业中每个环节、每个细节都是工作中的一个有机组成部分，都很重要。

对企业的领导者来说，除了制定发展战略、做出管理决策外，关注实际工作执行中的细节也是他们最重要的工作。领导者只有脚踏实地，积极了解并参与一些关键细节的执行，才能够准确及时地发现企业发展的情况，及时发现既定目标是否能够实现，会遇到哪些阻力，并根据实际的情况随时调整策略，及时修正偏差，才能成就宏图大略。

任何事情从量变到质变都有一个过程，如果企业领导者没有持之以恒的“举轻若重”，在一些细节的执行中做好细节的务实精神，就达不到“举重若轻”的境界。如果领导者认为宏图大略才是当务之急，所有的细节并不重要或不值得关注，那与此同时，也将有一大堆“小事”带来一连串麻烦，最终导致宏图大略被破坏，直至化成泡影。

海尔集团的张瑞敏亲自抡起铁锤，忍痛砸烂了 76 台质量不合格的冰箱；奥康集团的王振滔当着员工的面亲手剪掉数千双不合格的皮鞋。这些举动，传达的并不是要求他的属下把所有的不合格产品全部砸掉，而是教育他的员工，要么不干，要么就做细、做精，质量问题决不可轻视，不合格产品就是废品。

实施精细化管理要求从领导做起，要求领导者参与一些细节的执行，并高度重视和推动精细化管理的实施。但有的领导不以为然，觉得自己的时间这么宝贵，是要用来策划高瞻远瞩的策略，做不到事必躬亲。

实施精细化管理强调领导作用并不是要求领导一定要事必躬亲，而是要明察秋毫，对一些重要的细节比他人观察得更周密、更细致，能够做到细致入微，并能在某些细节的操作上做出榜样，并形成一种威慑力，使每个员工都不敢马虎，无法搪塞。只有这样，企业的工作才能真正精细，企业精细化管理才能得到有效实施。

作为一个领导者，如果连最起码的一些小事都注意不到，那如何去保证一些决策的严格执行？如何去带领整个团队？如何去规划整个公司？如何才能让下属对自己的管理心服口服呢？

案例 5-21

德国著名的连锁超市 DM 目前已有 1 370 家连锁店，2 万多名员工，年销售额高达 10 多亿欧元。这么大一个集团企业，它的领导者是不是只坐在办公室里研究市场发展状况、做经营决策呢？实际上不是这样的，DM 的创造人格茨·维尔纳经常要到一些连锁分店去逛逛。一次，他走进一家分店视察后，对店长说：“请给我拿一把扫帚。”店长非常不理解维尔纳的用意，维尔纳指指地上的灯光说：“你看，灯光的亮点聚在地上，什么用处也没有。”于是，维尔纳用扫帚杆调节了一下上面的灯，让灯光照在货架上。

这样的小事也由老板亲自动手，他的事业能做大吗？可就是这样一个老板，同行业中最富有的之一，2003 年年初，他的个人财产已达到 9.5 亿欧元。维尔纳解释他注重细节的用意时说：“这样做给人留下的印象远比下达批示深刻得多。当然，我不可能每天到所有的分店跑一圈，不可能每一个细节都不放过，但是，正如‘商业教皇’布鲁诺·蒂茨所说：‘一个企业家要有明确的经营理念和对细节无限的爱。’”

维尔纳的例子说明，领导者如果能在细节的问题上做出榜样，那么每个员工对自己的工作会更加用心。只有这样，“勿以事小而不为”才变得有实际意义。

美国汽车公司总裁莫端要求秘书给他的呈递文件放在各种颜色不同的公文夹中，红色的代表特急；绿色的代表要立即批阅；橘色的代表这是今天必须注意的文件；黄色的则表示必须在一周内批阅的文件；白色的表示周末时须批阅；黑色的则表示是必须需要他签名的文件。就是这样小小的细节，使他的工作分出轻重缓急，条理分明，才能在有效的时间内，提高工作的效率，将公司的经营提到更高的水平。

也有一些企业领导容易沉溺于完美细节，他们把大部分时间花在细节的处理上，使细节变得完美，然而细节完美的结果却是整个工作停滞不前，总是节外生枝，最后迷失了最初的目标。

作为企业领导，应该首先要保证做正确的事，然后才是正确地做事。因此，作为领导应先从大处着想，由大到细，做到面面俱到，才不致失误。如果缺乏做正确事情的规划，即使每件事做得再精细，即使执行能力很强，往往也是局部、片段的胜利，从长远来说，从整体来看，作用也很有限。另外，如果对于一些细碎的事情不屑于干，或者干脆不干，凡事不先从大处规划好，同时又不屑于做好细节，这将必然导致失败。

全球著名的GE集团是战略眼光与执行力俱佳的世界领先的大企业。GE投资几乎涉及各行各业，但其管理却是全球所有企业的学习榜样。其提出的四大战略管理目标：全球化、服务、电子商务和六西格玛，至今为世人所乐道，尤其在精细工程管理中提出的六西格玛管理，是全球“细节管理”的典范。而GE之所以长盛不衰，很大的原因应归功于其前CEO杰克·韦尔奇，他制订了战略计划、战略思考，带领企业一步一步改革实施。都是先从大处着手，再而向细。不但如此，他又经常亲临一线，听取广大员工与顾客的意见，同时严格要求员工管理。可算是“大处先着想，细处多着手”的典范。

多数人了解并尊重杰克·韦尔奇，并非因为他在管理学基础理论上做出了多么大的建树，而是他作为通用电气总裁在长达20年的管理实践中成功做出的一系列成绩，特别是他身体力行的一些管理细节。这些细节包括手写“便条”并亲自封好后给基层经理人甚至普通员工，也包括能叫出1 000多位通用电气管理人员的名字，还包括亲自接见所有申请担任通用电气500个高级职位的人等。在其他公司中，很少有哪家公司的老板能做到这样。

二、管理层明确职责

管理层责、权、利是否明确对精细化管理的推行影响较大，因此，精细化管理强调部门职能清晰、权责到位，权力层层有，任务个个担，责任人人负。企业只有细分组织机构中的职能和岗位，明确不同层次管理者享有的权力、利益与其承担的责任，让每一位员工都要到位、尽职，才能保证精细化管理的顺利推行。因此，企业领导应对工作进行科学分工，界定好所有管理者应尽的责任，让每个员工都明确自己的岗位职责，杜绝工作中推诿、扯皮等不良现象，保证精细化方案的有效实施。

在企业中，如果你是领导人，你必须注意战略制定的细节，把战略制定好；如果你是中层干部，是搞产品开发的，那就要把产品开发的每个细节做好；如果你是操作工人，就要把每个操作步骤都做好。细节管理要落实到任何人的任何行为上，对员工的工作要日清日结，每天都要对当天的情况进行登记检查，发现问题及时纠正，及时处理。每个岗位每位员工都想方设法完成任务，把自己的事情做好，把每一个细节做好。

案例 5-22

一位年轻的炮兵军官上任后，到下属部队视察操练情况，发现有几个部队操练时有一个共同的问题：在操练中，总有一个士兵自始至终站在大炮的炮筒下，纹丝不动。经过询问，得到的答案是：操练条例就是这样规定的。原来，条例遵循的是马拉大炮时代的规则，当时站在炮筒下的士兵的任务是拉住马的缰绳，防止大炮发射后因后坐力产生的距离偏差，减少再次瞄准的时间。现在大炮不再需要这一角色了，但条例没有及时调整，出现了不拉马的士兵。这位军官的发现使他受到了国防部的表彰。

这个故事警示我们：管理者应当根据实际情况对人员数量和分工及时做出相应调整。否则，队伍中就会出现"不拉马的士兵"。如果队伍中有人滥竽充数，给企业带来的工资损失事小，导致其他人员的心理不平衡，最终导致公司工作效率整体下降事大。

三、重视监督检查

精细化管理是一套完整的体系，是一个封闭的管理系统，由制定、实施、监督三大必不可少的环节构成。有了好的管理方案、制度，也明确了职责和实施人，但是面对各种变化，总存在实施不力、措施不到位的问题。因此，一旦失去了监督，方案、制度就会流于形式。有不少企业学海尔，方案、制度定了不少，企业就是不见效益。但在海尔，生产的每一个环节都有人监督检查，一旦出了问题，首先追究检查人的责任，然后再追究员工的责任。在麦当劳，有一个人所共知的监督制度，就是总部随时会雇用、培训一批人，让他们佯装顾客潜入各分店内进行检查评分，这些"特殊顾客"来无影，去无踪，使分店经理及雇员每天战战兢兢，如履薄冰，丝毫不敢疏忽，不折不扣地按总部的标准去做，所以，强化监督是一个必不可少的环节。

正如 IBM 前总裁郭士纳所说："如果你强调什么，你就检查什么，如果你不检查就等于不重视。”要保证公司精细化管理措施的有效执行，必须认真检查实施效果，建立反馈机制，及时发现实施过程中的各种问题，并进一步加以改善提高。其中，检查内容和标准要科学，尽可能量化。检查方式可以多种多样，以求反映真实、客观的情况。企业要真正地实现精细化，形成精细文化，那么每位员工也将会自发地把精细化作为习惯。

对一个领导者来说，必须亲自去检查工作的执行情况，而且在检查的时候必须有重点，具体做法有以下几方面。

（1）每天要专门拿出一点时间检查工作。每天都要检查你所管辖工作的一部分。但不要每天都在同一时间检查同一内容，要变换时间，也要变换检查的内容。

（2）在检查工作之前，明确你要检查的重点。每次检查的内容不要少于三点，但也不要多于八点，每天都要有变化，这样，用不了多长时间你就会把全部工作程序和工作任务都检查到了。

（3）在检查工作的时候，要按照你选择的重点有所侧重地检查，不要泛泛地检查，使这种检查制度坚持下去，使你所管辖的整个工作有条不紊地顺利进行。

（4）检查工作时要多问问题，细心听取回答，如若发现问题，及时采取措施解决，并在事后重新做检查。

有时，企业为了有效实施监督检查，有必要添置监测工具，包括质量检验、计量、误差检定、校准、化验、分析、现场记录、传感器、报警、通信、屏幕显示、摄录像等设备。不同规模的企业可以视具体情况配置相应的设备。

案例 5-23

麦当劳现在已成为世界上最大的食品公司之一，麦当劳快餐店遍布世界大多数地区。麦当劳的创始人雷·克洛克（Ray Kroc）针对市场上的汉堡包质量差、供应顾客的速度慢，以及服务态度不好、卫生条件差、餐厅气氛嘈杂等实际情况，结合餐饮业的行业特点，提出了以服务取胜的信念。

麦当劳的服务信念具体表现为“Q”“S”“C”“V”四个服务原则，Q代表质量（quality），S代表服务（service），C代表清洁（cleanness），V代表价值（value）。正是这个著名的服务信念创造了麦当劳的辉煌。

麦当劳高质量的服务是如何得到保证的呢？靠的就是公司严格的检查制度。麦当劳建立了一整套严密的质量检查体系，正是该检查体系保证了麦当劳的核心竞争力。

为了保证服务质量，麦当劳快餐店制定了严格的卫生标准，如工作人员不准留长发，妇女必须带发网，顾客一走就必须擦净桌面，落在地上的纸片必须马上捡起来，使快餐店始终保持窗明几净的清洁环境。顾客无论什么时候走进麦当劳快餐店，均可立刻感到清洁和舒适，从而对公司产生信赖。

1. 总部检查制度

麦当劳体系中有三项检查制度：常规性的月度考评；公司总部的监察；抽查制度，每年在选定的餐馆进行一次。

麦当劳为保证员工手册的执行，每年都要依照指导手册和工作检查表，对手册的执行情况进行检查。指导手册并不只是一种书面规定，而是实现“质量、服务、清洁、价值”标准的工具。它以麦当劳餐馆的实际操作为基础，通过归纳和加工，使之成为具有实用价值的效率手册。它的内容是回答下列问题的。

第一，什么是质量、服务、清洁？

第二，应当达到什么标准？

第三，应当如何达到这些标准？

而麦当劳的工作检查表有五种：

第一种是食品制作检查表。

第二种是柜台工作检查表。

第三种是管理巡视检查报告。

第四种是全面营运评价表。

第五种是每月例行考核表。

通过有效的检查，麦当劳对加盟者的手册执行情况进行了有效的监控，以保证达到手册的要求。

2. 地区督导检查制度

在手册检查的同时，麦当劳也采用地区督导检查制度，在某个麦当劳餐厅中，有时会看见这样一个人，他要了一个汉堡包、一小袋炸薯条、一杯热咖啡和一盒香酥鸡后，找一个座位坐下，并不急着用餐。他表情严肃地将一个个食品拿起来仔细地端详，包装是否符合标准，汉堡包中的肉饼烧烤的程度和颜色是否恰到好处。然后，把食品一点点放进口中，考察食品是否新鲜，温度是否合适，味道好不好。

他一边用嘴巴考察食品，一边用眼睛扫视着大厅的每个角落，查看地板、天花板、照明器具、墙壁、桌椅是否清洁卫生。之后，他从口袋里掏出一只秒表，开始计算柜台服务员为顾客服务的速度。这就是地区督导正在检查餐馆及服务员的工作。此外，对每个餐馆一年一次的监察也主要由地区督导主持。监察的主要内容是现金、库存和人员。

在早期，监督与训练是合并在一起的，由负责此项工作的人带着训练影片到各个加盟者的店里去讲课和训练。创办了汉堡大学以后，系统训练专门在汉堡大学内进行，执行监督制度则由专职的营运顾问担任。他们的工作主要是到各个连锁店参观、评价，每人每年要巡查 18 家店，每家店要去 4 次，检查店里的清洁、食物的品质、烹煮的时间与温度、顾客等候的时间等。每次巡查完毕之后，要完成 500 个项目，每个项目 27 页的报告。报告内容分有品质、服务、卫生和全面评估四大项，每项的评语按照 A、B、C、D 四个等级进行评分，而评定成绩的结果足以影响加盟者是否有资格再申请新店，因为加盟者申请开新店的基本条件是经营水平至少要达到 B 的成绩。麦当劳就是靠这一流的服务质量和严格的监察制度获得永久的竞争力。

四、 学会控制成本

在我国，理财历来提倡开源节流。精细化管理对企业最大的贡献在于成本控制，一个实现管理精细化的企业一般都能够把成本控制到最优，因为管理的精细化能够优化流程、提高品质、降低不必要的损耗，把可以省的钱都省下来，将每一分钱都用到该花的地方。

在雅典奥运会上，中国女足在没有进入后续阶段的比赛后，被立即“赶”出奥运村，一些国人过于敏感，认为这是对中国人的不友好，其实，这恰好是成本精细化管理的表现。奥运村就那么大，运动员宿舍要不断提高入住周转率才能降低成本，没有后续比赛就应该让出空间给后来者。

案例 5-24

浙江一生产小礼品的厂家，单个产品平均利润空间为 3 元钱。后来，该厂实施精细化管理，将各项成本，特别是可控成本，分门别类细化到最末端，然后在总量控制的基础上，将各成本项目考核指标层层分解，落实到人，对责任人或单位考核。如将电话费细化到每部电话，办公费细化到每位员工，制定各部门、处室、各项费用甚至每位员工支出限额。该厂还推出成本考核方案：在车间厂房考核每小时消耗指标和全年生产费用支出指标；对行政办公部门费用开支进行刚性约束，“限额支报、超支不补”；对市场部门费用开支采取“以收定支”方法，进行弹性预算管理，费用额度随实现销售收入浮动。这些措施使生产过程物料消耗和费用得到有效控制，各部门自觉建立了“购、存、领、耗”的全过程成本管理制度，杜绝了人为浪费和营私现象。目前，无论是从一支笔、一张纸的生产项目，还是从事后勤管理的部门，各项成本费用都处于有效控制中。

五、善于应用现代科学技术

与泰勒制的科学管理相比，现代的精细管理最大的差异就是电子化手段的应用。就是电脑、数码相机、数字电视、数字通信等电子产品或服务的普及和广泛应用。如果在企业中实施精细化管理，没有采用这些先进科技是不可想象的。

为企业竞争服务的除了以上硬件外，还有诸多的管理软件，如先期的管理信息系统（MJS）、客户关系管理系统（CRM）、供应链管理系统（SCM）、集成制造系统（CIMS）、辅助设计系统（CAD）、企业资源规划系统（ERP）、协同商务系统（CPC）、商业智能（BI），以及未来的知识管理系统（KM）。企业在实施精细化管理的过程中，必须关注科学技术在管理中的应用。

精细化管理要产生大量的信息流、数据流，针对这些数据如何收集、整理、筛选、存储、检索、加工、分析、运用，目前软件市场也推出了从大型企业到小企业数据库管理系统，各类企业都可以找到适合本企业规模的数据库软件包。

第六节　实施精细化管理的忠告

一、制定并执行好精细化管理方案

企业在确立了实施精细化管理这一具有战略性的思路后，重要的就是结合企业的现状，根据企业实际，通过自我诊断，充分发现存在的问题。按照精细的思路，找准关键问题、薄弱环节，哪里不精细，就从哪里入手，是体制问题就从体制入手，是操作问题就从操作层面入手，制定相应的精细化管理实施方案，以点到线，由线到面，逐步分阶段进行。

确定精细化管理方案要兼顾总目标和阶段性子目标，既要规划精细化工程实现的总体方案，也要设计好阶段性的计划和具体方案，并建立专门的组织，制订出相应的计划、步骤、措施，分阶段性实施和推进精细化管理。

实施和推进精细化管理要注意以下几个要点。

（1）通过各种形式（会议、讲座、宣传、资料等），时时讲，反复学，企业上下达成精细化共识。使精细化的知识、精细化的重要性、如何精细化和精细化的标准深入人心，把精细化思想印在大家的头脑里。

（2）围绕企业内部所有运营流程，就员工、现场、生产、营销、质量、服务、物流、研发、宣传广告、企业文化等方面进行梳理并制定完整、系统的管理体系、规章制度和操作性程序，使各项工作有章可循。

(3) 要求组织专业化、人才专业化。越专业化结果就越精细化。反之，越不专业化结果就越马虎化。坚持做对的事情并把事情做对，实现投入最小化，产出最大化。

(4) 认真检查实施效果，建立及时反馈机制，及时发现过程中的各种问题，进行分析，客观评价，提出整改方案，进一步改善提高。其中检查内容和标准要科学，尽可能量化。检查方式可以多种多样，以求反映真实客观的情况。

二、规范管理制度

要想真正有效地保证精细化管理方案变成事实，达到既定的效果，就需要制定激励与约束制度。例如，摩托罗拉早在30年前就开始建立自己的流程管理体系，既形成了内部控制标准，也体现了公司的经营原则。该控制标准对涉及销售、采购、薪酬、制造、融资、财务、信息系统控制、知识产权保护等各项业务的流程都做了详尽的规定，而且还指出如果不按照标准做将会产生何种风险。所以，既有好的精细化管理推行方案，又有好的运转机制和标准来执行这个方案，企业才有可能成功实施精细化管理。

在实施精细化管理前，企业要整理出一个系统、完整、全面、细致的规章制度体系，作为精细化管理依规办事的依据。企业管理制度的表现形式或组成包括企业组织机构设计、职能部门划分及职能分工、岗位工作说明、专业管理制度、流程等管理制度类文件。企业的生存和发展需要制定这些系统性、专业性相统一的规定和准则，就是要求员工在职务行为中按照企业经营、生产、管理相关的规范与规则来统一行动、工作，如果没有统一的规范性企业管理制度，企业就不可能实现其发展战略。

一个具体的专业性企业管理制度一般是由众多因素组合而成，这些因素包括一些规范性的标准、流程或程序以及规则性的控制、检查、奖惩等。从一个具体的企业管理制度的内涵及其表现形式来讲，企业管理制度主要由以下内容组成:编制企业管理制度的目的、编制依据、适用范围、管理制度的实施程序、管理制度的编制形成过程、管理制度与其他制度之间的关系。

以上内容属于规范性的因素有:管理制度中的编制目的、编制依据、适用范围、管理制度的构成等;属于规则性的因素有:构成管理制度实施过程的环节、管理制度实施的具体程序、控制管理制度实现或达成期望目标的方法及程序,以及形成管理制度的过程、完善或修订管理制度的过程、管理制度生效的时间、与其他管理制度之间的关系。

如果企业之间在某一方面存在差距,一定是与此相关的管理制度及其所含规范、规则等总体实施效果上存在一定的差距。企业之间如在同一产品、市场领域里的竞争存在优劣势之分,一定是企业之间在整体企业管理制度及其规范、规则因素的总体表现方式和表现效果上存在差距。

在管理粗放的企业中,存在这样的现象:有些人或者有些事不受管理制度的约束或控制;人为破坏制度,不执行制度也无人管;不按管理制度的要求去做;企业管理制度不及时调整,互相推诿、责任不清、奖罚不明;管理制度不健全、存在管理盲点;有些该有的工作内容、程序、标准、规范没有制定出来;有些制定、发布的工作制度、程序、标准、规范没人去实施,没人去督导、检查,既没有落实到位,也没有落实到人。所有的这一切里面都有两个问题:一是制度设计本身有缺陷;二是员工意识里根本就没有制度的概念,不管什么制度,都可以把它回避、歪曲、改造。

管理精细的企业在企业管理制度实施方面具有共同的特点,那就是具有规范性的管理制度,以及成功地执行了规范性管理制度,而且自身的管理制度在不断的、稳定的创新、优化过程中,不断提高规范性管理制度的实施质量,保持和增强科学、高效的企业管理制度体系的运转效能。企业管理应充分认识并合理运用企业管理制度的规范性、创新性及其相互关系,从而促进企业管理制度的实施,保证其在企业中应有的地位与作用。

在实施规范性管理制度的过程中,可把重点放在制度的实施、检查方面,并将自检和互检相结合。这样一来,人人都自觉查看自己所管的责任范围和关联部门,一旦发现问题,马上解决或调整。这样每个环节如果都是在没有增加管理成本的情况下规范性运转，必然就能保证和促进规范性的企业管理在企业发展中所发挥的作用。

三、用标准化推动精细化

【小故事】

一个小和尚就任撞钟一职，半年下来，觉得无聊之极，“做一天和尚撞一天钟”而已。有一天，主持宣布调他到后院劈柴挑水，原因是他不能胜任撞钟一职。小和尚很不服气地问：“我撞的钟难道不准时、不响亮？”老主持耐心地告诉他：“你撞的钟虽然很准时，也很响亮，但钟声空泛、疲软，没有感召力。钟声是要唤醒沉迷的众生，因此，撞出的钟声不仅要洪亮，而且要圆润、浑厚、深沉、悠远。”

这个故事中的主持犯了一个常识性管理错误，“做一天和尚撞一天钟”是由于主持没有提前公布工作标准造成的。如果小和尚进入寺院的当天就明白撞钟的标准和重要性，我想他也不会因懈怠而被换职。工作标准是员工的行为指南和考核依据，缺乏工作标准，往往导致员工的努力方向与公司整体发展方向不统一，造成大量的人力物力资源浪费。因为缺乏参照物，时间久了员工容易形成自满情绪，导致工作懈怠。制定工作标准尽量做到数字化，要与考核联系起来，且注意可操作性。

每项工作的步骤及方法在每个时候都有一个最佳标准，公司对内部一些重复频率很高的经常性业务，应该逐一制定可以认为是理想标准的步骤及方法并使之规程化，对实施者进行培训使其按章行事。至于不符合标准的例外事项，正确的做法是采取“例外管理方式”，即由实施者向管理者汇报，商量后做出决定。

众所周知，7-11便利店、麦当劳、迪士尼乐园等家喻户晓的优秀服务性企业都彻底实现了工作的标准化管理。

麦当劳的标准是：客人感到味道最好的面包厚度是17毫米，薯条出炉7分钟，汉堡包出炉10分钟后如果没人购买必须丢弃。这些都是根据多年的研究结果得来的，规则并不是简单地把现状文件化就可以，它是经过彻底、详尽地调查研究之后才获得的。

实施精细化管理的企业应建立标准数据库，把企业内所有定编、定岗、工时、定额、参数、动作、工艺、配方等都归纳出来，存放在数据库中，并且尽可能把这些管理标准数量化。

四、不断创新，深化精细化管理

创新存在于细节之中，细节是创新之源。细节的价值在于它是创造性的、独一无二的、无法重复的。按兰色姆的说法，细节描写不要说重复，连转述都不行，能够转述的只能是逻辑的东西，理论的东西。要想获得创新，就必须要明白“不积小流，无以成江海”的道理。

在实施精细管理的过程中，最为重要的是要有规范性与创新性相结合的意识。规范性方法是基本性的、不可或缺的条件、要求、手段，创新的方法与技巧是在规范性的基础上发展起来的要求和手段。规范是精细的表现形式，精细是创新的方向和动力。精细的境界将管理的规范性与创新性很好地结合起来，把企业引向成功。

许多企业的领导在寻求创新时，不管在技术创新还是在管理创新方面，总习惯于贪大求全，却很少有“于细微处见精神”的细心和耐心。相反，成功的企业家海尔集团总裁张瑞敏在谈到创新时，却说：“创新不等于高新，创新存在于企业的每一个细节之中”。事实上，海尔集团在细节上创新的案例可谓数不胜数，仅公司中以员工命名的小发明和小创造每年就有近百项，如“云燕镜子”“晓玲扳手”“启明焊枪”“秀风冲头”等，并且这些创新已在企业的生产、技术等方面发挥出越来越明显的作用。企业只有不断推出新产品，才能使企业可以持续发展。新产品的“新”不仅是推出具有新功能、新技术的产品，更多的时候，企业应该不断地在旧产品的基础上进行改进，在细节上不断磨炼，使产品更贴近消费者，更人性化，所谓“于细微处见精神”。

日本丰田公司的经验也证明，通过细节的创新可能实现对整个企业持续不断的改善，从而获得巨大的成效。虽然每一个细节看上去都很小，但是这儿一个小变化，那儿一个小改进，则可以创造出完全不同的产品、工序或服务。如果说创新是一种质变，那么这种质变必须经过量变的积累，才会达成大的变革和创新。而这种量变却是简单的，让人一看就懂：原来是这样，我怎么没有想到。企业的经营，只有重视细节，并从细节入手，才能取得有效的创新。

管理大师彼得·杜拉克说：“行之有效的创新在一开始可能并不起眼。”而这不起眼的细节往往会造就创新的灵感，从而能让一件简单的事物有了一次超常规的突破。杜拉克认为，创新不是那种浮夸的东西，它要做的是某件具体的事。企业要真正达到推陈出新、革故鼎新的目的，就必须要做好“成也细节，败也细节”的思想准备。否则，所谓的创新只能是一句空话。所以，创新不一定是“以大为美”，绝不能忽视企业活动中的既不相同却又相互关联的每一个细节。

案例 5-25

视美乐公司被誉为中国第一家大学生高科技创业公司，公司的长远发展目标是利用世界最新的技术成果开发具有世界领先水平的电子产品，并力争在最短的时间内成长为中国最强的高科技企业之一。

对于一个高科技创业型公司而言，恐怕没有什么比不断地创新更为关键的了。公司高层非常清楚这一点，因此，公司把鼓励员工不断创新作为最重要的战略思想加以贯彻，并采取了以下措施。

(1) 公司政策向研发部门倾斜。研发部门在公司的地位是举足轻重的。在公司的日常运作中，公司的财务、人事、行政部门要全力配合和支持研发部门的工作。在财务开支上，尽量减少行政性开支，重点保证技术部门的采购要求。在公司的行政管理制度上，对技术人员主要以目标管理为主，对他们的制度约束相对较小。

(2) 核心成员采用股权激励的方式。公司对于进入公司的关键员工，采用股票期权的方式予以激励。随着公司快速发展壮大，公司股份的价值迅速增值，这对持股人及将来可能会持股的员工的激励作用是巨大的。这种股权激励对员工积极主动创新发挥了重要的作用。

(3) 创造轻松的工作环境。公司研发中心学习外国公司的工作特点，在下午3点的工作休息时间安排了“咖啡小憩”(coffee break)，利用这个机会，员工可以充分地交流和休息。同时“咖啡小憩”可以使员工在轻松的氛围中尽情地思考和沟通，促进员工提出一些创造性的设想。公司在办公室和走廊内悬挂优美的风景画，这对改变办公室沉闷、单调的气氛起到了很大作用，员工很乐意在办公室多待一会儿，大家彼此间的交流更多了。这个做法对促进员工不断创新发挥了不少作用。

(4) 倡导学习型的组织文化。公司所倡导的学习型企业文化可以说是公司能够不断发展的原动力。任何创新都离不开员工的知识积累和对外界环境最新变化的把握，因此，公司高层一直在员工中创造一种学习型的文化氛围。首先，公司注重从员工的工作环境方面创造这样一种氛围，比如在公司内部建立图书室，购买和订阅一些反映最新技术发展和管理变革的书籍，同时也鼓励员工主动购买一些书籍，并给予报销。其次，公司开展了多种形式的培训，包括技术、管理和商务知识方面的培训，几乎每周人力资源部都要会同有关部门举行2～3次培训讲座，这种培训使员工不断学习到新的知识，同时不同部门可以实现知识的相互学习。最后，公司鼓励员工利用各种机会扩宽和加深自己的知识面，包括通过在职攻读学位、业务进修等方式鼓励员工深造，比如公司选派了技术部主管到美国进修，而人力资源部经理则在利用业余时间积极准备考MBA，不少员工在下班后，依然抓紧时间学习各种知识。研发部门中两个独立的项目小组之间的交流促进也是不断学习和创新的源泉。由于两个项目小组独立运作，因此，一个小组在创新过程中不容易受到另一个小组的影响，当两个小组交流彼此的成果时，就非常容易通过碰撞产生新的火花。为了鼓励员工的学习兴趣和创造积极性，对创新设想被公司采纳的员工，公司一律给予奖励，并定期评选优秀员工。

正是在这种鼓励创新的氛围下，公司成立仅仅两年，其产品就填补了国内空白，得到了国内外权威专家的好评，达到了世界一流水平。在产品开发过程中，公司还研发了多项专利技术和专有技术，拥有自主知识产权，形成了进一步深度开发和广度开发的能力。

五、适时规避精细化陷阱

1. 数字陷阱

精细化更多的是要求用数字说话，但一味沉溺于数字，往往就会被数字假象所迷惑，而导致战略决策的失误。企业决策并不是一个透明的过程，必然要建立在若干假设之上，这其中就包括对数字的假设，对数字背后的假设。同样，企业决策面临的问题往往是数字太多。数字的真实性、有效性问题突出，一些相互矛盾的数字往往同时出现。如何取舍、如何平衡，是一门艺术，也是一门科学，但真正要掌握这门艺术与科学却是难上加难，更多的时候是要依靠经验去判断，但这却是有违精细化的初衷。

2. 效率陷阱

许多人认为精细化管理会导致管理内容越来越繁杂，过程越来越复杂，手续越来越烦琐，甚至会降低效率，因此，把追求高效率作为工作目标。其实不然，精细化管理是在不断简化流程和管理过程，简洁是精细化管理的基本趋势。

有时为了追求精细化的确使一些可以跳跃的步骤变得不可缺少，有时不可避免地也会出现精细化导致效率降低的极端现象，关键在于对精细化的“度”的把握上，“度”的把握又取决于决策者的经验与知识。

3. 执行陷阱

精细化的管理要落到实处，离不开人的执行。但很多时候，一些设计非常精良的精细化管理细则，却难以得到良好的实施，问题的关键就在于其操作性设计得不太合理，没有充分考虑执行人的反应。往往是执行人不愿意执行推进，怕麻烦，怕得罪人，最后导致精细化管理只能停留在纸面上、口头上。

4. 缺乏长效

如果认为实施精细化管理是追求轰动效应、赶管理时髦，势必会导致一阵风的短期行为。大多数的企业还是希望精细化管理能够长期坚持，但苦于没有合理的长效机制，难以巩固管理成果，领导一松手，管理就可能全面滑坡。

华为公司创始人任正非有个非常有名的理论：在引进新管理体系时，要先僵化，后优化，再细化。正是因为这种对制度的尊重和始终如一的贯彻，才创造了华为的今天。

精细化管理的最大要素在于人的思维模式的转变，尤其对骨子里中庸之道当家的中国人来说，更是如此。因此，一个企业要推行精细化管理，首先要解决的问题就是向大家灌输精细化管理的意义、必要性、可实现性，从思想根源上培养大家追求精细化的文化氛围。其次，要着力培养人才。精细化管理的本质更多的是对员工的职业化要求，把对员工的工作要求更多的通过提高职业素质、职业技能固化到每个人的工作习惯中。因此，要真正实现管理的精细化必须培养出一大批合格的职业人，通过人才的职业化实现管理流程的职业化、精细化、标准化。再次，要通过考核、奖励、处罚等手段引导、培育、推进精细化管理。如果只是一味的要求大家管理精细化，但在考核方面、激励方面没有先行一步，不与精细化接轨，就必然导致精细化落不到实处。最后，要有阶段性目标，循序渐进，不能要求一步登天，而是步步为营，把精细化管理的迈进步伐夯实了，才能形成坚实的基础，才不会半途而废。

图书在版编目(CIP)数据
精细化管理 / 王永刚著. --上海：复旦大学出版社，2025.3. -- ISBN 978-7-309-17775-6
Ⅰ. F272
中国国家版本馆 CIP 数据核字第 2024P8S417 号

精细化管理
JINGXIHUA GUANLI
王永刚　著
责任编辑/谢同君

复旦大学出版社有限公司出版发行
上海市国权路 579 号　邮编：200433
网址：fupnet@fudanpress.com　http://www.fudanpress.com
门市零售：86-21-65102580　团体订购：86-21-65104505
出版部电话：86-21-65642845
上海新艺印刷有限公司

开本 787 毫米×960 毫米　1/16　印张 16.5　字数 244 千字
2025 年 3 月第 1 版
2025 年 3 月第 1 版第 1 次印刷

ISBN 978-7-309-17775-6/F · 3077
定价：98.00 元